全国导游资格考试统编教材

导游服务能力
——福建省导游现场考试实务

福建省全国导游资格考试统编教材专家编写组 编

中国旅游出版社

项目策划：张文广
责任编辑：高子梦
责任印制：闫立中
封面设计：中文天地

图书在版编目（CIP）数据

导游服务能力：福建省导游现场考试实务 / 福建省全国导游资格考试统编教材专家编写组编 . -- 北京：中国旅游出版社，2024.8. -- ISBN 978-7-5032-7416-9

Ⅰ . F590.63

中国国家版本馆 CIP 数据核字第 2024LV1547 号

书　　名：	导游服务能力——福建省导游现场考试实务
作　　者：	福建省全国导游资格考试统编教材专家编写组编
出版发行：	中国旅游出版社
	（北京静安东里 6 号　邮编：100028）
	http://www.cttp.net.cn　E-mail: cttp@mct.gov.cn
	营销中心电话：010-57377103，010-57377106
	读者服务部电话：010-57377107
排　　版：	北京中文天地文化艺术有限公司
印　　刷：	北京工商事务印刷有限公司
版　　次：	2024 年 8 月第 1 版　2024 年 8 月第 1 次印刷
开　　本：	720 毫米 ×970 毫米　1/16
印　　张：	16.5
字　　数：	259 千
定　　价：	45.00 元
ISBN	978-7-5032-7416-9

版权所有　翻印必究
如发现质量问题，请直接与营销中心联系调换

《导游服务能力——福建省导游现场考试实务》
编写委员会

主　编：曾　咪

副主编：黄冬群　李菊香　王泽巍　廉晓利　颜雯娟

目 录

第一部分 考务解析

第一章 福建省现场导游考试规则 ················· 1
  一、考试方式 ················· 1
  二、考试项目 ················· 1
  三、考试内容 ················· 2
  四、考试程序 ················· 2
  五、考试时间 ················· 3
  六、考场设置 ················· 3
  七、考试要求 ················· 4
  八、评分标准 ················· 5

第二章 福建省现场导游考试应试技巧 ················· 6
  第一节 考生备考须知 ················· 6
    一、熟悉考试大纲 ················· 6
    二、景点准备 ················· 6
    三、导游规范与应变能力 ················· 6
    四、综合知识积累 ················· 7

五、模拟练习 ··· 7
　　六、语言表达 ··· 7
　　七、时间管理 ··· 7
　　八、着装要求 ··· 7
　　九、心理调适 ··· 7
　第二节　考试应试技巧 ··· 7
　　一、语言训练 ··· 8
　　二、礼仪训练 ··· 8
　　三、内容掌握 ··· 9
　　四、讲解技巧 ··· 10

第三章　2024年福建省《导游服务能力》考试大纲 ········· 13
　　一、总体目标 ··· 13
　　二、考试形式 ··· 13

第四章　导游词撰写技巧 ··· 17
　　一、导游词的基本结构 ······································ 17
　　二、导游词撰写技巧 ··· 19

第二部分　景点讲解范例

第五章　景区讲解 ··· 23
　　一、福建省概况 ··· 23
　　二、景点讲解 ·· 48

第六章　福建省专题讲解 ··· 202
一、建筑 ··· 202
二、宗教 ··· 224
三、民俗 ··· 227
四、工艺 ··· 234
五、表演艺术 ··· 240
六、饮食 ··· 241
七、土特产品 ··· 246

第一部分　考务解析

第一章
福建省现场导游考试规则

一、考试方式

以计算机人机作答的方式对考生进行现场考试，考查考生应具备的导游服务基本能力和素质要求。

二、考试项目

（一）语言表达

1. 考试目的

考查考生语言表达能力和行为举止是否符合导游规范。

2. 考试要求

（1）语音清晰，语速适中；

（2）表达流畅、有条理；

（3）内容有条理，富有逻辑性；

（4）讲解具有生动性和趣味性；

（5）符合导游讲解规范。

（二）仪表礼仪

主要考查考生的仪容、仪表和对礼节、礼仪的运用等。

打扮整洁自然、着装大方得体、用语礼貌、言行举止大方，符合导游礼仪礼貌规范。

三、考试内容

（一）中文类考生讲解范围

中文类考生在指定的景区（福州三坊七巷、厦门鼓浪屿或厦门园林植物园、漳州南靖土楼、泉州清源山、莆田湄洲妈祖祖庙、三明泰宁大金湖、龙岩古田会议会址或永定土楼、南平武夷山、宁德白水洋或太姥山、平潭石牌洋或坛南湾）中抽取1个景区进行模拟讲解，考试内容可参考第五章景区讲解。

（二）外语类考生讲解范围

外语类考生在指定的全省5个景区［福州三坊七巷、厦门鼓浪屿、福建土楼（漳州南靖土楼或龙岩永定土楼）、泉州海丝文化（清源山或开元寺）、南平武夷山］中抽取1个景区进行模拟讲解，考试内容可参考《福建省导游英语》和《福建省导游日语》。

四、考试程序

以计算机人机作答的方式，即考生坐在电脑前，根据电脑的提示进行考试。所有试题通过计算机完成答题，考生在计算机上录制音频作答，同时由系统自动抓拍考生照片。

1. 身份校验。开考前30分钟，考生须凭本人纸质准考证和有效期内的身份证件原件进入考场，有效期内的身份证件必须和报名时所提交的有效证件一致。经监考人员核对无误后，须考生先在《考场情况记录表》上签字确认，再对考生逐一进行现场拍照，完成身份校验。

2. 考生须对号入座，不得随意调换座位。入座后须将纸质准考证和身份证件放置在桌面上，以备监考人员检查。考生入座后，输入准考证号登录考试系统，登录后请考生仔细核对个人信息及本人照片，仔细阅读《考生须知》和《操作说明》，并按系统提示进行确认，等待考试开始。

3. 考前设备测试。考试开始前，考生输入准考证号登录考试系统，进入设备调试界面。请考生在"听音测试"界面点击"开始试音"按钮检查耳麦听音是否正常；在完成试音后，点击"下一步"进入"录制测试"界面，点击"开始录制""结束录制""回放视频"按钮调试摄像头位并检查耳麦听力是否正常，如不能正常使用可举手示意。调试结束后，请考生点击"下一步"进入等待考试开始界面。

4. 讲解环节。考试开始后，考试系统随机抽取1个景区作为考试讲解题目，抽取后不得更换景点题目。

5. 问答环节。考生完成景点讲解后，考试系统将从综合知识问答、导游规范知识问答、应变能力知识问答3个部分各抽取2个问题，考生进行作答。

6. 口译环节。外语类考生问答环节结束后，考试系统将抽取"中译外""外译中"口译题各1题，口译题由计算机界面直接显示，考生进行口译。

7. 外语类考试要求。外语考生全程使用所报考的语种进行考试。

8. 计算机考试答题注意事项。考生答题时无须进行其他操作，均由系统自动切换。注意：考生只能按试题顺序进行答题，不可选题，离开当前试题后将无法返回作答；考生答题时，需保证整个考试录像过程中，头部位于视频窗口正中央不得遮住脸部，也不得将头部置于视频窗口侧面或角落。

五、考试时间

中文类考生考试时间为15分钟（不含调设备时间），外语类考生考试时间为25分钟（不含调设备时间）。

六、考场设置

1. 地点选择：需要有足够数量的标准化考场或机房，以设置多个考场。

2. 考场数量：根据报考人数和考试安排，设置相应数量的考场。

3. 考场环境：保持安静、整洁，具备良好的通风和照明条件。

4. 设施配备：每个考场可能会配备必要的桌椅等基本设施。

5. 考务办公室：考点内设置考务办公室，用于处理考试相关的事务和突发情况。

6. 指示标志：考试地点会划出专门考区，并设置明显的警戒线、横幅、考场安排示意图、指示牌等，方便考生找到自己的考场。

7. 秩序维护：考场外会有工作人员维持秩序，确保考生有序进入考场，保持安静。

8. 设备检查：对于采用人机对话或其他需要特定设备的考试形式，会提前对相关设备进行检查和调试，确保其正常运行。

注意：

人机对话考试的使用环境要求：

（1）硬件要求

①台式机或笔记本电脑、鼠标、键盘；

②摄像头、耳麦或麦克风。

（2）软件要求

①操作系统：Windows7、Windows8、Windows10；

②浏览器：Edge87 及以上，Chrome 87 及以上，Firefox 80 及以上或其他对应内核的浏览器。

七、考试要求

1. 考生应自觉遵守考场秩序，尊重、服从考试工作人员的管理，自觉接受监考人员的监督和检查，不得以任何理由妨碍工作人员履行职责，不得扰乱考场秩序，保持考场安静，遇到问题应举手向监考人员示意，禁止在考场内吸烟或吃东西。

2. 考试期间，如果因突发疾病不能继续考试，应当停止考试，立即就医。

3. 迟到超过 5 分钟的考生不得入场，迟到未超过 5 分钟的考生可以进入考场，但需在开考 5 分钟内在考试机上登录并确认，未能在开考 5 分钟内登录并确认的考生视为缺考，考试系统将不再接受该准考证号登录。考生不得提前交卷离场。

4. 考生进入考场时，除携带纸质准考证、有效期内的身份证件原件之外，禁止携带书籍、演算笔、资料、笔记本、草稿纸、手机、食物、饮料等与考试无关的物品。考生未按要求存放或违规携带物品的，将按《全国导游人员资格考试管理办法（试行）》有关规定作出处理。

5. 如考试计算机出现运行故障等异常情况，考生应举手示意，请监考人员帮助解决，不得自行处置。在异常情况处置期间，考生应在座位上安静等待，听从监考人员和考试工作人员的安排与引导。

6. 整个考试期间，考生不得以任何理由中途离开考场，无故离开考场视同放弃本次考试，本次考试成绩记为"0"分。因特殊原因暂时离开考试座位的须经监考人员同意并由工作人员陪同。已完成考试的考生应尽快有序离开考场，不得在考场附近逗留。

7. 考试结束时，系统自动为所有考生统一交卷，该考试不得提前交卷。考试结束后，考生应按监考人员要求迅速离开考场，不得在考场附近逗留、喧哗，不得拍照。

8. 考试将对考场进行全程录像监管，考试结束后，工作人员将对现场监控进行查阅，如发现未当场处理的作弊行为，作弊考生的成绩将被取消，并按相关违纪条例处理。

9. 考生因未按要求操作造成的一切后果由考生本人承担。

10. 考试过程中，涉及试题的疑问，考生不得向监考人员询问。

八、评分标准

考试成绩采用百分制。

中文类分值比例为：礼貌礼仪占5%，语言表达占20%，景点讲解占45%，导游服务规范占10%，应变能力占10%，综合知识占10%；

外语类分值比例为：礼貌礼仪占5%，语言表达占25%，景点讲解占30%，导游服务规范占10%，应变能力占5%，综合知识占5%，口译占20%。

第二章
福建省现场导游考试应试技巧

第一节　考生备考须知

现场导游考试是对考生导游专业知识和服务能力的重要检验。也是评估一个人是否可以成为合格导游的关键环节。考生需做好充分的准备，应对考试。

一、熟悉考试大纲

认真研读官方发布的考试大纲，明确考试范围、重点内容和要求。

对照大纲，梳理自己的知识体系，找出薄弱环节。

二、景点准备

熟练掌握考试指定的景点，包括景点的历史背景、文化内涵、特色景观等。制定详细的景点讲解方案，反复练习，注意讲解的流畅性、准确性和生动性。

三、导游规范与应变能力

学习导游服务的规范流程和标准，包括接待、讲解、餐饮、住宿等环节。研究常见的旅游突发事件和问题，思考并练习合理的应对策略。

四、综合知识积累

广泛涉猎旅游政策法规、当地旅游资源、民俗文化等方面的知识。关注时事热点和旅游行业动态，将其融入答题中。

五、模拟练习

考生可以进行多次模拟考试，适应考试的节奏和压力。请他人扮演游客或考官，听取他们的意见和建议，不断改进自己的表现。

六、语言表达

注重语言的规范性、逻辑性和感染力，避免口头禅和语病。控制语速和语调，做到抑扬顿挫，增强讲解的吸引力。

七、时间管理

合理安排备考时间，制订详细的学习计划，确保每个知识点都有足够的复习时间。在练习讲解和回答问题时，严格控制时间，避免超时或时间不足。

八、着装要求

考生应准备一套符合导游身份的服饰，与自己的形体相协调，不着奇装异服。男士不穿背心、短裤、无领汗衫；若穿西装，要配衬衣、领带和皮鞋。女士不穿无袖上衣、吊带装、紧身衣裤，不穿露脐装、超短裙。

九、心理调适

保持积极的心态，相信自己的能力，克服紧张和焦虑情绪。适当休息和放松，保持良好的精神状态。

第二节 考试应试技巧

现场导游考试是对导游从业者综合素质的全面考验，考生在有限的时间内，清晰、准确且有条理地展示自己的知识和能力。考生不仅要保证讲解内容准确无误，更要通过语言、肢体动作、表情等与评委进行有效地互动和交流。掌握导游应试技巧，有利于缓解考试时紧张的情绪，提升讲解效果和沟通表达能力。

一、语言训练

导游语言具有情感性、互动性、直观形象性和创造性。在现场导游考试中要求考生表达规范，表述清晰，语言流畅，同时内容要准确无误、生动风趣。语言的训练可以从以下几个方面入手。

1. 发音练习

注重普通话的标准发音，通过跟读标准的普通话音频等方式，纠正口音和发音错误。进行口腔肌肉的训练，如练习绕口令，以提高发音的清晰度和流利度。

2. 知识储备

广泛阅读各类书籍、文章，尤其是与旅游相关的资料，扩充词汇量。学习和掌握当地的特色词汇、方言、俗语等，以便更好地与游客交流。深入了解旅游景点的历史、文化、地理等知识，丰富讲解内容，使语言更有内涵。

3. 表达技巧

系统学习语法知识，确保在讲解过程中语言表达准确无误，养成良好的语言习惯。学会运用比喻、拟人、排比等修辞手法，让讲解更加生动形象。掌握讲故事的技巧，设置悬念、营造氛围，增强讲解的吸引力。

4. 模拟讲解

进行模拟讲解，想象面对不同游客群体，锻炼应对各种情况的能力。根据讲解内容和游客的反应，合理调整语速，避免过快或过慢。运用丰富的语调变化，突出重点，表达情感。

二、礼仪训练

作为导游，良好的礼仪是服务行业的基本要求。在考试中，得体的礼仪能够让评委直观地感受到考生具备从事导游工作的专业素养和职业态度。考试开场时，考生的仪态、微笑、问候等礼仪表现，会在短时间内给评委留下深刻的印象。积极、正面的第一印象往往能为后续的考试环节奠定良好的基础。良好的礼仪有助于提升沟通讲解效果，在沟通与讲解过程中，眼神交流、肢体语言的恰当运用等礼仪方面的表现，能够更好地辅助语言表达，使信息传递更加准确、清晰，增强沟通的有效性。

1. 仪表仪态

注重个人卫生，保持头发整齐、面容洁净、身体无异味。穿着得体，符合导游的职业形象，根据不同的旅游场景和季节选择合适的服装。

学会微笑，保持亲切、自然的笑容，让游客感到舒服和温暖。眼神交流要真诚，注视游客时目光友善、专注，但不过分凝视。

保持良好的姿势，站立时挺胸收腹、挺直脊梁，行走时步伐稳健、轻盈。

手势动作要简洁、明确，避免过于夸张或随意的动作。引导游客时，手臂自然伸展，五指并拢，指示方向清晰。

2. 沟通礼仪

交流时说话语气要温和、谦逊，避免生硬、粗鲁。倾听时要专注，不打断、不插话，适当给予回应。了解不同地区、不同国家游客的文化背景和习俗，在讲解中尊重当地的文化传统和宗教信仰。

三、内容掌握

考生在备考过程中，应当仔细阅读当年《导游服务能力》考试大纲，明确现场考试内容范围，根据现场考试教材，参照考试时间要求，梳理出考试的具体内容。

1. 景点讲解

深入研究景点。收集关于景点的各种资料，包括历史背景、文化内涵、地理特征、建筑风格、传说故事等。

制订讲解框架。一个大型的景区，景点众多，确定讲解的主题和主线，将景点的内容有条理地组织起来。设计开头，引起游客兴趣；合理安排中间内容，突出重点；设计有力的结尾，给游客留下深刻印象。

编写个性化导游词。结合自己的语言风格和对景点的理解，编写生动、独特的口语化导游词。切忌生搬硬套、机械单调地陈述，也不能把导游词写成抒情散文或导游日记。

增加互动元素。设计一些提问、引导游客观察等互动环节，增强讲解的参与感与现场感。

时间控制。根据考试要求的时间，对讲解内容进行调整和精简，确保在规定时间内完成讲解。

2. 知识问答

考生在准备知识问答环节的考试时，应该以《导游服务能力》考试大纲为准，在全面复习准备的基础上，重点准备时事政治、省情概况、导游规程、应变能力等知识，切忌抱侥幸心理押题、赌题。

四、讲解技巧

导游讲解的目的是向游客有效地传播知识，激发对旅游目的地的兴趣，增强游客的感知和体验。在导游考试中要求考生景点讲解的正确性、条理性和全面性，讲解详略得当、重点突出，灵活运用讲解技巧以达到讲解效果。

1. 概述法

概述法是导游将要讲解的景区景点向游客进行概括性地介绍，让游客有大致的了解和认识。概述法的特点是简明扼要、突出重点，给游客留下深刻印象。

例如：在游客刚到达寺庙时，导游可以这样说："各位游客，我们现在来到的是一座有着数百年历史的古老寺庙，它融合了多种建筑风格，见证了无数的岁月变迁。接下来，让我们一起深入探索它的奥秘。"

2. 分段讲解法

分段讲解法是将一处大景点分为前后衔接的若干部分来分段讲解。讲解时一般先总说，后分说。

例如：进入寺庙后，按照从山门到主殿的顺序，依次介绍各个建筑部分："首先，我们看到的是山门，它是寺庙的入口，象征着从尘世进入佛境。接着，我们来到天王殿，这里供奉着四大天王……"

3. 突出重点法

突出重点法是导游讲解时着重介绍景区景点的特色和与众不同之处。突出大景点中具有代表性的景观，突出景点的特征和与众不同，突出游客感兴趣的内容，突出"之最"。

例如：着重介绍寺庙中最具代表性的佛像或建筑构件，"这座寺庙最独特的地方就是主殿内的那尊巨大的金身佛像，它工艺精湛，神态庄严，是寺庙的镇寺之宝。"

4. 触景生情法

触景生情法是一种见物生情、借题发挥的导游讲解方法。见物生情，指导游在讲解时，不仅要介绍景物本身，还要有感情投入，调动游客的情感体验。

例如：站在寺庙的庭院中，导游可以感慨地说："当我们身处这宁静的庭院，感受着微风拂面，仿佛能听到历史的回响，想象曾经有多少信徒在这里虔诚祈祷，寻求内心的安宁。"

5. 虚实结合法

虚实结合法是在导游讲解中将典故、传说与景物介绍有机结合，即编故事的手法。"实"指景观的实体、实物、史实等；"虚"指与景观相关的民间传说、神话故事、趣闻逸事等。以实为主，以虚为辅。

例如：讲解寺庙的历史时，穿插一些传说故事："据说当年寺庙修建时，曾有祥瑞之兆出现，夜晚天空中闪耀着奇异的光芒，这也为这座寺庙增添了几分神秘的色彩。"

6. 问答法

问答法是在导游讲解时，向游客提出问题或启发他们提问题的方法。可以自问自答、我问客答、客问我答等方式，通过此方法可以活跃气氛，增强与游客的互动。

例如：问答法提出问题："大家知道寺庙中的钟楼和鼓楼有什么作用吗？"然后引导游客回答，再给出正确答案并进行详细讲解。

7. 类比法

类比法是导游在讲解时用游客熟悉的事物与眼前陌生的事物相比较，便于游客理解。可以同类相似比较，也可以同类相异比较。

例如：把寺庙的建筑风格与游客熟悉的其他著名建筑进行类比："这座寺庙的飞檐造型和北京故宫的某些宫殿有些相似，都展现了中国传统建筑的优美和精巧。"

8. 引用法

引用法是一种在讲解过程中通过引用相关的资料、言论、事例等来增强讲解的说服力和可信度的方法。

例如：引用古人的诗句来描绘寺庙的氛围："正如古人所云'曲径通幽处，禅房花木深'，我们走在这寺庙的小径上，是不是也能感受到一种清幽与宁静呢？"

9. 制造悬念法

制造悬念法是导游讲解时，提出令人感兴趣的问题，但故意引而不发，增加游客急于知道答案的欲望，使其产生悬念的方法。

例如："大家注意看这面墙上的壁画，它隐藏着一个不为人知的秘密，等我们走到前面，我再为大家揭晓。"

10. 画龙点睛法

画龙点睛法是用凝练的词句概括所游览景点的独特之处，它贵在突出景观的精髓，能给游客留下深刻印象。

例如：参观结束时总结："这座寺庙不仅是一座建筑瑰宝，更是我们民族文化传承的重要见证，希望这次的参观能给大家留下美好的回忆。"

总之，导游要根据景点的特点、游客的兴趣和反应，巧妙地综合运用这些讲解技巧，使讲解生动有趣、富有吸引力。

第三章
2024年福建省《导游服务能力》考试大纲

《导游服务能力》考试内容包括景点讲解、导游规范、应变能力和综合知识。外语类考生须用所报考语种的语言进行本科目考试并进行口译测试。

一、总体目标

本科目考试是考查和评定考生对导游服务工作的知识、技能和语言能力水平，是对笔试的补充，通过对考生的语言表达能力和仪容仪表的考查，更加全面、真实地了解考生的综合能力。

二、考试形式

《导游服务能力》的考试，以计算机人机作答的方式对考生进行现场考试，考查考生应具备的导游服务基本能力和素质要求。

（一）景点讲解

1. 考试目的

考查考生对福建省主要景区的讲解知识和相关文化掌握、熟悉的情况；考查考生在讲解方法和讲解技巧运用方面的水平。

2. 考试要求

（1）讲解程序规范；

（2）内容全面正确，条理清晰，详略得当，重点突出；

（3）讲解方法运用得当，讲解生动、有感染力。

3. 考试内容

景点讲解范围分别为福州三坊七巷、厦门鼓浪屿或厦门园林植物园、漳州南靖土楼、泉州清源山、莆田湄洲妈祖祖庙、三明泰宁大金湖、龙岩古田会议会址或永定土楼、南平武夷山、宁德白水洋或太姥山、平潭石牌洋或坛南湾。

（二）导游规范

1. 考试目的

考查考生对导游职业道德的认识，对导游服务集体的认知程度，考查考生对地陪导游、全陪导游、散客导游服务规程的熟悉程度和应用能力。考查考生对团队组织技能，语言运用和讲解技能的掌握程度，考核考生对心理服务技能的掌握程度。

2. 考试要求

熟知并能正确应用导游服务规范，导游服务程序正确完整。

3. 考试内容

（1）掌握社会主义旅游职业道德的基本规范，旅游职业道德教育的主要内容，导游职业道德规范、行为规范内容，《中国公民国内旅游文明行为公约》内容；

（2）掌握导游服务集体协作共事的原则；

（3）掌握地陪导游、全陪导游、散客导游的整体服务规程，掌握每个服务环节的具体要求；

（4）掌握餐饮、住宿、文娱活动、购物方面游客常见的个别特殊要求及常规的应对和处理方法；

（5）掌握提供心理服务的一般方法。

（三）应变能力

1. 考试目的

考查考生对在旅游接待过程中游客个别特殊要求处理方法和原则的掌握程度及实际应变能力。考查考生对旅游接待中常见问题及事故发生原因的认知情况和预防处理能力，以及解决突发事件、意外情况和一般问题的基本能力。

2. 考试要求

在有压力的情况下，思维反应敏捷，情绪稳定，考虑问题周到；能够妥善、及时处理突发事件和特殊问题。

3. 考试内容

（1）掌握处理游客个别要求的基本原则；

（2）掌握餐饮、住宿、文娱活动、购物方面游客常见的个别特殊要求及常规的应对和处理方法；

（3）掌握游客自由活动、中途退团、延长游期、探访亲友、亲友随团等要求的应对及处理方法；

（4）掌握造成旅游计划变更的不同原因，熟悉一般处理规程，掌握具体变更措施和处理规程；

（5）掌握各类丢失问题的预防措施和处理方法；

（6）掌握游客患病的预防措施，掌握游客患一般疾病的处理原则，熟悉游客患病及因病死亡的处理方法；

（7）掌握游客不当言行问题性质的划分及一般处理方法；

（8）掌握漏接、错接、空接、误机（车、船）事故和游客走失的主要原因，掌握各类问题的预防措施和处理方法。

（四）综合知识

1. 考试目的

考查考生对与导游工作相关的应知应会的时政知识、国情知识的掌握情况和熟悉程度。

2. 考试内容

党和国家的方针政策、重大活动和重大时事政治、基本国情省情、全国和福建旅游业发展状况、福建省旅游业评先评优情况，同时包含福建特色的台湾问题及闽台交流的相关内容。

（五）外语类口译

1. 考试目的

考查外语类考生在中文和外语之间口头互译的能力，充分反映考生的真实外语水平。

2. 考试要求

（1）能全面、准确、通畅地转述原内容；

（2）语法正确，无错译、漏译。

3. 考试内容

（1）熟悉福建省主要景区景点相关内容的重要知识点；

（2）熟悉福建省主要景区景点相关的旅游文化内容；

（3）熟悉福建省旅游行业发展状况。

（六）语言与仪态

1. 考试目的

考查考生语言表达能力和行为举止是否符合导游规范。

2. 考试要求

（1）语音清晰，语速适中；

（2）用词准确、恰当、得体；

（3）内容有条理，富有逻辑性；

（4）表情及其他身体语言适用得当；

（5）穿着打扮得体、整洁；

（6）言行举止大方，符合导游礼仪礼貌规范。

第四章
导游词撰写技巧

一、导游词的基本结构

一篇完整的导游词，应该由标题、欢迎词、正文、欢送词四大部分组成。

（一）标题

标题是导游词的题目，一般以自然景观或人文景观的名称，加上"导游词"组成，简洁、明了，使游客一望便知。如"长城导游词""黄山导游词""苏州园林导游词"等。还有的可以有主、副标题，如"天下第一名刹——少林寺导游词"。

（二）欢迎词

欢迎词是导游初次接到游客所作的"开场白"，内容一般包括问候语、欢迎语、介绍语、希望语和祝愿语。致欢迎词对导游来说非常重要，它好比一场戏的序幕、一篇乐章的序曲、一部作品的序言，会给游客留下深刻的"第一印象"。因此，应当通过致"欢迎词"来展示自己的个人风采，表示热烈的欢迎，使旅途有个良好的开端。如：

来自龙岩的朋友们：大家好！大家辛苦了！首先请允许我代表我们阳光旅行社欢迎各位朋友来我市观光旅游。我姓桂，是阳光旅行社的一名导游，大家叫我"桂导"好了。这位是我们的司机刘师傅。在我市旅游期间由刘师傅和我为大家提供服务，我们十分荣幸！大家在此旅游，可以把两颗心交给我们：一颗是"放心"，交给刘师傅，因为他的车技娴熟，有12年的驾龄，从未出过任何事故；另一颗是"开心"，就交给桂导我好了。旅游期间，请大家认清导游旗的标志，以免跟错队伍。请大家记清集合时间和游览时间，以免因一人迟到而影响大家的活动。大家有什么问题和要求请及时提出来，我将尽力解决。最后祝大家这次旅游玩得开心、吃得满意、住得舒适。谢谢！

（三）正文

景点导游词是导游词的核心内容，它是对游览景点所作的全面介绍和详细讲解。其内容是把景点的具体内容向游客进行详细地介绍，包括总述、分述、结尾三大部分。

总述部分是对游览景点的一个总的介绍，介绍旅游景点的位置、历史、布局、地位、价值、发展前景等，目的是帮助游客宏观了解景区（点），激发游客的兴趣，犹如"未成曲调先有情"。如：

各位游客：

大家好！今天我们将要参观的景点是被誉为"中国第一水乡"的周庄。民间曾有"上有天堂，下有苏杭，中间有一个周庄"的说法。周庄四面环水，景色宜人，环境优雅。著名画家吴冠中曾高度评价周庄说："黄山集中国山川之美，周庄集中国水乡之美。"那么周庄有哪些引人入胜之处呢？下面就请大家跟我一起走进周庄，去领略那"小桥，流水，人家"的水乡特色吧！

分述部分是导游词的重点，这一部分大都是以游踪为线索，按景点顺序一一进行生动、具体的解说。使游客尽情饱览自然风光的壮美，领略文化景观的魅力，体悟民风民俗的淳朴，留下美好的回忆。如：

（到达周庄）〔走到贞丰泽国牌坊前〕我们已经到了周庄，这里是石牌楼，巍然屹立在这新老镇区的交界处，是古镇周庄的象征，上面刻有"贞丰泽国"四个字，为著名书法家沈鹏所写。周庄以前叫作贞丰里，这"贞丰"就是指周庄的原名为贞丰里，"泽国"是指四周环水的地方。我们现在走到牌楼的另一面去，大家看，这儿有横额上书"唐风子遗"。意思是在周庄，古代优秀的民族文化、古风遗韵还能看到一些。这是著名书法家费新我老先生在晚年高龄的时候用左手题写的，左下角还有他的落款呢！大家可以仔细辨认一下，是"新我左笔"四个字。

前面有一座古桥，叫太平桥，建于清代。展现在大家眼前的是一幅动人的江南风情画，在沈厅的展览室里，可以看到日本著名女画家桥本心泉以它为主要背景的一幅名为《周庄的某一天》的油画。

（四）欢送词

最后，整个游览结束，要有欢送词。欢送词包括表示惜别、感谢合作、小结旅游、征求意见、期盼重逢等内容。如果说欢迎词给游客留下了美好的第一印象，那么好的欢送词给游客留下的最后印象则是深刻的、持久的，甚至是永生难忘的。如：

眼看火车站就要到了，桂导我也要和大家说再见了。常言道"相见时难别亦难""送君千里终有别"。在此，桂导我非常感谢各位朋友对我工作的支持。短短几天时间，大家给我留下了非常深刻的印象，谢谢大家的合作！在几天的游览过程中，若有不尽如人意之处，还请各位批评指正，您的意见将是我们努力的方向，您的建议将是我们改进的目标。在返程途中，如果有什么不足之处，还请多谅解。希望大家有机会能再来我市，欣赏我们的春季湖水、夏日荷香、秋天红叶和冬季的雪光。一年四季的美景等着您，到时桂导我再来给各位当导游。最后祝愿大家一路平安！阖家欢乐！身体健康！

二、导游词撰写技巧

导游词是导游在引导游客参观时所使用的解说词，它不仅有助于游客更好地理解景点，还能提升游览体验。下面，我们将从几个方面来探讨导游词的撰写技巧。

（一）明确主题与对象

在撰写导游词前，首先要明确解说的主题，即景点的主要特色和历史背景。同时，还需了解主要游客群体的特点和需求，以便更好地调整解说内容和风格。例如，对于年轻游客，可以使用更活泼的语言和新颖的表达方式；对于老年游客，则应注重清晰易懂和怀旧元素。

（二）搜集翔实资料

为了准确传达景点的历史、文化和自然特征，导游应充分搜集相关资料。这包括景点的地理位置、历史沿革、建筑风格、传说故事等方面的信息。翔实的资料不仅能够提升导游词的可信度，还能使解说更加丰富多彩。

（三）结构清晰条理

导游词的结构应清晰明了，包括开场白、景点介绍、重点解说和结尾总结等部分。在介绍景点时，可以按照空间顺序或时间顺序进行，使游客能够有条理地了解景点的全貌。同时，应注意控制时间，避免在单个景点上花费过多时间，影响整体游览进度。

（四）语言生动有趣

生动是导游语言艺术性和趣味性的具体体现。导游词的语言应生动有趣，妙趣横生，形象生动的导游语言能引人入胜，给游客留下深刻的印象。导游词中可以使用形象的比喻、幽默的谚语和富有韵律感的句式来增强语言的感染力。

（五）融入文化元素

一篇优秀的导游词，必须内容丰富、准确无误，自然景观要探讨其成因，人文景观要追寻其文化内涵。导游词中将各类知识融入其中，旁征博引，才能够令人信服、引人入胜。特别是科普知识，更不能胡编乱造、信口开河。在导游词中融入文化元素，有助于提升旅游的文化内涵。可以介绍景点的历史文化背景、民族风情和特色手工艺品等，让游客在欣赏美景的同时，也能感受到当地的文化魅力。

（六）情感真挚动人

导游词语言应是文明、友好和富有人情味儿的语言，应言之有情，让游客赏心悦目、备感亲切温暖。导游词中应融入真挚的情感，使游客能够感受到导游的热情和关爱。可以通过讲述与景点相关的感人故事、表达对大自然的敬畏之情等方式来激发游客的情感共鸣。

（七）互动与引导设计

在导游词中设计互动环节和引导性内容，有助于增强游客的参与感和体验感。可以设置问答环节、邀请游客参与表演或游戏等，使游客更加积极地参与到游览中来。同时，导游还应引导游客关注景点的特色之处，帮助他们更好地理解和欣赏。

（八）结尾总结回顾

在导游词的结尾部分，应进行总结回顾，使游客对游览过程有一个完整的印象。可以概括景点的主要特色和亮点，并表达对游客的感谢和祝福。同时，还可以留下联系方式或提供其他旅游建议，以便游客在未来有更多的选择和参考。

总之，撰写一篇优秀的导游词需要导游具备扎实的专业知识、良好的语言表达能力和丰富的实践经验。通过不断学习和实践，导游可以不断提升自己的解说水平，为游客带来更加精彩和难忘的旅游体验。

第二部分 景点讲解范例

第五章
景区讲解

一、福建省概况

（一）历史文化

福建历史悠久，文化璀璨，名人辈出，与中国台湾和海外华侨华人关系密切。这些都为福建旅游业的发展提供了有利的条件。

1. 上古至南朝

早在上古时期福建就有原始人类活动。据考古学者对漳州莲花池山文化遗址的研究，约在8万年前福建先民已过着原始群居的生活。在漳州北郊的甘棠、清流县洞口村、东山兄弟岛等文化遗址，也发现了约1万年前福建先民繁衍生息的痕迹。

闽侯昙石山文化遗址表明，距今5000—4000年，福建先民已从事原始的渔猎、农耕和畜牧劳动，过着定居生活，掌握了制陶工艺。

一些神话传说也反映了上古福建先民的活动。传说，最早在福建开疆辟土的是太姥（一说太武夫人），最早开发闽北的是一位叫武夷君的部落联盟首领。有学者认为，这两位其实是母系氏族公社和父系氏族公社时福建先民的化身或代表。

远古时期，福建社会的发展进程与中原地区相比较为缓慢。到西周时期福建才进入青铜时代，即奴隶社会。当时，福建的土著居民分为七支部落，史称"七闽"。"闽"字的来历系古闽人以蛇为图腾崇拜，常将蛇奉于门内。

七闽人的体型和生活习俗与中原华夏族有些差异，如个头矮小，面短少须，鼻宽眼圆；操黏着语，断发文身；喜依水而居，善驾舟行筏，爱食鱼类等。据史料记载，七闽人已臣服于周天子，要向周王朝进贡"河蛤"等特产。七闽时期的遗址迄今还依稀可见，如武夷山悬棺崖葬，华安、光泽、永定、福州鼓山等地的摩崖石刻等。

战国末期，越为楚灭，部分越国臣民迁徙入闽。他们逐渐与古闽人融合形成闽越族，并建立闽越国，以无诸为闽越王，闽越国的范围除福建外，还包括浙南、粤东等地。

秦始皇统一中国后，废闽越国而置闽中郡，福建从此成为一个正式的行政区域。秦末农民战争及楚汉相争时期，无诸等率闽越兵北上参加反秦灭楚。汉朝建立后，闽越国得以恢复，刘邦封无诸为闽越王。但其原辖之浙南及潮、汀地区被汉王朝划出分设为东瓯国、南海国。是时，闽越国的范围相当于今福建全境，并建都于今福州，称冶城，此为福州建城之始。

此后一个时期，闽越国势日强，相继占领南海、东瓯地盘，与汉朝廷的矛盾渐趋激化。于是汉武帝派兵征伐闽越，于公元前110年灭闽越国，将大批闽越人迁移到江淮一带，福建陷于萧条。此后，残留故地的闽越人又重建家园。公元前85年，汉朝在闽设置一个隶属会稽郡的县治，后改称侯官，县治在今福州。这是福建历史上的第一个县。

东汉末年，江东孙吴政权先后5次遣兵入闽，将福建置于其管辖之内。260年，孙吴在福建设置建安郡，郡治建安（今建瓯），下辖7县。此时福建的人口有10多万。

三国归晋后，晋武帝从建安郡分出部分地域设立晋安郡，郡治侯官。两郡共辖15个县。

西晋末年，黄河流域战乱频繁，南方则相对稳定。大批北方汉人为避战祸纷纷南迁入闽，史称"衣冠南渡"。当时入闽的有北方社会的各阶层人民，从姓氏上看有林、黄、陈、郑、詹、邱、何、胡等。此后越来越多的北方汉人入闽与闽越人逐渐融合，闽越族之称渐渐消失，汉族成了福建的主要民族。

南朝时，福建增设南安郡，辖今莆田、泉州、漳州等地。557年，又置闽州，后改名为丰州，辖晋安、建安、南安三郡，州治在晋安郡。这是福建自成一州之始。

秦汉时期，福建经济还很落后，农业生产基本停留于刀耕火耨水平。闽北地区由于较早受中原文化的影响，成为福建最早的经济开发地区。到了魏晋南北朝时期，由于北方汉人的大量入闽，带来了先进的技术和文化，福建经济得到较快的增长，但发展水平仍然相对略低。

2. 隋唐五代

隋灭南陈后，福建地方割据势力起兵反隋，隋军入闽平定，福建归隋。

隋代福建行政区划几经变更，先是名为泉州，继而改名为闽州，后又改名为建安郡。

唐取代隋后，遣使入闽，传檄各地，福建归唐。

唐初全国分为10道，福建先属岭南道，后改属江南东道。唐王朝先后改建安郡为建州、泉州、闽州，还派陈政、陈元光父子开发漳州。由于对漳州地区的开发作出了重要贡献，陈元光被誉为"开漳圣王"。725年，因闽州西北有福山，将闽州改名为福州，福州由此定名。733年，唐在福州都督府的建制下设"福建经略使"一职，"福建"一词乃取福州、建州的首字而成，福建之名由此开始。唐代，全闽共有5州24县，人口50多万。唐代福建较为安定，为经济文化的发展提供了有利条件。

唐代末年，黄巢起义军入闽，攻占福州，唐王朝在福建的统治秩序开始瓦解。唐末中原大乱，885年河南人王绪率部进入福建，开始了北方汉人的又一次大规模入闽。不久，王绪为部属王潮等囚杀。王潮继统其众，相继攻取泉州、福州。893年，唐王朝授王潮为福建观察使，其弟王审知为副使。王潮死后，王审知继任，执掌福建大权。唐亡后，王审知被后梁政权封为闽王。王审知死后，其子王延钧于933年正式称帝，改国号为闽。

王审知治闽近30年，采取了一系列保境安民的措施，使福建出现了较长时期的相对安定局面，经济文化得到较快的发展。

王审知病逝后，闽国内乱蜂起，王氏子孙争夺王位互相残杀。945年，闽国分别为南唐、吴越所吞并。闽国灭亡后，福建一分为三，建州属南唐，福州属吴越，泉漳二州则由福建地方势力割据。

这一时期，福建社会经济继魏晋南北朝之后进一步发展。

3. 宋元时期

入宋后，割据福建的三种势力相继降宋。

宋代全国分为15路，福建为其中之一。北宋在福建设邵武军、兴化军2个州级行政机构，改南唐建立的剑州为南剑州（今南平），于是福建有了8个州级建制，即福州、建州、泉州、漳州、汀州、南剑州、邵武军、兴化军。八闽之称即由此而来。宋代福建县数有较大增加，最多时为47县，人口有300多万。

宋朝在福建的统治比前代有明显改善，尤其是南宋偏安江南后，视福建为其后方基地，苦心经营，使福建社会相对稳定，经济文化有较大的发展。这一时期，福建涌现了以著名理学家、教育家朱熹（1130—1200年）为代表的一批杰出人物。朱熹继承前人之理学，以儒家思想为核心，糅合佛、道及诸子学派，加以创造发展，创立了自己的理论体系。其理论博大精深，集理学之大成，包括太极论、物理论、伦理论、心性论及社会改革论等内容，被人称为"朱子学""闽学"。朱子学曾一度被列为"伪学"而遭受打击，南宋末年始成为占正统地位的官方哲学，并支配中国思想界达六七百年之久。朱子学在中国思想文化史上产生过重大而深远的影响，是中国文化的珍贵遗产。

南宋亡后，福建成为抗元基地。1276年5月，一批南宋王公大臣南下福建，立益王赵昰为帝，以福州为行都，开展反元复宋斗争。文天祥也在此行列中。他开府南剑州，招募义军，转战各地，后兵败被俘，英勇就义。10月，元军入闽，建州、福州、泉州等地守军相继献城降元，赵昰退往广东，流亡海上而终。福建归元。

元军入闽后，极为残暴，1277年在兴化城屠城，死者3万余人。

元代福建地方行政单位较乱，1278年元政府设"福建行中书省"，福建设省由此为始。此后数次撤复，至1356年才固定下来，元改州、军为路，全省共8路49县，人口较宋代少些。

元代福建民族矛盾和阶级矛盾尖锐，多次爆发反元起义，如漳州的陈吊眼起义、政和的黄华起义、福安的傅贵卿起义、长汀的钟明亮起义等。元末，政治腐败日重，陈友定等福建地方势力之间倾轧内战，加速了元在福建统治的崩溃。

宋元时期，福建社会经济飞速发展，并在全国居于重要地位，颇有后来者居上之势。

4. 明清时期

1368年，朱元璋军队分水陆两路入闽，消灭陈友定势力，福建归明。

明初福建仍为行省制度，1377年改为"福建承宣布政司"，又改路为府，恢复福宁州，全省共8府1州，下辖58县。

明中叶后，福建倭患日益严重，官民奋起抗倭。戚继光先后两次奉命率部援闽抗倭，连战连捷，基本肃清了福建境内的倭患。

由于土地兼并激烈，官府横征暴敛，明代福建多次爆发农民起义，其中邓茂七农民起义是福建历史上声势最大的农民起义。1448年沙县农民、矿工因不堪地主盘剥和官军欺压，在邓茂七率领下揭竿起义，建立农民政权，邓茂七自称"铲平王"。起义军迅速发展至10万余人，先后攻下沙县、安溪、永春、龙岩、漳州等20余县。各地民众纷纷响应，一时席卷八闽，震撼东南。后来，明政府调大军入闽镇压，起义失败。这场农民起义历时虽短，但声势浩大，打击了明王朝的统治，在中国农民战争史上占有重要位置。

1645年，清军攻下南京，南明政权灭亡。福建籍的黄道周、郑芝龙等拥立明唐王朱聿键在福州称帝，开展反清复明斗争。同年7月，黄道周率军北上抗清，兵败被俘，殉节于南京。次年，清军进攻福建，朱聿键逃至汀州为清军擒杀，郑芝龙率部降清。9月，清军攻占福州，福建归清。

清初民族矛盾十分尖锐，八闽民众纷纷进行抗清斗争，其中郑成功领导的抗清武装力量最大、斗争最久。郑成功以厦门、金门为根据地，数次进攻福州，并北上围攻南京，但均失利。为建立稳固的抗清根据地，1661年郑成功挥师东渡，击败荷兰殖民者，收复了台湾。此后，郑氏政权在台一边继续抗清，一边开发建设，促进台湾发展。随郑氏东渡台湾的由3万多闽南人组成的军队及其眷属和陆续迁徙入台的大批福建沿海民众，成为开发台湾的主力军，台湾与福建的关系更加密切。1683年，清政府派晋江人施琅率水师攻台，郑氏战败，归附清廷。

清王朝在福建设置闽浙总督（驻福州）和福建巡抚，为全省最高军事、民政长官。省下初辖8府，1684年增设台湾府，从此直到1885年台湾正式建省，闽台合治200年。至清末，全省计有9府2州60县。清代福建人口变动较大，清初因战乱而锐减，乾隆年间迅速上升，突破千万人，光绪年间达 2600 多万人，其后急剧下降，至清亡时约为 1600 多万人。

5. 近代时期

近代福建在帝国主义、封建主义的压迫下，灾难深重、贫穷落后。福建人民为救亡图存、振兴中华，同全国人民一道，进行了前赴后继的英勇斗争。

1839 年 6 月，近代伟大的民族英雄林则徐在广东主持"虎门销烟"。林则徐（1785—1850 年）系福州人，26 岁中进士后，在浙江、江苏、湖北、河南、山东等地任巡抚、总督等职。为官清廉，执法严明，办事干练。在查禁鸦片的同时，他组织编成《四洲志》，系统介绍外国的历史和地理，被誉为"开眼看世界第一人"。鸦片战争爆发后，他领导广东军民严密设防，使英军的入侵计划无法得逞。1840 年 10 月，林则徐遭诬陷被革职流放新疆。在新疆，他倡导兴修水利，开垦农田。1845 年，被重新起用，先后任陕西巡抚、云贵总督等职。1850 年他被任命为钦差大臣，前往广西途中病逝，终年 66 岁。鸦片战争期间，福建军民在邓廷桢指挥下击退了英军对厦门的进攻。闽籍江南总督陈化成在英军进攻上海吴淞炮台时，率部奋战，壮烈牺牲。鸦片战争失败后，福州、厦门及广州、宁波、上海被辟为对外通商口岸，通称"五口通商"。

洋务运动期间的 1866 年，左宗棠于福州马尾创办福建船政局。福建船政局的建设，对中国近代海军的产生、造船业的发展和人才的培养起了积极作用。近代福建的民族资本主义工业也在这一时期产生。

中法战争期间，法国为获取更多的侵略利益，出动兵舰 10 多艘，进犯福建水师基地马尾港，于是发生了马江海战。1884 年 8 月 23 日，法舰突袭福建水师，福建当局政要畏战遁逃，水师爱国官兵奋起还击，战斗中我方共击伤敌舰 5 艘。由于清政府的妥协退让政策，造成福建水师全军覆灭，共损失军舰、商船 20 余艘，阵亡官兵 700 余人。马尾造船厂也被法舰击毁。

戊戌变法前后，近代杰出的启蒙思想家严复为宣传资产阶级民主思想、启蒙国人作出了杰出贡献。严复（1853—1921 年）系福州人，17 岁毕业于马尾船政学堂，23 岁被选送到英国海军学校留学，接触了西方思想文化。甲午战争后，他撰文译书，向国人系统介绍西学，主张变法，反对守旧。他翻译《天演论》，以"物竞天择，适者生存"等进化论观念，激发人民救亡图存，成为维新派实行变法的理论依据，对近代思想界影响极大，但晚年思想日趋保守复古。他先后任北洋水师学堂、复旦公学（复旦大学前身）、北京大学校长等职，为培养中国近代海军等方面人才有所贡献。67岁病逝于家乡。其闽侯同乡林旭则参加百日维新，成为"戊戌六君子"之一。

辛亥革命期间，福建人民积极投身孙中山领导的推翻清王朝、建立民国的斗争。杨衢云等一批闽籍仁人志士在发展同盟会组织、宣传民主革命思想、开展反清起义中发挥了作用。方声洞、林觉民、林文等一批福建爱国青年参加黄花岗起义，壮烈牺牲。1911年10月武昌起义爆发后，福建革命党人欢欣鼓舞，加紧进行起义准备。11月9日凌晨，革命党人打响了光复第一枪。起义军在福州于山炮击将军署，并同清军进行激烈的争夺战。经过一天半的战斗，清军投降，福州宣告光复。11月13日，"中华民国军政府福建都督府"正式成立。福州光复后，福建各地纷纷响应，前后只半个多月时间，全省光复，结束了清王朝在福建的统治。

福建是我国著名侨乡。福建人移居海外，始于汉，兴于唐五代，宋元有发展，明清初受限，明清中叶后人数增加，近代骤然增加，中华人民共和国成立后仍未中断。

鸦片战争后，由于内忧外患加剧，天灾人祸频繁，大批福建人为谋求生存而逃往异国他乡。特别要指出的是，近代西方殖民者为开发殖民地和发展本国经济，采取诱骗和胁迫的手段，把大批华人当作"猪仔"掠卖到国外充当苦力。当时，福州、厦门是殖民者掠卖华工的据点之一。1845年至1853年8年间，仅从厦门被拐骗贩卖到南北美洲的华工就有1万多人。华工出国时，常被关在船底，遭受虐待，途中死亡者甚多。"猪仔"出洋的历史是近代福建华侨的一部血泪史。福建籍华侨华人人数众多，分布广泛，他们在促进居住地区经济文化的发展、支持故乡革命和建设等方面都作出了贡献，著名华侨领袖陈嘉庚是其杰出代表。陈嘉庚（1874—1961年）系厦门人，早年在新加坡从事工商业，渐成华侨富商。他关心祖国，热爱家乡，生活俭朴。1910年，他加入同盟会，大力资助孙中山革命活动。抗日战争时期，他任南洋华侨筹赈祖国难民总会主席，为抗战筹集巨额资金，并率团回国慰问抗日军民。抗战胜利后，他积极从事爱国民主运动。陈嘉庚重视家乡教育，

1913年至1920年间，先后在厦门集美创办小学、中学、师范、水产、航海、农林、商科等学校，1918年又创办厦门大学，他一生捐助教育经费达1亿美元，为祖国和家乡培养人才作出了重要贡献。中华人民共和国成立后，他历任中央人民政府委员、全国政协副主席、全国侨联主席等职，为国家的建设和统一做了大量的工作，被毛泽东誉为"华侨旗帜"。

　　五四运动时，福建爱国学生及各界民众积极声援北京学生的爱国斗争。中国共产党成立后，福建人民在党的领导下投入了新的斗争。在1923年2月党领导的京汉铁路大罢工中，福建闽侯人林祥谦（1889—1923年）发挥了突出的作用。林祥谦早年进马尾造船厂当童工，1912年在京汉铁路江岸机器厂做工，1922年加入中国共产党，同年当选为京汉铁路工会委员长。在大罢工中，他率数千工人与湖北督军署参谋长展开斗争，在万人大会上号召"工人们要团结，罢工要坚持"，使江岸成为大罢工的中心。1923年2月7日，军阀吴佩孚对罢工工人进行血腥镇压。林祥谦不幸被捕，敌人对他软硬兼施，利诱不成，便举刀往他身上砍去，逼他下令复工。他忍着剧痛，宁死不屈，高呼"头可断，血可流，工不可复！"为工人阶级的解放事业英勇就义。

　　1926年4月，福建第一个中国共产党的地方组织中共福州地委诞生。此后，福建各地的党组织先后成立，推动了革命形势的发展。

　　1926年12月，北伐军在福建人民的响应下控制福州，结束了北洋军阀在福建的统治。1927年4月，福建的国民党右派叛变革命，在福州等地捕杀共产党人和革命群众。大革命失败后，邓子恢、张鼎丞、郭滴人等在闽西各地发动一系列起义，开展武装斗争和土地革命。1929年3月后，毛泽东、朱德率领工农红军第四军3次入闽，闽西革命根据地成为中央革命根据地的组成部分。1929年12月28日在福建省上杭县古田村召开中国共产党红军第四军第九次代表大会，即著名的"古田会议"。会议由陈毅主持，毛泽东和朱德分别作政治报告和军事报告。会议根据中共中央的精神，总结红四军建党建军的经验教训，批判各种错误思想，统一思想认识，改选前委，通过毛泽东起草的《中国共产党红军第四军第九次代表大会决议案》，即著名的《古田会议决议》。这个决议是中国共产党和红军建设的纲领性文献。古田会议解决了如何把以农民和其他小资产阶级为主要成分的军队建设成为无产阶级领导的、新型的人民军队的根本问题，为建党建军指明了方向。"古田会议"在中国共产党及其领导的军队建设史上具有重要而深远的影响。这一时期，福建革命根据地、游击区的人民群众踊跃参加红军，开展反"围剿"斗争。红军长征后，又在张鼎丞、邓子恢、叶飞等领导下坚持了3年艰苦卓绝的游击战争，为中国革命付出了巨大牺牲，作出了重要贡献。抗日战争爆发后，福建大部分红军游击队加入新四军队列，奔赴大江南北，英勇战斗，抗日救国。

在全国抗日反蒋高潮的影响下，1933年11月20日，国民党十九路军将领蒋光鼐、蔡廷锴联合李济深、陈铭枢、冯玉祥、黄琪翔等国民党内外的爱国民主人士，公开与蒋介石决裂，在福州成立"中华共和国人民革命政府"，树起抗日反蒋的旗帜。他们颁布宣言，制定内外政策，组织"生产人民党"，扩编军队，还同红军签订抗日反蒋协定，史称"福建事变"。事变震撼了国民党南京政府。1933年年底，蒋介石自任"讨逆军"总司令，调集20万大军，从陆海空三面包围福州，同时采取政治收买的办法，分化瓦解十九路军。由于力量对比悬殊，加上内部不团结等因素，"福建事变"以失败告终。

1937年10月，日军攻占金门。不久，国民党福建当局将省会内迁永安，厦门、福州等沿海市县相继沦陷。但福建人民始终坚持抗战，终于在1945年8月迎来了胜利。

中国人民解放战争期间，福建人民开展了反对蒋介石独裁、内战、卖国的斗争。1949年5月，人民解放军挺进福建。8月17日福州解放，8月24日福建省人民政府成立，张鼎丞任主席，宣告了国民党在福建统治的覆灭。

从此，福建历史翻开了新的篇章。

（二）地理环境

1. 地理位置

福建省地处中国东南沿海。陆地界最南端在东山县境内，北纬23°31′；最北端在浦城县境内，北纬28°19′；南北间距约550千米。最西点在武平县境内，东经115°50′；最东点在福鼎市境内，东经120°44′；东西间距约为540千米。陆域的北、西、南三面，分别与浙江省、江西省、广东省毗连；东濒东海，隔台湾海峡与台湾省相望，两省最近处相距仅135千米。

全省陆地面积12.14万平方千米，占全国陆地总面积的1.26%，是我国面积较小的省份；海域辽阔，面积达13.6万平方千米，比全省陆地面积还大。

2. 地貌特征

（1）地势西北高东南低，横断面呈马鞍状

福建境内有两列大山带，一列是由武夷山脉等组成的闽西大山带，另一列是由鹫峰山、戴云山脉、博平岭等组成的闽中大山带。

武夷山脉位于福建西部与江西交界处，绵延530千米，海拔700—1500米，最高峰为武夷山市西面的黄岗山，海拔2158米。黄岗山也是我国大陆东南部的最高峰。武夷山脉北端与浙江的仙霞相接，地势自北向南逐渐降低，到武平县一带海拔为600—700米。它宛如一道巨大的屏障，雄峙于福建西部边陲，对北方冷空气南下、东进，起着一定的阻挡作用。

闽中大山带斜贯福建中部，长约550千米。其主体部分是中段的戴云山山脉，位于闽江和九龙江之间，海拔700—1500米，长约300千米。主峰戴云山在德化县境内，海拔1856米。戴云山脉以北，过闽江，是鹫峰山，海拔700—1000米，长约100千米，向东北延伸，与浙江的山脉连成。戴云山脉以南，过九龙江，是博平岭，海拔700—1500米，向西南延伸入广东境内，在福建境内长约100千米。同武夷山脉相比，本列山脉宽度较大，一般可达数十千米，最宽的一段在中部，可达上百千米。

两列大山带之间，是一长廊状谷地，谷底海拔100—300米。谷地北起浦城县和松溪县，南至永安市，延伸约240千米。谷地上分布着一连串盆地，较大的有浦城盆地、建阳盆地、沙县盆地、三明盆地和永安盆地等。建溪和沙溪干流蜿蜒流淌于谷地之中。永安以南的闽西南地区，在武夷山脉南段和博平岭之间，自西向东排列着松毛岭、玳瑁山和天宫山3条山岭。其中，玳瑁山为闽西南地区中部的主要山岭，海拔800—1000米，主峰石门山海拔1811米。在闽东地区，则有太姥山。它自福鼎向西南延伸至霞浦，长约50千米，海拔400—700米，与鹫峰山有支脉相连。

鹫峰山、戴云山脉和博平岭向东延伸至海岸，地势逐渐下降，层级地形明显。由于海岸的发育过程不同，闽江口以南的沿海地区是一片断续不相连的狭长平原，而闽江口以北，则大多为低山或丘陵逼临海岸。

福建的地形，从西向东做一个横剖面，便清晰地呈现出一个马鞍状。若再把这一地形横剖面向西伸展到江西平原，向东延伸到台湾海峡，马鞍状就更加明显。

福建地貌的这一特征，对其气候和水文产生了深刻影响。

（2）山丘面积大，平原面积小

福建在中国内地素有"东南山国"之称。全省陆地面积中，山地和丘陵占82%，平原仅占10%左右，故有"八山一水一分田"之说。

山地主要分布在两列山脉及其支脉盘踞的地区，丘陵则主要分布在山地外侧的沿河两岸和沿海地区。组成山地和丘陵的岩石有花岗岩、火山岩、片岩、片麻岩、石英砾岩和石英砂岩、石灰岩、红色砾岩和红色沙砾岩等。内陆山区石灰岩和红色砾岩或红色沙砾岩所组成的丘陵，在流水侵蚀及暖湿气候等作用下，形成瑰丽多姿的岩溶地貌和丹霞地貌。岩溶地貌以永安大湖的石林、龙岩的龙崆洞、将乐的玉华洞和宁化的天鹅洞等为代表，丹霞地貌以武夷山、永安的桃源洞、泰宁的金湖、连城的冠豸山等为代表。岩溶地貌、丹霞地貌及沿海丘陵地区常见的石蛋地貌，常构成奇异景观。

福建有四大平原，最大的是漳州平原，面积850平方千米；以下依次为福州平原，面积800平方千米；兴化平原，面积464平方千米；泉州平原，面积345平方千米。

土壤类型有：红壤，约占全省陆地面积的70%；砖红壤性红壤，约占11%；黄壤，约占5%；山地草甸土，约占3%；紫色土，约占1%；还有石灰性土、水稻土、滨海盐土和风沙土等。

（3）小型山间盆地多

福建盆地多，镶嵌在山地中，一般较小型。它们的高差相距很大，有的海拔仅10余米，如福州盆地、漳州盆地；有的海拔高达700—800米，如寿宁盆地、柘荣盆地、周宁狮浦盆地、屏南盆地和德化盆地。福建许多城镇就坐落在盆地内，如浦城、武夷山、建瓯、邵武、顺昌、沙县、尤溪、清流、永定、长汀、上杭、新罗、漳平、德化、屏南等。

（4）河流短而壮

福建内河水系密布，大小河流纵横交错，共有29个内河水系，663条河流，总长13569千米，河川径流资源较为丰富。

境内淡水水域面积不大，仅100平方千米，其中约一半为水库水面，天然湖泊很少。另有滩涂围垦堤内水面几十平方千米，已不同程度淡化，可供利用。

主要河流有闽江、九龙江、晋江、汀江、交溪。

闽江水系源于闽浙、闽赣交界的仙霞岭、武夷山等山脉，全长577千米，流经36个县（市），流域面积6万多平方千米，占全省陆地面积的一半。沙溪、富屯溪和建溪三大溪组成闽江的上游，它们在南平附近汇合。南平以下为闽江干流，汇入的支流主要有尤溪、古田溪、大樟溪等。闽江流经福州后入海。在全国各大江中，闽江是唯一源于省内且于本省入海的大河。由福州入海。其长度虽有限，但水量十分丰富，具有"短而壮"的特点。闽江的流域面积在全国各大江河中仅居第11位，而其年均流量则居第7位，年入海水量达600多亿立方米，占全省海岸线入海总水量的57%。黄河的流域面积比闽江大10倍以上，但其年地表径流量与洪峰流量均不如闽江大。闽江曾是福建重要的运输通道，在20世纪50年代后期闽江内河航运的黄金时代，通航里程近300千米，最高年货运量达800多万吨。闽江下游的重要港口马尾港，开发历史悠久，具有河海联运之利，建有万吨级大型泊位，可趁潮进出万吨以上巨轮。闽江流域的水能蕴藏量丰富，闽江水口电站、沙溪口电站、古田溪水电站是福建电网的骨干电站。

九龙江源于闽中大山南段，全长285千米，流经龙岩、大田、永安、漳平、华安、平和、南靖、长泰、漳浦、漳州、龙海等县市，注入厦门港，流域面积约1.47万平方千米，是福建的第二大河。

晋江发源于永春和大田交界处的戴云山脉东南坡，全长182千米，流经大田、永春、惠安、南岸、泉州、晋江等县市，注入泉州湾，流域面积约5600多平方千米。

汀江发源于长汀、宁化和江西交界处的武夷山脉南段，流经宁化、长汀、连城、武平、上杭、龙岩、永定等县市后，进入广东大埔县境，是福建大河流中唯一由外省入海的河流，在福建境内的流域面积9000多平方千米。

交溪发源于闽浙两省交界处的太姥—鹫峰—洞宫山脉，干流全长约162千米，在福建境内的流域面积5500多平方千米，流经福安市后注入三都湾。

福建的水资源相当丰富，无论人均占有水资源量或是亩均占有水资源量，都远远超过全国平均水平，为人民生活和经济发展提供了优越条件。

（5）海岸曲折漫长，港湾岛屿众多

海岸线直线距离535千米，海岸线长3752千米，仅次于广东省，居全国第二位，海岸线曲折率居全国首位。全省有大小港湾125个，其中深水港23处，可建20万吨级以上深水泊位的天然良港有东山港、厦门湾、湄洲湾、兴化湾、罗源湾、三都澳六个。这些港湾一般"口小腹大"，港阔水深，少淤不冻，风小浪弱，为天然良港。

福建沿海岛屿星罗棋布，有大于500平方千米的岛屿1546个（其中有人岛101个），仅次于浙江省，居全国第二位。最大的是海坛岛，面积约为324平方千米。其次还有金门岛、琅岐岛、南日岛、三都岛等。东山岛、厦门岛和江阴岛原为福建较大的岛屿，修筑海堤成为半岛。

3. 气候特征

福建紧靠北回归线北面，背山面海，属暖湿的亚热带海洋性季风气候。由于受地理位置、大气环流、地貌因素和洋流的影响，其气候除了具有我国东部地区的共同特征外，还有明显的区域特征。

（1）季风影响显著

因为距冬季风发源地遥远，加以沿途山脉重重阻拦，冬季风到福建已是强弩之末。因此，冬季虽一般每1—2周有一次冷空气入侵，但寒威锐减，影响时间较短，故冬季并不寒冷，平均气温明显高于同纬度的内陆。闽南地区则基本无冬。福建是距夏季风发源地最近的省份之一，湿热气流源源不断地输入，由于与冷空气的交会或地形的抬升等，带来丰沛的降水。

福建冬季盛行偏北风，夏季盛行偏南风，过渡季节风向不定，风向与风速的区域差异性相当明显。

福建是全国受台风影响最严重的省份之一。平均每年有两次在福建登陆的台风，最多的年份达六次，而不登陆却对福建造成影响的每年约三次。台风影响一般在8月至9月中旬。台风给福建特别是其沿海地区带来大风大雨，其影响程度主要取决于台风风力强度、天文潮位及台风的行进路线。若遭高强度台风正面袭击，沿海地区常出现10级以上大风，并有暴雨，会造成巨大的破坏；但台风过程的降雨常在一定程度上缓解沿海地区的旱情。

（2）热量丰富

福建夏长冬短，气温较高。除海拔较高的山地外，全省各地平均气温多在17—22℃，霜日一般在20天以下。内陆地区绝大多数地方无霜期为

260—300 天，沿海地区在 300 天以上，闽东南几乎全年无霜。全省各地全年日照时数大多为 1700—2400 小时。

（3）降水充沛

福建是全国多雨省份之一，全省大部分地区年降水量在 1100—2000 毫米，大部分集中于春夏雨季。福建雨季非常明显，全年降水量的 50%—60% 集中于 3—6 月。整个雨季可分为春雨期和梅雨期两个阶段。3 月为春雨季，5 月为梅雨季，具有温度高、强度大、雨区广并常伴有雷阵雨的特点。4 月是二者间的过渡季节，晴天稍多。

（4）气候复杂多样，地域差异明显，海洋性色彩浓厚

由于海洋的调节作用，福建气温的年较差和日较差远比同纬度的内陆小。冬季较温和，较少出现严重和破坏性的低温。夏季较凉爽，除一些内陆山间盆地外，较少出现酷暑。

福建南部和北部、沿海和内陆、盆地和山地之间，各气象要素的数量和组合情况错综复杂，形成多种多样的地域气候类型。如闽南地区终年不见霜雪，粮食作物可以一年三熟，三叶橡胶、胡椒等典型的热带作物可正常生长；而北部几乎每年都下雪结冰，甚至积雪盈尺，水稻只能种一季，温带的马铃薯、人参等植物可在此安家落户。

（5）农业气象灾害频繁

由于季风的不稳定性，冬夏季风每年更迭的时间有迟有早，势力或强或弱，每年天气回暖与转冷、雨季开始和结束时间的迟与早、降水的多少、台风影响的次数和迟早等，均有较大变化，使寒、旱、涝、风等灾害性天气频繁发生。寒害，主要有秋寒、冬寒、倒春寒、梅雨寒。干旱，主要有夏旱和春旱。洪涝，主要是台风暴雨洪涝和梅雨暴雨洪涝。风害，主要是台风的正面袭击。

4. 自然资源

福建境内蕴藏着丰富的自然资源，不仅养育了全省人民，也为全省的经济、社会发展提供了基本的物质条件。

（1）丰富的植物资源

福建的主要植被类型有：常绿阔叶林、常绿针叶林（主要是马尾松林和杉木林）、季雨林、竹林、灌木丛、草坡、山地草甸和海滩植被。

福建的植物种类繁多，有高等植物4703种，约占全国总种数的14.3%，其中蕨类382种，裸子植物70种，被子植物4251种，木本植物1943种；国家重点保护野生植物有52种，其中南方红豆杉、水松、伯乐树（钟萼木）、银杏、苏铁、四川苏铁、台湾苏铁7种列入国家一级保护野生植物，苏铁蕨、长叶榧、金钱松、笔筒树、香樟（樟树）闽楠、金毛狗、刺桫椤等45种列入国家二级保护野生植物。列入福建第一批地方重点保护珍贵树木的有25种，包括江南油杉、油杉、南方铁杉、长苞铁杉、穗花杉、青钱柳、格氏栲（吊皮锥）、银钟花等。

福建古代森林茂密，群众一向有植树、育林、护林的好习惯，许多巨大的古树被保存下来。例如：

大杉木，习称"杉木王"，一般胸径大约1米，树高30米以上，材积超过10立方米。宁德市虎坝乡彭家村有一株全国最粗的古杉，胸径2.7米，冠幅约24米，状如撑开的巨伞，树龄达1100多年。南平市政和县铁山乡锦屏村有一株全省最高的古杉，高47米，树龄四五百年。

柳杉，系我国特有的高大乔木及名贵观赏树种。泉州市永春县一都乡吾珠村有一株树龄1100多年的"柳杉王"，高52米，胸径2.3米，冠幅约15米。三明市将乐县慕源乡坡坑村有一株全省最粗的古柳杉，胸径近3米，高40米。

银杏，系我国特有孑遗植物，野生树已少见。三明市泰宁县大田乡垒砾村七宝庵有一株千年银杏，高30米，胸径1.5米，树冠状如宝塔，露出地面的侧根整齐地衍生出7棵子树，至今枝繁叶茂，年产干果数百千克。

苏铁，又名凤尾松，系孑遗植物和庭院观赏树。福州市鼓山涌泉寺内有两株苏铁，树龄千年以上，仍年年开花结果。

樟树，福建传统的风水树，至今生长仍多。泉州市安溪县清水岩有一株古樟，树龄800余年，树围7人不能合抱。莆田市东山有一株古樟，树龄约1680年。南平市建瓯市万木林保护区有一株大黄樟，树龄600多年，高34米，胸径1.8米，单株材积达30多立方米。福建曾是著名的樟木和樟脑产地，民间常用樟木制造船舶和家具。1975年，福州市连江县浦口乡发掘到一艘战国末期的独木舟，即为樟木制成。

闽楠，俗称楠木，质地细密坚硬，耐腐蚀，系珍贵用材树种。武夷船棺便是用楠木凿成,据鉴定有近4000年的历史。三明市宁化县河源村一株楠木高30米,胸径1.5米,冠幅25米,树龄在700年以上,仍枝叶茂盛,生机盎然。

榕树,福建不少地方均有生长,尤以福州为最。福州宋时多榕,故别称榕城,至今城内尚有宋时栽植的古榕。最著名的是福州市邦边村接榕桥畔的3株,树干苍劲,枝叶青翠,其中最大的一株高21米,胸径近3米,冠幅36米。

(2)品种繁多的野生动物资源

福建省有脊椎动物1647种,占全国总种数的26.4%,其中哺乳类120种,占全国的27%;鸟类543种(包括亚类),占全国的45%;两栖类46种,占全国的22%;爬行类123种,占全国的35%;鱼类815种,约占全国的30%;全国昆虫共有33目,福建分布31目,已定名的昆虫有5000多种,占全国的20%。列入国家重点保护的野生动物159种,其中一级22种,二级137种。武夷山自然保护区物种特别丰富,有许多国家保护动物,如猕猴、短尾猴、毛冠鹿、云豹、金猫、大灵猫、小灵猫、白颈长尾雉、黄腹角雉、鸳鸯、白鹇、草鸮、穿山甲、苏门羚等。崇安髭蟾(角怪)、丽棘蜥、竹鼠、蝾螈、大头平胸龟、长脚鼠耳蝠、短脚鼠耳蝠以及崇安地蚣、武夷湍蛙、三港雨蛙等数十种动物,都是全国仅见的珍贵物种。

(3)以非金属居优势的矿产资源

福建绝大部分矿产资源人均占有量低于全国平均水平,关系国民经济命脉的重要矿种,如煤等常规能源的保障程度较低,大部分重要矿产无法保证经济可持续发展要求。

全省已探明储量的矿产86种,具有工业利用价值的20多种。主要有:

能源矿产,主要是煤、铀和地热。煤,97%以上为无烟煤,主要分布于龙岩、永安、永定、大田、永春等县市。福建是我国拥有铀矿的重要省份之一,主要有火山岩型、花岗岩型、砂岩型和变质岩型4种工业类型铀矿。地热,全省有地下热水点超过200处,其中天然温泉160多处,主要分布在福州、邵武一线以南的40个县市。福州市地下热水纵贯市中心,具有埋藏浅、水量大、水温高、水质好等特点。其水质为低矿化淡水,含有少量硫磺,除沐浴外,对皮肤病、风湿病、关节炎均有治疗作用。漳州市地下热水分布于市中心，最高水温可达121.5℃，其中深50米、水温大于80℃的地下热水面积约达3.4平方千米。

黑色金属矿产，重要的有铁矿和锰矿。铁矿集中分布于龙岩、漳平、安溪、德化、大田一带。潘洛铁矿是福建主要的富铁矿和三明钢铁厂的矿山基地。锰矿主要分布在连城、龙岩、上杭、永定、武平、永安、大田、德化和安溪等县市。

有色金属矿产，较重要的有铅、锌、铜、铝、钨、钼等矿种。

贵金属矿产，主要有金和银两种。

稀有金属矿产，有铌、钽、锆、铍、锂、稀土等。

冶金辅助原料，如熔剂石灰岩、硅石、膨润土、型砂、耐火黏土、石墨等。

化工矿产，主要有硫铁矿、蛇纹岩、化工石灰岩、重晶石、萤石等。

建筑材料矿产，主要有玻璃砂、标准砂、建筑用砂、高岭土、花岗岩石材、大理石、水泥灰岩等。

（4）富饶的海洋资源

除了优良的港湾资源外，福建的海洋生物资源、海洋能源资源和海洋矿产资源均十分丰富。

海洋生物种类有2000多种，其中鱼类700多种，而且还有中华白海豚、文昌鱼、中国鲎、造礁珊瑚、白鹭等国家重点保护的珍稀濒危动物。

福建沿海地区可供开发的新能源很多。地热资源和风能资源丰富，可用于潮汐发电的海水面积达3000平方千米，潮汐能可开发装机容量1033万千瓦，居全国首位。

福建沿海地质构造复杂，矿种很多。已发现的矿产有60多种，有工业利用价值的有20多种。砂、花岗石、叶蜡石等探明储量全国前列，其他如饰面花岗石、高岭土、明矾石、玻璃用石英砂在全国占有重要地位；台湾海峡石油、天然气资源和重矿物资源也显示较好的开发前景。福建还是我国南方重要的产盐区，盐业资源丰富，宜盐滩涂近300平方千米。

（三）交通状况

自古以来，福建就以水运为主，陆上交通一向不便，故有"闽道更比蜀道难"之说。经过多年建设，福建的公路、铁路、水运、海港、民航等各项事业空前发展，初步形成铁路、公路、水路、航空相配套的立体化交通运输网络。省内有厦门高崎国际机场、福州长乐国际机场两个干线机场和武夷山、晋江、连城、沙县4个支线机场，开辟通往日本、韩国、东南亚以及国内主要城市的航线超过200条；福建境内铁路由鹰厦线、外南线、峰福线、福马线、永嘉线、漳龙线、漳泉线、漳州支线、南平东支线、天湖山支线、赣龙线、杭深线（温福、福厦、厦深）、龙岩东支线、龙漳线、向莆线、合福线等组成，由南昌铁路局管理，截至2023年年底，福建铁路营业里程4574千米。全省公路通车里程115646千米，高速公路网通车里程6168.59千米，沈（阳）海（口）高速公路福建段、福（州）银（川）高速公路福建段、漳（州）龙（岩）高速公路、龙（岩）长（汀）高速公路、浦（城）南（平）高速公路、泉（州）三（明）高速公路、永（安）武（平）高速公路、武（夷山）邵（武）高速公路、福泉高速莆秀支线等建成通车，省会福州至各设区市所在地的高速公路全面贯通，全省"两纵三横"高速公路网主骨架基本形成。港口建设突飞猛进，沿海港口拥有万吨级以上泊位42个，先后开通50多条国际航线，福州、厦门港区双双跻身全国吞吐量前十名的大港行列，厦门港成为亿吨大港。2023年，货物运输周转量12235.42亿吨/千米，旅客运输周转量1004.18亿人/千米。全省沿海港口完成货物吞吐量7.49亿吨，其中，外贸货物吞吐量29051.45万吨，集装箱吞吐量1817.87万标箱。

（四）旅游资源

福建旅游资源十分丰富，山清水秀，人文荟萃。著名的武夷山、太姥山、清源山、冠豸山、鼓浪屿、湄洲岛、金湖、桃源洞、玉华洞等风景名胜，开元寺、涌泉寺、广化寺、南山寺、妈祖庙等寺庙，以及王审知、朱熹、郑成功、林则徐、陈嘉庚等名流英杰的故居遗迹等，都是独具特色的旅游胜地。目前，福建拥有旅游资源情况如下：

1. 世界遗产、人类口述和非物质文化代表作

世界遗产：武夷山世界文化与自然遗产、福建土楼世界文化遗产、中国丹霞（泰宁）世界自然遗产、鼓浪屿：历史国际社区、泉州：宋元中国的世界海洋商贸中心。

人类口述和非物质文化代表作：妈祖信俗、福建南音、中国木拱桥营造技艺、水密隔舱福船制造技艺、闽南传统民居营造技艺、福建木偶戏。

2. 地质公园

世界地质公园：泰宁世界地质公园、宁德世界地质公园、龙岩世界地质公园。

国家级地质公园：福建漳州滨海火山国家地质公园、福建泰宁国家地质公园、福建晋江深沪湾国家地质公园、福建福鼎太姥山国家地质公园、福建宁化天鹅洞群国家地质公园、福建德化石牛山国家地质公园、福建屏南白水洋国家地质公园、福建永安桃源洞国家地质公园、福建连城冠豸山国家地质公园、福建福安白云山国家地质公园、福建平和灵通山国家地质公园、福建政和佛子山国家地质公园、福建清流温泉国家地质公园、福建三明郊野国家地质公园。

3. 国家级历史文化名城（4个）

泉州（第一批）、福州、漳州（第二批）、长汀（第三批）。

4. 国家优秀旅游城市（8个）

福州、厦门、泉州、漳州、三明、武夷山、永安、长乐。

5. 国家级风景名胜区（18个）

武夷山、厦门鼓浪屿—万石岩、泉州清源山、福鼎太姥山、永安桃源洞—鳞隐石林、泰宁金湖、连城冠豸山、屏南鸳鸯溪、平潭海坛岛、福州鼓山、将乐玉华洞、永泰青云山、闽侯十八重溪、政和佛子山风景名胜区、顺昌宝山风景名胜区、福安白云山风景名胜区、平和灵通山风景名胜区、湄洲岛风景名胜区。

6. 国家级旅游度假区（2家）

武夷山、湄洲岛。

7. 中国国际特色旅游目的地（1家）

湄洲岛，中国国际妈祖文化旅游目的地。

8. 国家A级旅游景区（199个）

AAAAA级景区（9家10处）：

厦门鼓浪屿旅游区、武夷山风景区、泰宁旅游区、福建土楼旅游区（南靖、永定景区）、屏南旅游区（白水洋、鸳溪）、泉州清源山、宁德市福鼎太姥山风景区、福州三坊七巷历史街区、上杭古田旅游区。

AAAA级景区85家，AAA级景区87家，AA级景区18家。

9. 国家级自然保护区（16家）

武夷山国家级自然保护区、将乐龙栖山国家级自然保护区、天宝岩国家级自然保护区、深沪湾海底古森林遗迹国家级自然保护区、漳江口红树林国家级自然保护区、虎伯寮国家级自然保护区、厦门珍稀海洋物种国家级自然保护区、梁野山国家级自然保护区、梅花山国家级自然保护区、戴云山国家级自然保护区、闽江源国家级自然保护区、君子峰国家级自然保护区、南平茫荡山国家自然保护区、闽江河口湿地国家级自然保护区、茫荡山国家级自然保护区、峨嵋峰国家级自然保护区。

（五）旅游土特产品

福建各地的土特产品主要如下：

福州：有橄榄、角梳、福橘、龙眼、荔枝、芙蓉李、茉莉花茶、脱胎漆器、寿山石雕、软木画、木雕、纸伞、贝雕、瓷器等。

厦门：有各种亚热带瓜果、馅饼、鱼皮花生、菩提丸、青津果、厦门珠绣、漆线雕、厦门彩塑、厦门瓷塑、香菇肉酱、厦门药酒、海产干货等。

泉州：有永春芦柑、泉州桂圆、德化瓷器、惠安石雕、安溪铁观音、老范志万应神曲、永春老醋、源和堂蜜饯、泉州木偶头、永春漆篮、人造花等。

漳州：有水仙花、茶花、兰花"三大名花"；有芦柑、荔枝、香蕉、龙眼、柚子、菠萝"六大名果"；有各种海产干货、片仔癀、八宝印泥、片仔癀珍珠膏、木偶头、珍贝漆画饰板、水仙花牌风油精等。

莆田：有龙眼、枇杷、荔枝、蜜柚、香菇豆、兴化米粉、冰糖、龙眼、木雕、漆木碗、印花靛染、佛珠、仙游石雕、海产干货等。

南平：有武夷岩茶、笋干、香菇、建莲、桂花茶、薏米、吉阳木碗、湛庐宝剑、建瓯花纸伞、万前百年蔗、建兰、南平百合花、苏地杨梅等。

三明：海棠砚、玉扣纸、永安笋干、明溪肉脯干、宁化老鼠干、郑湖板鸭、擂茶、沙县景泰蓝、明溪宝石戒面、胸坠、耳坠、项链等。

龙岩：连城地瓜干、永定菜干、长汀豆腐干、上杭萝卜干、武平猪胆干、龙岩米粉干、漳平笋干、盐酥花生、沉缸酒、水仙茶饼、玉扣纸、竹筒席、永福藤器、青丝竹篮、采善堂万应茶饼、汀菇、连城宣纸、永定烤烟等。

宁德：四季柚、福鼎芋、晚熟荔枝、晚熟龙眼、魔芋、古田银耳、猕猴桃、无核柿、马蹄笋、古田竹编、周宁木珠制品、仿玉瓷珠坐垫、嵌贝首饰匣、霞浦贝雕、霍童剪刀、黄家蒸笼、寿宁晴雨伞、寿宁叶腊石雕、霞浦钦金彩工艺瓷、福安铜铸工艺品、草编凉席、霞浦珠帘。

（六）旅游产业发展

1. 早期旅游活动

旅游业是新兴的行业，旅游活动却古已有之。福建很早就有旅游活动。西周时霍桐有真人云游霍童山；秦时有方士在清源山修真；东汉时福州与东洋、南洋就有海上交通。

三国时期，闽人商贸旅行的足迹开始走出国门，吴国的船队从福建出发，远至东南亚，闽人商贸旅行开始走出国门。魏晋时有不少僧人、道家南下。南朝文学家江淹到武夷山等地游览，以诗词记游感怀，是为文人在闽宦游的最早记录。

随着经济的发展和交通的改善，以及魏晋南北朝后佛教的兴盛，福建的旅游活动首先出现在僧侣、商人、官宦和文人中。隋唐五代时期，福建进入全面开发阶段，为旅游活动的开展提供了条件。士人漫游成风，宗教旅游盛行，国际旅游活跃，旅游文学创作繁荣。隋朝就有隐者在清源山寻求山林野趣。僧侣们在名山胜地开山创寺，开辟许多旅游点，寺院还为当时的旅游者提供食宿。伊斯兰教、婆罗门教和摩尼教等也跨海东渡，传入泉州等地。唐初，开罗僧人泛海来闽，随后伊斯兰教三贤、四贤来泉州传教，死后就葬在泉州。晚唐诗人李商隐到武夷山游览题诗，开武夷题咏之先河。太姥山、九鲤湖乃至德化戴云山、闽北建溪等地都留下文人墨迹。如晋江人欧阳詹游历莆田福平山、晋江龙首山、南安高盖山等地，后来又游历京师、秦川及晋、豫、鄂、川，吟咏山水，以文会友。唐中叶形成"海上丝绸之路"，从泉州等沿海港口出发，南至菲律宾、印度尼西亚，穿过马六甲海峡，西抵印度半岛、波斯湾、红海和非洲东部。泉州来了很多阿拉伯商人和伊斯兰教教徒，福州也发展为闹市。

宋代，福建经济有很大的发展，旅游活动盛极一时，杨亿、晏殊、陆游、辛弃疾、范仲淹、曾巩、柳永、杨时、朱熹、李纲、蔡襄、韩世忠、张元干、刘克庄、严羽等一大批官宦文人的足迹不仅留在了福州、泉州、莆田、武夷山等地，而且踏遍八闽的东西南北中。如宁德的赤鉴湖、长汀的苍玉洞、武平的灵洞山、同安的大轮山、长泰的天柱云岩、邵武的天马山、延平的双溪阁、福清的瑞岩等。陆游两次宦闽，游踪遍及宁德、罗源、福州的闽北武夷山。辛弃疾在福州经常登于山、游西湖，仅是西湖的词他就写了五首，把西湖比作"西施未嫁"、娇羞动人。建阳人祝穆往来吴、越、荆、楚之间，登高探幽，编撰《方舆胜览》，被人称为"游记全书"。

元代，福建成为外国旅行家屡屡涉足的地方。意大利著名旅行家马可·波罗由泉州港回国，盛赞刺桐城（泉州）是"世界上最大的港口之一"。他的同胞意大利旅行家鄂多里克、和德里和马黎诺里等在他们的游记当中也盛赞泉州为世界第一商港。摩洛哥著名旅行家伊本·白图泰从泉州登陆，看到刺桐港有"大船百艘，小船无数"。我国航海旅行家汪大渊也两次从泉州出发，周游列国，成为第一个到达大西洋的中国人，被称为"东方的马可·波罗"。

明代，郑和七下西洋，访问东南亚、印度洋、红海及非洲东海岸的30多个国家和地区，都是从长乐太平港起航。明清时期考察旅行有着突出的位置。闽侯人曹学佺历官北京、南京、四川、广西、福建等地，每到一处，都要悉心考察当地风景名胜，先后写下《燕都名胜志稿》《闽中名胜志》《舆地名胜志》《蜀中名胜记》等书。连江人陈第不仅在省内游历武夷山、太姥山、清源山等，而且还在省外遍游五岳、鄱阳湖、洞庭湖及两广等地。在70岁后独自一人徒步游嵩山、华山、恒山和衡山，提出"远游要五不"的见解：不怀安、不惜费、不思家、不怯死、不立我，成为福建第一个有自觉意识的旅行家。他还到台湾考察，留下巨著《东蕃记》。徐霞客五次入闽，走遍闽北、闽东、闽南、闽中，留下了脍炙人口的《闽游日记》。画家唐寅、徐渭、石涛和学者袁枚、俞樾等也都有闽游作品传世。袁枚的《游武夷山记》以文论山，得武夷山水之真谛。崇安人董天工在旧山志的基础上，经实地考察，查漏补缺，重编了《武夷山志》。

2. 旅游业的萌芽与徘徊

鸦片战争以后，随着现代化交通工具的出现，旅游空间大为拓展，福州人林鍼就远行北美洲，到纽约等地，回国后写下《西海纪游草》。20世纪30年代福州出现为现代旅行服务的专业机构。但是，当时内忧外患，社会动荡不安，人民生活困苦，旅行活动主要局限于少数达官贵人。此外，福建作为主要侨乡，广大华侨的出入境旅行占很大比例，如1936年成立的中南旅运社，其本意就是为华侨出入境提供服务的。当然也有一些文人或在相对安定时游山玩水，或在颠沛流离中偶发游兴。如郁达夫在福州，在公务之余不但查阅《福建通志》里的"山经"，还详览《鼓山志》等书，经常寄情山水，考察风土民情。

中华人民共和国成立后，旅游业发展具备了基本条件。1949年11月，我国第一家旅行社——厦门华侨服务社成立。随后福建省华侨服务社等相继成立。其主要任务是接待、安置归国难侨，接待归国探亲观光的华侨和港澳同胞，护送侨胞侨属出境和遣送在华外国人离境，同时也负责接待来华探亲、工作的外国人。

但是，在当时国际环境和经济水平下，旅游业发展缓慢，而且主要以政治接待为主，不太追求经济效益。至20世纪60年代中期，全省只有设施简单的对外接待宾馆（华侨大厦）7座，床位不到1000张，年对外接待量约1.3万人次。1950年至1965年共接待来闽探亲、访问、观光的境外人士11万人次，其中以探亲为主要目的的占绝大多数，外国人不到1000人次。

"文化大革命"期间，境外游客锐减，华侨探亲旅游一度中断，和全国一样，旅游业横遭劫难，停滞不前。

3. 旅游业的发展

党的十一届三中全会以后，福建旅游业进入全面发展的新时期。

1980年以后，国务院相继批准福州、厦门、漳州、泉州、武夷山等地对外开放。省政府还批准设立福建省旅行游览事业管理局，作为管理全省旅游行业的行政职能部门。1984年，省人民政府要求福建旅游业"当年起步，三年显著变化，1990年走在全国前列"。国家旅游局也提出旅游发展要实现四个转变，即从主要搞接待转变为开发旅游资源与接待并举；从只抓国际旅游转变为国际、国内旅游一起抓；由靠国家投资转变为国家、地方、部门、集体和个人一起上，自力更生与利用外资一起上；旅游经营单位由事业单位转变为企业。"六五"期间，全省各级旅游管理机构抓紧完善，各地（市）、沿海各县和主要风景区所在县基本设立旅游局。全省旅游设施投资近5000万元，还引进外资完善旅游基础设施。1985年年底，全省有涉外旅游宾馆29座，床位6000多张，大小旅游车辆超过1000部。旅游形式逐渐由单纯游山玩水的消遣性旅游向多层次的消费性旅游转变，国内旅游逐渐由自发兴起、自由行动变为有计划、有组织的活动。国际旅游的行业功能也发生质的变化，结束了过去那种不计盈亏、不讲效益的局面，以创汇为主要经济目的的国际旅游活动成为第三产业中的新兴产业。1985年，全省旅游外汇收入首次超过侨汇收入，发展旅游业成为旅行社非贸易创汇的主要手段之一。接待境外旅游者近120万人次，年平均增长21%；旅游创汇约1亿美元，年平均增长45%。

1986年，省人民政府贯彻中央关于大力发展旅游业的精神，要求重新认识发展旅游事业在经济和政治上的重要意义，提出1990年进入全国旅游先进行列的要求，确定福州、闽南三角地区、武夷山风景区为福建省旅游基本建设的重点，要逐步形成"一区一山一线"的旅游网络。随后又提出"远广交，近开拓"的客源市场开发方针，着重开拓中国港澳、东南亚、日本客源市场，使福建省旅游业保持继续稳定的发展趋势。"七五"期间，福建省旅游业保持持续稳定的发展势头，跨进全国旅游先进行列。接待来闽外国人、华侨和港澳台同胞超过250万人次，旅游创汇3.3亿美元。台湾客源市场的比重逐年增长，1990年超过半数，达到51%。来闽探亲访旧、寻根问祖、宗教朝圣及进行贸易投资和文化、科技、体育等方面交流的境外游客大幅度增加，受季节限制较大的单纯观光性旅游的比重相对减少，这样不仅旅游旺季与淡季的界限逐渐消除，而且随着客源结构的改变，旅游者人均消费水平提高，出现旅游创汇增长幅度大于旅游接待增长幅度的现象。旅游企业实力增强，逐渐向集团化方向发展。各级旅游行政管理部门还结合旅行社整顿、饭店评星定级、导游员资格考试、定点接待等工作，逐步形成旅游全行业管理体制。1990年，全省接待境外旅游者超过70万人次，旅游创汇突破1亿美元，实现了1986年提出的奋斗目标。

邓小平南方谈话，加快了我国改革开放的步伐，促进了福建旅游业的发展。省政府决定把旅游业作为全省第三产业的重点来抓，利用外资加强旅游基础设施建设，重点开拓武夷山、湄洲岛、平潭岛3个旅游经济开发区，并颁发《福建省加快发展旅游业的若干规定》，决定在"八五"期间对全省旅游企业实行"以旅游养旅游"的政策，在筹集资金、技术改造、周转金使用、税利减免、外汇留成、价格管理等方面给予优惠，促进旅游企业的自我发展、自我完善。国务院还批准设立武夷山、湄洲岛两个国家度假区,并批准福建省扩办"香港游"业务,使福建成为直接经营"香港游"业务的省份。各地也把旅游业摆上议事日程,酝酿制定扶持旅游发展的政策措施。"八五"期间,福建省旅游业进入稳定发展阶段,在全省国民经济中的比重明显增加,对国民经济和社会发展的贡献增大,接待境外旅游者413万多人次,旅游创汇约13.6亿美元。旅游产业形象更加鲜明,其重要性越来越引起社会的普遍重视,省政府确定将旅游业列为"九五"期间重点扶持的经济产业之一。先后制定《福建省旅游业"九五"和2010年发展规划》和《福建省旅游市场管理暂行办法》,逐步使发展走向科学化,管理实现法治化。旅游业吸引外资势头强劲,建成一批综合型的观光度假骨干旅游设施。1991年来闽外国人突破10万人次,1995年突破20万人次,逐渐形成港澳同胞、台湾同胞和外国人三足鼎立的旅游客源结构。随着广大人民群众生活水平的不断提高和"双休日"的实行,国内旅游蓬勃兴起,结束了主要以国际市场为牵引、为依托的"外需型"阶段,转入国内外两个市场有机融合、互补互促的大旅游、大市场、大产业阶段,使旅游发展的整体结构更为合理,产业空间更加广阔。

进入21世纪以来,福建省颁布《福建省旅游条例》,促进福建省旅游发展逐步走向法治化;福建省人民政府成立旅游产业发展领导小组,多次出台扶持旅游业发展政策,优化旅游发展环境,逐渐形成旅游发展合力;组织制定全市旅游发展总体规划和专项规划,以及九个设区市和主要旅游县市的旅游发展规划,不断提高旅游发展的科学性、前瞻性;以项目带动为抓手,促进产品开发,打造武夷山双世遗、厦门鼓浪屿、中国丹霞(泰宁)世界自然遗产、福建土楼世界文化遗产、宁德世界地质公园、福州中国温泉之都、湄洲妈祖文化、泉州海丝文化(惠女风情)、漳州滨海火山、东山生态旅游岛、上杭古田会址红色之旅、平潭国际休闲旅游岛等海峡旅游系列品牌;以多种形式开拓旅游市场,促进客源市场的多元化,推出金门、马祖、澎湖地区和台湾本岛的旅游业务;认真贯彻《旅游景区质量等级的划分与评定》《旅游饭店星级的划分与评定》等国家标准,保证资源开发、饭店管理的规范化、制度化。特别是近年来,福建省旅游行业进一步树立和落实科学发展观,主动对接和呼应省委、省政府建设海峡西岸经济区的战略部署,推动旅游产业又好又快发展。

2009年5月，《国务院关于支持福建省加快建设海峡西岸经济区的若干意见》正式公布，提出海峡西岸经济区建设的四个战略定位，其中之一就是"我国重要的自然和文化旅游中心"。福建旅游行业牢牢抓住难得的历史机遇，进一步树立和落实科学发展观，主动对接和呼应省委、省政府建设海峡西岸经济区的战略部署，用好福建独特的旅游资源和对台旅游区位优势，打造"海峡旅游"品牌，努力建设国际知名的旅游目的地和富有特色的自然文化旅游中心，争取使旅游业真正成为推动经济社会发展中的新的主导产业。

2019年，全省文化产业实现增加值2161亿元，占地区生产总值比重达5.1%，文化产业成为国民经济支柱性产业，工艺美术业、印刷业、动漫游戏业、文化创意设计业综合实力位居全国前列。福州、厦门入选国家级文化和科技融合示范基地。中国（厦门）智能视听产业基地获批设立。"清新福建""全福游、有全福"品牌全面打响。2019年，全省接待国内外游客5.37亿人次，实现旅游总收入8101亿元，分别比2015年增长100%和158%，两项指标提前一年完成"十三五"规划目标。入境旅游指标连续多年居全国第5位。武夷山、永泰、武平等7个县（市、区）成功创建国家全域旅游示范区。莆田湄洲岛妈祖文化旅游区获评国家AAAAA级旅游景区，福建省成为全国第二个实现市市有AAAAA的省份。平潭国际旅游岛建设驶上快车道。

二、景点讲解

（一）福州三坊七巷

【导览线路】杨桥巷（林觉民故居、冰心故居）—主入口牌坊—郎官巷（严复故居、二梅书屋）—塔巷—南后街—衣锦坊（水榭戏台）—黄巷（小黄楼）—文儒坊（陈衍故居、公约碑）—安民巷（新四军驻福州办事处旧址）—官巷（沈葆桢故居）—吉庇巷—光禄坊

各位游客：

大家好，欢迎来到福州三坊七巷！三坊七巷历史文化街区位于福州鼓楼区，是国家AAAAA级旅游景区，规划面积39.8万平方米，因至今仍保留"西三个坊、东七条巷、南北一中轴"古代城市里坊格局而得名。它起于晋，成于唐五代，至明清鼎盛。坊巷内保存有200余座古建筑，街区坊巷相连，

粉墙黛瓦，是我国古代城市"坊巷制"城市格局的珍贵例证，是中国都市仅存的一块"里坊制度活化石"。

有游客在问，什么叫里坊制度？从战国到北宋初年，中国古代城市实行里市制度，把全城分割为若干封闭的"里"作为居住区，商业与手工业则限制在一些定时开闭的"市"中。"里"和"市"都环以高墙，设里门与市门，由吏卒和市令管理，全城实行宵禁。"里"在北魏以后称为"坊"。简单说，这是古代城市管理制度，以坊为单位，坊内不可经商，经商只能到固定的市场。北宋中期以后，采用街巷制，拆除坊墙，居民区由原坊内小街发展成横列的巷，商业沿城市大街布络。福州三坊七巷的现有形制是以民居为主，坊巷内商铺极少见，在坊巷的出入口处建立封闭的高墙，所以被称为"城市里坊制度的活化石"。

三坊七巷具体是指哪三坊哪七巷呢？这位游客说对了！"三坊"是衣锦坊、文儒坊、光禄坊；"七巷"是杨桥巷、郎官巷、安民巷、黄巷、塔巷、宫巷、吉庇巷。三坊和七巷以南后街为轴，向西三片称"坊"，向东七条称"巷"。在城市变迁过程中，吉庇巷、杨桥巷和光禄坊被改建为马路，现在保存的实际只有二坊五巷。

从唐朝至清朝，居住在三坊七巷的居民中，相当一部分是达官贵族、富绅巨贾、名家大儒等社会上层人士，三坊七巷逐渐成为省会福州的高端府第。里面坊巷纵横，石板铺地；白墙青瓦，结构严谨，体现福州古民居特有的时代特征和地域特色。三坊七巷民宅沿袭唐末分段筑墙的传统，墙体随着木屋架的起伏做流线型，翘角伸出宅外，状似马鞍，俗称马鞍墙。各式精雕细琢的门楼、门罩，呈曲线形的风火墙，泥塑彩绘的墙头翘角，从高处俯视犹如海上的万顷波涛，既宏伟壮观又整齐精美。在设计布局方面，三坊七巷的民居住宅十分注意坐向的选择，由于福州气候潮湿温热，东南风居多，无论大门开向如何，住宅建筑多取坐北朝南或坐南朝北。这种选择顺应自然环境，取其易于通风和冬暖夏凉的特性，适应福州的气候特点。院落庭院布局上体现传统家族伦理观念；其窗棂精致华美，镶嵌的木板上面雕刻着飞禽走兽、人物花卉、历史故事等，样式繁多。住宅内多设花厅、园林池馆，但在寸土寸金的福州城内，这种园林多玲珑小巧，精巧雅致，可称为方寸山水。墙体壁画和灰塑中绘有大量的历史人物故事和传统典故内容，文化内涵丰富，寓意深远，形式上给宅院以装饰功能，实质上是无声的传统礼教和文化熏陶，是生活在宅院里的人们精神层面的滋养和指引。坊巷内至今仍保存着200余座明清古建筑，共有各级文物保护单位28处，其中全国重点文物保护单位15处，省、市、区级文物保护单位13处。这也是为什么三坊七巷被建筑界誉为一座规模庞大的"明清古建筑博物馆"。

三坊七巷自古崇文重教，人杰地灵，文儒武将，俊采星驰。南宋理学家、文学家吕祖谦（1137—1181年）咏福州名句"路逢十客九青衿""巷南巷北读书声"的盛况，也很好地描述了"三坊七巷"的文教风气和雍容深厚的历史沉淀。据统计，历代从这里走出400多位名人，先后出宰相2名，尚书10名，巡抚14名，海军部长、司令6名。尤其在近现代更是群星璀璨，翻开历史的书页，您会惊奇地发现，一大串在中国近现代舞台上风起云涌的人物，他们的生活背景都或多或少映现在三坊七巷。这里有"睁眼看世界第一人"的林则徐，有中国"船政之父"之称的沈葆桢，有清末维新派重要人物、"戊戌变法导火索"曾宗彦，有启蒙思想家、翻译家严复，有清末外交家、翻译家罗丰禄，有"戊戌六君子"之一、仰天长啸"君子死、正义尽"的林旭，有留下"少年不望万户侯"和百年情书《与妻书》的黄花岗七十二烈士之一的林觉民，有保卫台湾名将何勉、甘国宝，有"中国海军宿将"萨镇冰……他们的故事至今仍在坊巷间口耳相传。这些政治家、思想家、军事家、革命者、翻译家等多类精英人杰，使儒雅的"三坊七巷"另有一腔剑胆琴心、浩然正气。真可谓"一片三坊七巷，半部中国近现代史"。

【杨桥巷】

现在我们来到的是杨桥巷。杨桥巷形成于唐末，古名登俊坊，因西能通杨桥而改名。民国时因城市建设需要，被扩建为马路，由巷变成了路，很自然路名就改为杨桥路。民国时这里银行林立，被称为"财神街"，是福州经济的中心。

【林觉民故居、冰心故居】

我们现在所处的位置是杨桥路与南后街北口西侧交叉处，眼前的这座宅院是杨桥路17号，于2006年被列入全国重点文物保护单位。故居坐西朝东，有三进院落。大家请看，木门框两边各挂着竖牌，一边是"林觉民故居"，另一边是"冰心故居"。一位是黄花岗七十二烈士中"福建十杰"之一的林觉民,另一位是现代著名诗人、作家、翻译家、儿童文学家,被称为"世纪老人"的冰心。这两位分属不同时代,各自为家国作出贡献的历史人物,是怎么与同一座宅院相联系的呢?是的,这位游客说对了。宅院原是林觉民祖辈七房人家的聚居处。林觉民广州起义殉难后,林家避祸迁离,房屋就出售给冰心的祖父谢銮恩。谢家一直住至20世纪50年代。冰心十一二岁时曾居此。对于大院,冰心晚年在《我的故乡》中有一段深情的记述:"具有很典型的福州民宅特点,除中轴建筑外,左右两旁还有许多自成院落的房屋。这里却是安静的——青石板铺地,假山点缀,花木扶疏。""这所大房里,除了住人以外,就是客室和书房。几乎所有的厅堂和客室、书房的柱子上、墙壁上都贴着或挂着书画。"

各位游客,现在请随我入内参观。映入眼帘的便是林觉民烈士半身雕像,掩映在翠竹花木之中。绿丛中石头上的文字则刻着林觉民和冰心的不同人生。在这座宅院的同一片屋檐下,先后走出两位伟大的人物,相异的人生,各自的光彩。

请大家往前走。正堂陈列的是林觉民烈士生平事迹展。林觉民于1887年出生于一个书香之家,父亲林孝恂是翰林学士,与康有为同科。林觉民从小过继给叔父林孝颖,由叔父抚育长大。林孝颖是福州知名士绅,写得一手好诗词,与陈衍、台静农、钱穆等清末民初的大学者都有过交往。林觉民天资聪慧,读书过目不忘。13岁时遵父命应考童生,却无意获取功名,在考卷上写下"少年不望万户侯"七个大字后,第一个走出了考场。他15岁时考入全闽大学堂(今福州一中),接受民主革命思想,推崇自由平等学说。他经常和同学们一起讨论当前局势,认为"中国非革命无以自强",还给自己取号为"抖飞""天外生"等,希望展翅高飞,自由翱翔。一次,林觉民在城内七星庙作"挽救垂亡之中国"的演讲时,在场一位学监听了他的讲演,惊呼:"亡清者,必此辈也。"1907年东渡日本求学,1908年转入日本庆应大学专攻哲学,兼习英、德两国语言。1911年4月,接同盟会总部命令,回福建组织"先锋队"参加广州起义;23日,在香港滨江楼挑灯写下著名的《与妻书》和《禀父书》;27日,参加广州起义,失败被捕,数日后在广州天字码头英勇就义。

这是林氏家族世系图。林氏家族人才辈出,满门俊彦。人称"革命飞将"的林尹民是林觉民堂弟，也是黄花岗七十二烈士之一。林长民是林觉民堂兄，民国才女林徽因的父亲，是著名国际法专家，福建法政学堂创始人，1917年在北洋政府任司法总长，五四运动爆发前夕，撰写《外交警报敬告国民》，大声疾呼，"国亡无日，愿合四万万民众誓死图之"。他们身体力行，为国家前途，为民众福祉作出自我牺牲。斯人已逝，英名永存。

　　厅旁这间双开间小屋，就是林觉民夫妇居室。林觉民与陈意映的相框并挂于墙上。1905年，林觉民听从父亲的安排，迎娶了广东知县陈元凯的女儿陈意映。陈意映不受"女子无才便是德"的旧式思想束缚，从小就喜好读书，经常吟诗弄墨。这是一桩典型的封建包办婚姻，但18岁的林觉民与17岁的陈意映相见恨晚，情投意合，恩爱有加。二人的居所叫双栖楼，南面小天井，花台上植有蜡梅树。大家请看，这是林觉民和陈意映的雕塑，凉风初起，林觉民正坐在石桌前看书，小腹微微隆起、已有身孕的妻子立于丈夫身后替他披夹衣，展示了琴瑟和鸣的生活场景。

　　虽然过着夫唱妇随的平静生活，但林觉民一直没有忘记自己追求自由平等的志向。闲不住的林觉民在家中办起了"家庭妇女学校"，深明大义的陈意映就动员自己的亲朋好友来到学校读书。面对妻子的满腔热情，林觉民的教学也不敢怠慢。在教授国学的同时，他还将西方国家的社会制度引入其中，用男女平等抨击封建旧思想。这些进步思想让十余名"女学生"纷纷放开了裹着的小脚，并进入新开办的福州女子师范学堂进行学习。

　　林觉民并不满足于此，和陈意映过了近两年的幸福生活后，1907年，林觉民自费东渡日本留学，继续寻求救国救民的道路。在日本期间，林觉民和他的伙伴们先后加入了以孙中山、黄兴领导的同盟会，决意推翻清朝，革命救国。1911年春天，林觉民突然提前回国返家，撒谎说学校放樱花节假，自己是陪同来浙江游玩的日本同学回来的，顺路回家探望一下。事实上，在家的这段日子，身为同盟会成员的他悄悄联络身在福州、连江等多个地区的革命人士，布置广州起义的相关准备工作，并在西禅寺里秘密地制造着大批量火药。1911年4月9日，林觉民结束了短暂的休假，告别了爱妻，率领20多个人，从马尾登船前往香港运送火药。让陈意映没有想到的是，此次与丈夫的告别，竟然从此就阴阳两隔了。

　　从夫妇二人的卧室出来有一道长廊，通往林觉民的书房。在林觉民的书房内，东侧整面墙壁都被一版放大仿写的《与妻书》所占据，站于墙下默读，莫不为这委婉动人又荡气回肠的绝笔书真迹感慨动容。右下角的玻璃展柜里放着一份与原文大小相等的《与妻书》复制品，而真迹目前存放于福建省博物馆内。

1911年4月24日晚，广州起义前3天，林觉民从广州到达香港，住在临江边的一幢小楼上。夜阑人静时，想到即将到来的起义，料定此去九死一生，忆及家中老父、弱妻稚子，他思绪万千，通宵疾书，分别写下了给父亲和妻子的诀别书，天亮后交给一位朋友："我死，幸为转达。"4月27日下午5点30分，广州起义正式发动。林觉民和160多名革命人士在黄兴的带领下，攻进了总督府，却发现总督府空无一人，匆忙撤到街巷中时，起义军与清军展开激烈巷战，林觉民不幸腰部中弹。但他强忍着疼痛继续奋战，又被伤了多处，最终因失血过多而体力不支，被清军生擒入狱。清两广总督张鸣岐、水师提督李准亲自在提督衙门内审讯。由于林觉民不会说广东话，他忍着伤痛用流利的英语把国际形势、清朝腐朽以及孙中山先生的伟大事业徐徐道来。谈到时局险恶的地方，他捶胸顿足，愤激之情，不可抑制，将镣铐震得声声作响。两广总督张鸣岐对身旁的幕僚说："惜哉，林觉民！面貌如玉，肝肠如铁，心地如雪，真奇男子也。"当有人劝他为国留才，放了林觉民的时候，张鸣岐又说："这种人留给革命党，岂不是为虎添翼吗？"数天后，认为不能放虎归山的清政府下了斩杀令。林觉民被押上刑场，就义的那一刻，仍然面不改色，泰然自若，大笑曰："吾今日登仙矣！"他死后被葬于广州黄花岗，此地还埋葬着其他七十一位起义志士，被后人誉为"黄花岗七十二烈士"。

大家现在看到的这封《与妻书》，被称为"20世纪中国最美情书"。信的第一句，"意映卿卿如晤：吾今以此书与汝永别矣！吾作此书时，尚是世中一人；汝看此书时，吾已成阴间一鬼……"林觉民离家时，陈意映望丈夫的身影渐行渐远，未曾想到那竟是永别。难道他不爱他的妻子吗？"吾至爱汝……吾居九泉之下，遥闻汝哭声，当哭相和也。"写信时，他"泪珠与笔墨齐下，不可以竟书而欲搁笔"，情深则至痛入骨，"盖不能以寸管形容"。他回忆起琴瑟和鸣的夫妻生活，"初婚三四个月，适冬之望日前后，窗外疏梅筛月影，依稀掩映，吾与汝并肩携手，低低切切，何事不语，何情不诉！"然而，《与妻书》洋溢的不仅仅是对亲人与故土眷念深情，更有舍小家而全大义的伟大革命情怀。为"助天下人爱其所爱""为天下人谋永福"，他置存亡于度外，抛弃与爱妻的儿女情长而"勇于就死"。家国大爱与儿女私情对冲，循义而往与心有难舍交缠，慷慨悲壮与缠绵悱恻融合，直面死亡时仍有憾恨需要言说的痛楚，这才是《与妻书》真正动人心魄的底色。那博爱天下人的胸怀，不得不与爱人永别的刻骨之痛，那难舍难分又毅然决然的心情跃然纸上，成就了一封百年情书，也成就了人们心中永远年轻的林觉民。

　　林觉民被害后，在广州任职的岳父陈元凯第一时间得到消息，连夜托人向林家报信。当时身怀六甲，还不知丈夫已经就义的陈意映随同全家老小卖掉祖屋，搬到了早题巷，闭门度日。1911年5月的一个平常夜晚，身怀六甲的陈意映又在祈祷丈夫林觉民能够安然无恙地归来时，门口忽然传来响动声。她起身去看，见门缝里塞进了两封信。借着微弱的烛光，陈意映看出是丈夫林觉民的笔迹，一封信是给林父的，另一封是给自己的。看完信悲恸欲绝的她，就想追随丈夫而去。可是她的肚子里还怀着林家的骨肉，林父林母跪地求她不可轻生。放弃了自杀念头的陈意映却因悲伤过度，早产下了遗腹子林仲新。陈意映在悲伤中支撑了一年多后，就因病去世。

　　如果生在政治清明的太平时代，林觉民会是一个温情的丈夫，是一个孝顺的儿子，是阳光向上的翩翩公子。然而在"遍地腥云，满街狼犬"的封建王朝末期，他却成了为天下人蹈死不顾的"铁血丈夫"，匆匆与爱妻及腹中孩子诀别，从此长眠异乡。在他去世后的第二年，1912年2月12日，清帝发布退位诏书，清朝被正式推翻。前有先行者，后有追随者，林觉民这些先行者的血没有白流，他们如流星划破黑暗的夜空，他们前赴后继的牺牲，为神州大地浇灌出了自由之花，换来了一个崭新的时代，其功绩光照千秋，永垂后世。

　　林觉民广州起义牺牲后，林家将房屋出售给冰心祖父谢銮恩，谢家一直住到20世纪50年代。冰心原与父母住在二进左厢房，祖父住在右厢房，前为书房，后为卧室。

　　我们现在所处的第二进展厅是"冰心与福州"的事迹展示。门屏上挂着"紫藤书屋"的横牌，书屋的墙是福州特色木格窗式展墙，地面铺的是青石板，两侧的柱子上挂着冰心祖父写的对联，上联是"有子万事足，有子有孙更有八个曾孙，足足足"，下联是"无官一身轻，无官无累更无丝毫债累，轻轻轻"，这幅对联表现了冰心祖父知足常乐、淡泊名利的处世哲学。

冰心一生充满童真，钟爱山水、花木，热爱祖国人民、眷恋自己的家乡。冰心一生坚持写作75年，是我国第一代儿童文学作家，经历了从"五四"文学革命到当代文学发展的成长历程，开创了"冰心体"文学样式。她一生发表大量作品，所创作的散文和小说诗集有《小桔灯》《拾穗小札》《樱花赞》等，皆脍炙人口。冰心还勤于翻译，出版的各种译作都是公认的文学翻译精品。

她倡导"有了爱就有了一切"，践行大爱精神，温暖一代又一代青年人，她的文学作品被翻译成多国文字，受到了海内外读者的欢迎。

一座百年古厝，两位历史名人。追忆风云往昔，在这里我们感受"天地立心，为生民立命""有了爱就有一切"的大爱情怀。两位名人不同的人生故事依旧温暖着这方宅院、这片坊巷，温暖着这个世界。

【主入口牌坊】

我们现在来到的是三坊七巷的主入口牌坊。牌坊高大壮阔，是这条古街的标志性建筑，刻在花岗岩上的白底镏金题字，配上雕花墙裙，古韵古香。牌坊上的楹联不但是华丽的装饰，也是这条古街文化精神的印证。请看牌坊正面中间的这对楹联："仁里拂春风，且看锦肆绵延，琼楼轮奂；广衢萦古韵，共赏书香浓郁，雅乐悠扬"。上联是说整条街都是店铺，楼肆绵延，建筑精美，下联则描述长期的文化积淀让这条古街书香绵延。这两副楹联不仅写出了三坊七巷的建筑华美，更体现了南后街的文化氛围，充分展示了福州文脉三坊七巷的人文气质。旁边一对是："正阳门外琉璃厂，衣锦坊前南后街"。这是清朝末年举人王国瑞诗中的句子。作为三坊七巷中轴的南后街，曾经试馆林立。每到乡试之际，各州县的考生都会聚集在这里读书交流，书声琅琅。南后街也是当时福州古籍书店的集中地，有聚成堂、寿古斋、醉经阁、宝宋斋等20多家书店。牌坊的反面还有另外两副楹联："文事重名区，记曾笔走他州，书藏旧肆；人情欢盛世，看又灯迎元夜，塔展中秋。"描绘了这里人才辈出，文人乐于分享书籍，后两句则是点出当地元宵中秋的民风民俗，雅俗兼具。"城开闽越，源溯昙山，听浩歌一路。凤翥江南，龙腾海左，驰俊彩九州。"这两句则用三坊七巷所处地理位置作对，表现其环境面貌的优越性。

【郎官巷】

各位游客！走过了杨桥路，左边的这条巷就是七巷之一的郎官巷。古称延福里，北宋咸平五年（1002年），刘若虚中进士，改名荣亲里。因北宋时居住着子孙数世任郎官的刘涛，郎官结队成行，满巷生辉，所以改名郎官坊。明代万历年间开始称为郎官巷。有哪位游客知道郎官是怎样的一个官职吗？"郎"即古"廊"字，指宫殿的廊。郎官的职责原为护卫陪从，随时建议，备顾问及差遣，战国时就开始设置了，秦、汉相沿，历史上郎官称谓包括侍郎、郎中等，或侍从皇帝左右，或操办各部要务，虽然品级不高，但很受皇帝器重，是朝廷重要官职的候补人选。

大家请看巷口对联，上联"课学秋灯，书声喧里巷"，下联"温诗春酒，豪语动枌榆"。从画面、声音两个维度描述春秋两季巷中学子寒窗苦读、饮酒斗诗的情景。末句中的"枌榆"原指故乡，这里可理解为，学子们琅琅书声，挥斥方遒的豪气，令乡里的父老震动。

宋朝著名学者陈烈、清代爱国诗人张际亮居于此巷。郎官巷还生活过一个年轻而辉煌的生命，"戊戌六君子"之一的林旭。梁启超说他："自童龀颖绝秀出，负意气，天才特达。"出身贫苦家庭的林旭，得到沈瑜庆的赏识。沈瑜庆是沈葆桢儿子，官至贵州巡抚，他把林旭招为女婿。后来，林旭来到京城，进入政治中心，深得光绪皇帝赏识，他将手中本来用来写诗作词的笔墨连同一腔鲜血，毫无保留地投身于"维新变法"。就这样，23岁的他因为变法而死，临刑前他仰天长啸"君子死、正义尽"。

在郎官巷原西头巷口立有牌坊，坊柱上有副对联："译著辉煌，今日犹传严复宅；门庭鼎盛，后人远溯刘涛居"。这对联描述的是近代思想家、翻译家、教育家严复，他的故居就在郎官巷入口附近。我们现在前往严复故居。

【严复故居】

从郎官巷口进入，踏着青石板，走不到50米就是严复故居。严复故居位于郎官巷西段北侧20号，坐北朝南，主座与花厅两座毗连，占地面积600多平方米，于2006年公布为全国重点文物保护单位。故居是当时福建省督军兼省长李厚基为严复购置的。1920年10月30日，为了避寒，66岁的严复与次女严璆回到福州郎官巷，在这条幽深的小巷中，度过了晚年时光，后因肺炎医治无效，于1921年10月27日逝世。尽管严复居住在此的时间不长，但这仍是他落叶归根的地方。

严复是中国近代启蒙思想家、翻译家、教育家，是福州马尾船政学堂第一届学生，是中国系统翻译、介绍西方资产阶级学术思想第一人，被誉为"中国西学第一人"。

故居含两座宅院，分为主座与花厅，门内三面走廊，前设有插屏门。主座主要用于家人朋客聚首，主持祭祀礼仪等活动，保留有鲜明的清代风格，采用中轴对称的布局，厅堂高敞，前后廊道，庄重规整。侧落则带有民国风格，中间以一道院墙隔开。中国传统民居与西方建筑风格合为一体，相得益彰，也体现了严复中西融合的智慧人生。

1854年1月8日，严复出生于中医世家。父亲严振先医术高超，仗义疏财。1866年是严复人生的第一大转折点。这一年，父亲因霍乱病逝，家中一贫如洗，他无法继续学业。这一年，左宗棠在福建设马尾船政局，并办船政学堂。新学堂招生的消息让他看到了一丝希望。根据新学堂招生的要求，只要能够考取新学，不但读书、吃住、看病费用全免，制服、书籍、簿册全由学校提供，每月还能得到四两纹银补贴家用。此外，每三个月考试一次，成绩一等的更有洋银十元的嘉奖。年仅12岁的严复以一篇《大孝终生慕父母论》打动了丁忧在籍的主考官沈葆桢，以第一名的成绩入学船政学堂，打开了其此后波澜壮阔一生的大门。

船政学堂除教授圣谕广训、孝经等"以明文理"的课程外，还教授英文、几何、代数、光学、天文学、航海术等自然科学和航海知识。西方先进科学技术知识的系统教育、全新式课程的艰难、学习制度的严格和高淘汰率（到毕业时，第一届船政学堂招收的103名学生仅剩下39人），严复走的是与国学教育截然不同的艰苦求学之路。1871年5月，严复以优等成绩毕业于航行理论科。在1874年处理日本侵台事件中，严复等人随沈葆桢驰航台湾。1876年2月，严复随"扬威"号前往日本访问。从1871年到1877年，严复与同学们先后在"建威"号练船、水师"扬武"兵船上实习，参加水师兵舰的军事行动，共计六年，严复已锻炼成为福建水师的"非常机敏的军官和巡航员"、中国水师"正四品都司"。这期间受到的教育和磨炼对严复一生有重大影响。五年理论学习，六年航行实践，为严复未来的发展打下牢固的基础。1877年，成绩优异的严复作为清政府派出的第一批留欧学生之一前往英国深造，有幸得到驻英首任公使郭嵩焘的赏识，引为"忘年交"。在英国格林尼治皇家海军学院的留学经历，让严复眼界大开，促使严复在军事科学之外，兼习哲学、政治、经济、社会诸学，思想境界为之大开。回国后，一方面，面对科学与爱国两面旗帜，大量翻译介绍《原富》《群学肄言》《穆勒名学》等西方学术著作，将西方的经济学、社会学、逻辑学等诸多学科介绍到中国；另一方面，坚守"教育救国论"，先后任马尾船政学堂教习、天津北洋水师学堂总办、上海复旦公学校长、京师大学堂总监、安徽安庆师范学堂校长等职。严复相继提出"鼓民力、开民智、新民德"的教育思想，倡导"自由为体，民主为用"，探求社会改革路径，以图师夷制夷，矢志救国图强。

我们现在来到主座大厅，厅堂上高悬"吾宗之光"的牌匾。这四个字是辜振甫和严倬云（严复孙女）夫妻在严复逝世80周年的祭文中提取出来的。请看两侧的楹联，"有王者兴必来取法，虽圣人起不易吾言"，这是什么意思呢？王者为了兴业肯定会来这里获得智慧的源泉，就算是圣人对我有意见，我也不会改变我的看法。这彰显了严复在岁月流转中沉淀的智慧和胆识，对于自身宣传的思想文化的自信态度。

我们现在进入的是主座两边的厢房，这里是严复第一展厅，围绕着"少年砺志、投身海军、启蒙图存、教育救国"四个主题，图文并茂地介绍严复的人生经历，展柜中还陈列着许多严复翻译过的文本和文物书籍，泛黄的纸张依然闪烁着智慧的光芒。

1884年的中法海战，福建水师全军覆没；1894年中日甲午海战，北洋水师遭遇惨败，昔日的同窗好友邓世昌、刘步蟾、林泰曾等均为国捐躯。战败的耻辱和同窗好友接二连三的去世让严复极度悲愤。1894年，严复完成了《天演论》初稿。1895年，他在天津《直报》上发表《论世变之亟》等5篇政论，进行了中西文化比较，批判中国封建专制制度，探求中国衰弱的原因，寻求中国富强之路，振聋发聩。1895年《马关条约》签订，台湾被迫割让，更令严复极感屈辱和激愤，每每"中夜起而痛哭"，这给了他内心极大的打击，也促使他的思想发生了重大的转变。严复痛心疾首，大声呼吁"不变于中国，将变于外国"，他用世界的视野审视灾难深重的中国，1898年，严复译述《天演论》单行本出版，以"物竞天择，适者生存"的生物进化理论阐发救亡图存的观点，"物竞天择"引起学界、思想界震动，"优胜劣汰"给了当时麻木的民众当头棒喝。严复以一颗拳拳爱国之心，成为汲取和传播西方现代文明之火的"普罗米修斯"，照耀了当时昏暗的历史天空。康有为、梁启超、胡适、陈独秀、李大钊、鲁迅等都或多或少接受过先驱者严复的启蒙思想。康有为发出"眼中未见有此等人"的赞叹；年轻的鲁迅看后如醍醐灌顶，熟读至能够背诵其中章节。所以，《天演论》不只是翻译，更是启蒙思想的传播。其思想启蒙的惊雷，冲破禁锢的大门，震醒昏睡的中华民族，唤醒了一代又一代自强自立的中国人，对中国近现代社会的进步产生了深远的影响。

走过回廊，踏出西侧这扇小门便是花厅，这是当年严复居住的地方，为民国式双层楼房。花厅主要用于生活休闲娱乐等活动，布局较为自由，显得亲切自然。花厅前后走廊、栏杆均仿西方建筑纹饰。这座双层楼房在严复晚年的诗文中多次被提到，"踉跄回福州，坐卧一小楼"，指的就是这里。在这小楼上，被疾病折磨得心力交瘁的晚年严复依然写下了近百篇诗词和书序信札。大家请看，严复半身铜像静静立于花厅院落中，他手捧《天演论》，目光看向远方，仿佛在思考着中国的未来之路。旁边石头上的铜牌写着"物竞天择，适者生存"。

花厅一楼，是严复的书房与客厅。如今已布置成了严复第二展厅，以"严复与儿孙"为展示重点，详细介绍了严复后裔在闽台两地交流交往中发挥的重要作用。严复三儿子严琥与"板桥林"家族的小姐林慕兰的两岸姻缘，使严复的子孙后裔跨越海峡，枝繁叶茂。严复在台湾的孙女严倬云是台湾妇女界领袖人物，开办孤儿院、创立医院、帮助贫病残障，积极推动两岸妇女界的交流与合作。严倬云的丈夫辜振甫曾任台湾海峡交流基金会董事长，与汪道涵先生一道留下了"汪辜会谈"这一在两岸关系发展史上浓墨重彩的一页。据严倬云女士回忆说："我小时候跟着家人住过福州南后街的杨桥巷、郎官巷，在花巷教会学校读书。"而严复的另一个孙女严停云（台湾当代著名作家，笔名华严）就出生、成长在郎官巷，出版了20多部文学作品，以文字的力量促进两岸互相理解。她在《吾祖严复》《郎官巷里的童年》等散文中曾娓娓动听地讲述了这所宅院。严复的孙女婿叶明勋在抗战胜利后以"中央社"台湾特派员的身份，第一个向全球发布台湾光复的新闻……严复家族的后人们活跃在各自领域，留下了难以磨灭的印记。如今严复故居已成为严氏宗亲跨越海峡两岸的精神故里和台胞寻根示范点。

晚年时期严复先生健康每况愈下，即便预感来日无多，他仍忧国忧民。1920年2月20日（正月初一），严复长孙严以侨出生。严复接到喜报，既大喜过望，又忧愁于军阀混战的乱世，写下《示儿诗》："震旦方沉陆，何年得解悬。太平如有象，莫忘告重泉。"他期待，中国能早日结束乱世，未来中国能够呈现"生民解悬""太平有象"的盛世景象。拳拳爱国之情跃然纸上，让人联想起陆游的诗句"王师北定中原日，家祭无忘告乃翁"。

1921年秋，严复气喘大作，自感病危，勉力在小楼上手书六条遗嘱，在遗嘱中留下了那句振聋发聩的高喊："须知中国不灭，旧法可损益，必不可叛。"在国力衰微、国势危殆之中，严复仍坚信国家不会灭亡，表示对传统文化为代表的旧法可以有所增加或删减，但绝对不可背弃。这是爱国者的热忱心声，是文化自信者的表白。也正是在这一年，诞生了中国共产党。悄然诞生的中国共产党，接过了历史的接力棒，开启了新民主主义革命的进程，深刻改变了中华民族发展的方向，深刻改变了中国人民和中华民族的前途和命运。老一辈无产阶级革命家义无反顾地肩负起实现中华民族伟大复兴的历史使命，进行了前赴后继、艰苦卓绝的斗争，谱写了一部气吞山河、波澜壮阔的壮丽史诗。

百余年后，当我们回望这位"中国近代思想文化史上里程碑式的巨人"，他为国人勾勒的启蒙蓝图依旧闪着熠熠光辉。今天中国早已不是任人欺凌的羸弱之国，富强文明气象蒸蒸日上。假如严复先生在泉下有知，应该会感到欣慰。

好了，各位游客，关于严复故居的介绍就到这里。现在给大家20分钟自由参观的时间，20分钟后我们在大门口集合。

【二梅书屋】

现在我们来到了郎官巷西段南侧25号的二梅书屋，即现在的福建民俗博物馆。宅第双重大门，第一重朝街，入门为门头房，中间小厅，两侧耳房。这里是清代凤池书院山长林星章的旧居，凤池书院就是福州一中前身，山长相当于现在的校长。林星章是福州本地人，清嘉庆年间进士，历任广东省石城、新会两县知县，曾主持编修《新会草志》《广东通志》，是著名的方志专家、教育家。宅第始建于明末，清道光、同治间及民国时期几次大修，因院内种植两树梅花而得名。二梅书屋坐南朝北，前后、左右共五进，占地面积2434平方米，正门在郎官巷，后门在塔巷，被称为"一屋跨两巷"。2006年公布为全国重点文物保护单位。

我们往里面走，这里有门槛，大家要小心。这是一扇插屏门。大家看，门上有大片的贴金祥云。为什么是金色的呢？这位游客答对了，古民居大多为木制，易发火灾，而五行中金生水，水灭火，所以贴金饰纹有防火的寓意。插屏门平时是不开的，因为福州民俗认为开门会"漏财"，只有遇到重大丧喜事和迎接贵宾时才打开。

绕过插屏门，我们现在所处的位置是宅院的第一进，面前是一个四四方方的天井。三面环廊，廊下石铺天井，中间甬道，两旁摆设各类花卉盆景。下雨时雨水会顺着天井石头的缝隙流下去，因此下雨天少有积水的现象。这是古人海绵式的建筑在古宅中的生动体现。天井下去是两个台阶，再上去则是三个台阶，这是古人为人处世的一种方式，意为"下二进三"，希望我们的子孙步步为营，连升三级。当我们站在天井中，头顶着天，脚踏着地，天地人，这是最接地气的处事准则。

我们从天井上三层台阶，就是第一进厅堂。前厅面阔三间，进深七柱，穿斗式木构架。这是中堂，请看楹联，"廉慎传家政，文章作代谋"。这是什么意思呢？做官一定要清廉，一定要把慎行慎独慎微作为传家的要领，而优秀的文章可以成为代代子孙谋略与智慧的宝库。

大家抬头看看两侧墙头的彩绘，这就是福州民居墙院极具代表性的装饰艺术——灰塑。灰塑的主材料是壳灰，将海洋贝壳晒干、火烧、碾磨成灰，加上细沙子、白醋、盐及糯米浆，再以麻毡藤条打底制作而成。大家请看，一边是白梅上有喜鹊，意为喜上眉梢，另一边是两只喜鹊立在红梅上，那是什么意思呢？是的，意为双喜临门，表达了对美好生活的愿望。

屋檐底下有一排木雕的建筑，这些木雕的构件是福州的民居所特有的。它有个专有名词叫作一斗三深，其实深也是斗，下面的斗拖着三个小斗，每个斗上面都有吉祥的图案，比如柿子代表事事如意，桃代表长寿，石榴代表多子多福，莲藕代表一路连科。每图必有意，每意必吉祥。

大家再看厅堂上头的灯杆，它摆放的位置也是很讲究的，如果灯杆在中柱的内侧，说明这家主人的事业在本地发展；如果灯杆在中柱的外侧，说明主人的事业在外地甚至海外发展。福建方言中"灯"与"丁"同音，生一个男丁就挂一盏灯，两个就挂两盏，三个就挂三盏，生了四个以后就不挂了。大家知道原因吗？是的，如同道德经所言，一生二，二生三，三生无穷嘛。所以横梁上有几个灯杆，就代表这家有几个儿子。大家可以看到上面有三个灯杆，即代表这家主人有三个或三个以上的儿子。

前厅两侧厢房的窗棂用木格纹编缀成各种纹饰，门扇、窗扇、壁板等全用楠木制成。门窗都有双层镂花，壁板、门扇上部堵板用油漆绘有戏剧故事和花鸟树木等图案。两侧厢房现被改造为民俗展厅，主题分别是"八闽菁华""古厝人家"。"八闽"即福建，古时福建包括一府五州二军，共八个同级行政机构（福州、兴化、建宁、延平、汀州、邵武、泉州、漳州），故称"八闽"。"古厝"是福建方言中古民居、老建筑的特色称谓。顾名思义，展厅是福建各地民俗和建筑特色的集中浓缩展示。

我们现在来到第二进，第二进建筑与首进大致相同，只是厅前的天井院略小些。整个院落建筑各进之间均以高高的围墙隔开。壁画和灰塑是三坊七巷古建筑墙院悠久的装饰艺术，是三坊七巷深厚宅院文脉的承载者。在第二进东西墙头有关于梅花的诗句，已经有游客念出来了。是的，这是北宋王安石的名句，"遥知不是雪，为有暗香来"。再看左边，这又是谁的诗句呢？南宋诗人陈亮，"一朵忽先变，百花皆后香"。请大家再看看诗句周边画的是什么呢？"遥知不是雪，为有暗香来"诗句旁边的图案左为画，右为书，"一朵忽先变，百花皆后香"诗句旁边的图案左为琴，右为棋。琴棋书画，是古人所推崇的四项风雅之事，被称为"文人四艺"，也称"秀才四艺"。它不仅是古代文人墨客、名门闺秀的必修科目，也是彰显道德情操与文化修养的重要标志。二梅书屋主人林星章，是当时著名的方志专家和凤池书院山长，琴棋书画不仅体现了宅院主人的闲情逸致和高洁志趣，也是主人向家中晚辈传授和熏陶修身养性的最佳教材。另外，二梅书屋壁画和灰塑中常见的图案有各种瓷瓶和青铜礼器，瓶与"平"谐音，瓶中插着一柄如意，表示"平安如意"，寄托主人对美好生活的向往；青铜礼器的造型则寄托主人"藏礼于器""器以载道"的精神追求。

二进的厅堂原为正厅，称"承启堂"，取承上启下之意。正厅檐前铺的石板地砖称为檐前石，也叫通财（才）石，一般是中间的会客厅有多宽，条形石就有多长，叫作"长同间广"。檐前石必须是一整块石头切割成的石板，不能拼补，不能有裂痕，因为在福州话里，"裂"与"穷"发音相同，裂痕意味着贫穷，是为大不吉。承启堂现作为博物馆主题展厅，这里陈设的是福建各窑口的瓷器。这边展柜则是清代至民国的寿山石和福州特色软木画。大家可以自行参观10分钟。

我们现在进入本座宅院最精华的位置，第三进的二梅书屋。虽然整个宅院叫二梅书屋，其实书屋只有面前的这一小部分，因为林星章特别喜欢梅树，在书屋前面栽种两株梅树，取名为二梅书屋。空间不大，梅树却不是一株，有什么说法吗？各位请看，此天井院呈方形，从空中俯瞰，就是一个方框，若只有一木，则为"困"，不甚吉利；植有二梅，则双木成林，生机勃勃。

书屋环境清幽，西侧墙面博古架古朴低调，陈列的龙眼木雕人物像、粉彩瓶、白瓷观音像等陈设，繁而不俗，书香门第的高雅情趣可见一斑。书屋东侧是一个特殊的通道，通连一、三进，是一个模拟溶洞打造的灰塑雪洞，其结构特殊，且穿堂风习习，成为夏天纳凉之处。酷暑时节，能明显感受到内外温差之大。因洞顶装饰北斗七星状，故名"七星洞"。此洞的建造，足以体现闽越古民居的非凡智慧。它采用的材料是红糖、糯米、生石灰、鸡蛋清，最大的作用就是冬暖夏凉，可以说是古时的空调房了，所以又名"雪洞"。二梅建筑中以假山、雪洞为通道，在全国居民建筑中独具特色，也是福州明清时期典型的民居代表。

我们接着往前走，这里是第四进——花厅。中间为厅，两侧共有四间厢房，门、窗、壁板皆用楠木制作，双层镂花。花厅是江南古民居特别是大户人家必备的居所。福州三坊七巷中的明清古建筑，几乎大宅必建花厅，花厅既是主人会见至交亲友的场所，也是家庭成员休闲娱乐的好去处。主人在此与宾客饮酒品茗、吟诗赏月；内眷孩童围着大人玩耍观鱼，一片怡然自得、其乐融融的天伦之乐美景跃然眼前。

花厅正前方是后花园，园中假山、水池、古亭点缀，赏心悦目。这个水池是半圆形的，意为泮池。泮池基本上都设在孔庙中，在私家园林中修泮池是希望自己的子孙能够考取功名，走过玉带桥，跨过泮池。东西各有一座半边亭，西边亭低矮，东侧依墙架起悬空。假山上怪石嶙峋，石塔耸立，有狭窄山路可供攀登，直上高亭。为什么园中的楼阁亭台多为半边亭、半边阁式呢？这位游客说对了，市中心寸土寸金，半边式样节省了空间，在有限的空间内又增添了多样的建筑形式。池边这棵荔枝树已有100多年的历史。这株荔枝树与假山、泮池为邻，共历百年风霜雨雪。不知何时起，其根部与假山一隅相拥相融，形成"根抱石"的奇观。荔枝树于假山上盘根错节，被文人雅士赋予了"时（石）来运转"的美好寓意。每逢夏日，沉甸甸的果实如红云般缀满枝头，令人垂涎欲滴。除了好吃，种植荔枝还有一个寓意，荔枝谐音"励志"，鼓励儿孙早立志，多用功。假山上已不复当年雅士身影，却留一丝诗意与塔巷相隔。

由后花园东侧小门出，是第五进。其上匾额"文魁"二字，为乾隆年间所撰，"魁"字左半边起笔处少写一点。一说，因不是状元题名，故而少去；另一说，家中有"鬼"不吉，少写一点意为"家中有田有儿，无鬼相斗"。

从戏台绕出插屏门，就到了故居的后门，青砖叠砌，呈圆拱状，是民国时期的设计风格。这里是出口，只能出不准进。

林星章及其后人世代生活于此，其建筑风格、室内装饰是三坊七巷古民居的集大成者，曲线山墙、飞檐翘角、壁画灰塑、马鞍墙，每一个细节都值得细细探究。古色古香的韵味及深厚的文化底蕴依稀可见当年的风姿和荣耀。

二梅书屋现被辟为福建民俗博物馆，它结合二梅书屋的房舍布局结构，通过独具风韵的明清民俗文物与古香古色的情景陈列，全方位地展示福建八闽传统文化，现已成为海内外游客了解福建传统民俗文化的重要窗口。这也是全省规模最大、品种最多、文物价值最高的明清家具展示馆。游览其中，既能沉浸式体验闽都古建筑的余韵，又能感知福建民俗的底蕴。

好了，各位游客，关于二梅书屋的介绍就到这里。感谢大家的聆听。

【塔巷】

我们现在来到的是塔巷，位于南后街东侧，郎官巷之南。塔巷东西走向，东起南大街（八一七北路），西至南后街，全长295米，宽2.2米至4.5米。旧名修文巷，北宋知县陈肃改为兴文巷，南宋称兴文坊。明代又改文兴坊，俗呼塔巷，一直不变。

为什么叫塔巷呢？顾名思义在这条巷里曾经有座塔，名为"育王塔"，相传为五代闽王王审知的部下所建，被视为福州文运兴盛的象征。宋康定二年（1041年）塔院重建，巷改名为塔巷。明末，塔院废，至清末民国初，巷口犹留下半爿贴墙的小塔；20世纪50年代则在巷口牌坊上缀以小塔，以作象征。请大家顺着我手指的方向，各位可以看到巷口坊门上有座小塔。

请看坊门两侧的这副对联，"六子登科，理学融天地；双梅探屋，修文烛古今"。巷内有陈宅，房主陈承裘生有七子，除第五子早亡外，其余六子皆登科第，其中长子陈宝琛为末代帝师，清廷恩赐"六子登科"匾额。"双梅探屋"意指二梅书屋。"理学"与"修文"对仗，指做学问、修文学。"烛"是照亮的意思。

【南后街】

出了塔巷就是南后街。历史上南后街不长的街面上，聚集了大量商店，仅古旧书店就有二十六家之多。明清时，两侧有大小建筑数百座，其主要服务对象是"三坊七巷"里的官绅文人。清末广东番禺举人王国瑞有诗句描述南后街的繁华景象："正阳门外琉璃厂，衣锦坊前南后街。"将南后街比作北京的琉璃厂，足见当时商业的繁荣兴旺。

福州是福建的政治、经济与文化教育的中心，自古至今，这里都聚集了大量的文人雅士、学者名流。文化精英们都喜欢购书、藏书，或著书、刻书，甚至自己开书铺，购书、售书等。有需求就有市场，于是南后街书肆在清初就逐渐形成，并发展成为专营古籍、字画、碑拓及"文房四宝"等用品的文化街。南后街有古旧书铺、刻书坊、字画裱褙店、木雕、寿山石章、沈绍安家族的脱胎漆器店、软木画、角梳、机绣店等工艺品商店，传统细木家具店等。它是研究中国工艺美术史、中国雕版刻书史的宝库。要知道全国第一本翻译的西方小说《茶花女》就刊印于南后街，在全国影响巨大。

福州的街居美食（含风味小食）享有盛名的，在三坊七巷的就占7种（家）：同利肉燕、永和鱼丸、木金肉丸、鼎日有肉松、南后街老卤、阿焕鸭面和后起之秀可劲鱼丸。传承百年的永和鱼丸就像一个鱼丸博物馆，见证了福州鱼丸的"前世今生"。饱满浑圆的鱼丸，咬开外皮，内馅儿汁水充盈，肉香四溢，一口就得到了满足。还有软糯的元宵、鲜美的鼎边糊……这些老字号吸引着无数食客，每一口都能感受到福州美食的传承与创新。

这里有福州非遗手作坊。坊内流传百年的非遗文化熠熠生辉，纹理细密的软木画、莹澈透亮的寿山石、精致的脱胎漆器……每一项非遗手艺都历经岁月沧桑，在传承人手中薪火相传，不断散发新的生命力。你不仅可以近距

离感受非遗文化特有的内核气质，还可以亲身体验到非遗工艺的独具匠心

【衣锦坊】

衣锦坊位于南后街西侧，居三坊中最北端，全长395米，宽4~5.5米。衣锦坊旧名通潮巷，古时这里水道发达，每当涨潮之际，西湖、南湖的潮水可以通到这个坊巷流到沟渠里去。后来，又称棣锦坊，这也是古代名人效应的例子，北宋陆蕴、陆藻兄弟都考中进士，先后做过福州知府。《诗经·常棣》是周公宴兄弟的乐歌，中有"常棣之华，鄂不韡韡，凡今之人，莫如兄弟"。福州人认为陆氏兄弟双双衣锦还乡，居住此巷，就取《常棣》诗意，称"棣锦坊"。南宋江东提刑王益祥辞官回福州也住在棣锦坊，认为坊名棣锦不是陆氏兄弟的专利，做官的人都可以"衣锦还乡"，率性改名"衣锦坊"，沿用至今。

衣锦坊内历史名人众多，有明都御史林廷玉、应天府府尹陈一元，清高邮知州庄振徽，临江、袁州知府郑鹏程及其后裔郑孝胥，河南巡抚林绍年，民国海军总长林葆怿、著名民主人士林植夫、早期共产主义战士翁良毓等。

【水榭戏台】

这座宅院建于明万历年间（1573—1620年），清嘉庆年间为进士郑鹏程的住宅，道光年间按察使孙翼谋购得并加以扩建。经过多次重修，自西向东毗连三座建筑：主座大院、别院、花厅园林。整个建筑群坐北朝南，皆用穿斗式木构架，总占地面积2675平方米，是全坊最大的宅院。除正落基本按中轴线对称布局外，其余两落的花厅、客厅、书房、戏台、鱼池、楼阁等多属园林式建筑，布局灵活自由。

主座大院临街有六扇大门，从第一扇石框大门进入，我们首先看到的是一道插屏门。二梅书屋的插屏门为朱红色，那是清代建筑风格。而水榭戏台的插屏门为黑色，大家猜猜看这是哪个朝代所建？对了，明代。为什么呢？明朝皇帝姓朱，禁止民间使用朱红色，所以明朝建筑使用的插屏门多为黑色，由此可知此插屏门为明代所建。

第一进三面环廊，中有天井，均铺以平整条石。进入院子是两级台阶，而跨过天井进入厅堂是三级台阶，其用意当然是步步高升。古建筑很多院落都是这样设计的，只不过有些院落进院是一级台阶，上厅堂是两级台阶，不管怎样一定要高升就对了。

我们现在到了主座大厅，厅堂面阔三间，进深七柱。采用穿斗式与抬梁式混合的做法，使厅堂更加宽敞明亮。

现在来到的是主座第二进。放眼望去我们能看到这是个三开间的厅堂格局，其实在两侧木门的后面又暗藏了两间厢房，很明显是采用了"明三暗五"的建筑格局。明朝当时管制森严，三品以上官员才可建五开间房屋，房屋主人回避了当时严格的官制规定，又使自己找到了官至三品的感觉，巧妙规避了僭越。每进东侧都有小门通第二座别院，别院由书斋、佛堂、厨房、饭厅、库房等组成，再往东，又有小门通第三座花厅园林。

花厅的最大特色是建有水榭戏台，是福州市仅存的民居戏台，它是府内喜庆宴会的重要场所。水榭戏台在建筑设计上更是别具匠心，是中国戏台建筑的杰作。建在池上的水榭戏台呈方形，面积30平方米，坐南朝北，三面临水，故曰水榭，一面靠墙，即为屏风，看似孤立，实则墙后就是后台，有侧门迂回连通，类似现在的演员通道；戏台屋顶单檐歇山，四角反翘，别致而灵动；水池面积60平方米，池水为地下涌泉，长年不干涸。水榭戏台为三面透空的式样，下部架空于水面之上，这样既有利于通风，又可利用水的回声增添幽远的效果。而且天光云影、亭台建筑倒映在水面，别有一种情趣；水面既限定了观赏者与戏台的视觉距离，又可以利用水面的回声使乐音更加清脆悦耳、婉转悠扬。站在戏台向上看，内顶有一方形藻井。最初的藻井，除装饰外，有避火的含义。井中有水，藻又为水中之物。后来人们在使用过程中又发现藻井能把舞台内的声音吸收并产生强烈的共鸣，使演员的唱腔显得更加珠圆玉润，观众在较远处也能听得清楚，这种发现，自然而然地被运用到戏台当中。大家看上方的藻井是什么图案呢？中间是团鹤，周围是蝙蝠，象征福寿双全。

池东西两侧为假山、雪洞。戏台正对面建双层楼阁，可供主人聚会、看戏听曲或登高望远。楼上南面走廊较宽大，供女眷上楼用。檐下悬钟雕刻有玉米、葡萄、谷穗等植物，寓意百子千孙；雀替为龙头鱼尾形状，寓意鱼跃龙门。这些纹饰皆精工细作，造型独特，处处流露出"福"文化元素。

水榭戏台已成为研究明清时期福州官绅生活、民间戏剧和节庆文化的重要实物。为响应当下文化传承发展多样性，水榭戏台被活化利用为国家非遗项目闽剧的演艺场所，福州其他地方戏曲如福州评话、伬艺等，也在此常态化演出。游客在景中听戏，在戏里赏景，现场感受福州地方戏曲的音韵优美和动人剧情，仿佛置身于百年前，乐享古人的风雅生活。

关于水榭戏台的介绍就到这里，下面给大家 30 分钟的时间自由参观。30 分钟后，我们继续参观。

【黄巷】

黄巷是三坊七巷中唯一以姓氏命名的。晋永嘉之乱，中原衣冠士族大批南迁，固始人（今河南信阳）黄元方（280—375 年）避乱入闽，世称晋安黄氏，封闽国公，为闽粤两省黄氏之始祖。黄氏族人落户于此巷，故称"黄巷"。宋时改新美坊，明万历以后复称黄巷，沿用至今。

唐朝末年，崇文官校书郎、大儒黄璞（837—920 年）退隐归居这里。写出"待到秋来九月八，我花开后百花杀。冲天香阵透长安，满城尽带黄金甲"的农民起义军将领黄巢率军入福州，因闻黄璞的大名，命令兵士夜过黄巷"灭烛而过"，勿扰其家，留下"双黄交臂，文武相安"的佳话。"逢儒则辱，师必覆"，这也是对儒者的极大尊敬。

黄巷因此被认为"运交华盖，宜室宜家"，成为许多文人和社会名流的集居地。清代知府林文英、榜眼林枝春、巡抚李馥、楹联大师梁章钜、进士陈寿祺、赵新等，都曾居巷内。

各位游客，请看巷口对联："科甲蝉联，海峤人文罗福地；声名鹊起，榕垣才望奋清时。"联中"科甲蝉联"指连年科举高中，"海峤"指海边多山，代指福建；"榕垣"就是福州城，"清时"意指当代。上联点出清朝福州名士郭阶三的五个儿子在 1832—1851 年接连高中，被誉为"五子登科"的佳话，下联则督促学子奋发向上，汲取榜样的力量。

【小黄楼】

黄楼曾经是黄巷的标志性建筑，唐进士、崇文阁校书郎黄璞居此，建楼阁曰黄楼；黄楼于清初毁于一场大火，现存建筑为林则徐师兄、清代江苏巡抚署理两江总督梁章钜辞官后所建。梁章钜于清道光年间对黄璞旧居进行全面修葺，筑假山、挖水池、建小桥、修凉亭，并建了西花厅小黄楼以及与之配套的旧居东侧园林小筑"东园"。梁章钜入住黄楼后，得知唐代学者黄璞曾居于此，十分崇敬仰慕，便把所建花厅取名为小黄楼，小表示谦卑的意思，以示对先贤大儒黄璞的尊崇。

梁章钜祖籍长乐，生于福州，在广西当巡抚积极配合林则徐禁烟禁鸦片，他是第一个向朝廷提出以收回香港为首务的巡抚。晚年从事诗文著作，一生共著诗文近 70 种。其在楹联创作、研究方面的贡献颇丰，被尊为楹联学开山之祖、清代的楹联大师，我国最高的楹联奖项就被称为"梁章钜奖"。

整个宅院规模宏大，精美雅致，院落分为三路，两厢房和东西花厅，内有藤花吟馆、小沧浪亭等各类景致，进入里面，让人以为又到了苏州园林。2006 年 5 月小黄楼被批准为全国重点文物保护单位。

走进主体建筑后，四处可见牌匾。小黄楼目前是中国涉台楹联匾额博物馆，院内存放有清代皇帝所颁的圣旨匾、慈禧太后题词的牌匾十块，林则徐、沈葆桢等福州名人题词的涉台牌匾三十多块，民国总统徐世昌、北洋军阀首领冯国璋等人的楹联、牌匾百余块。但由于牌匾会定期更换，目前在厢房内只展出了部分楹联匾额以及木雕作品展供游客观赏。

黄楼西花厅建筑群实际上是由一座木构小楼与楼前的假山、水池、拱桥、半边亭等组成，是闹中取幽、小中见大的城市山水庭院。西花厅是梁章钜读书、藏书、著书之所，为双层楼阁，宽 9 米、深 24 米，面阔三间，进深五柱，穿斗式木构架，双坡顶。楼两侧靠墙是糯米与三合土制成的雪洞，宽 2 米、深 8 米。

楼南面是用天然太湖石垒成的假山。从假山入口"引入胜"上到墙边走廊可以直上二楼，一楼为主人读书、写字之地，二楼为藏书阁，十二扇隔扇和六扇门扇都用精贵的楠木制成。入口是"引入胜"，出口上刻的是什么字呢？是的，"豁然崖"。从引人入胜到豁然开朗，不正描述了我们读书明理的过程吗？大家看这小巧的鱼池，拱形小石桥跨越其上，桥栏板上刻着"知鱼乐处"四字，出自春秋战国时期庄子与惠子的辩论"子非鱼，安知鱼之乐"这个典故，寄托着中国文人"智者乐水"的情怀。

二楼分东西两路，东侧有一座双层木构半边亭，三面悬空，一面靠墙，垂柱上刻有生命力较为顽强的动植物，如松鼠、燕雀、蜻蜓、葫芦、谷穗、玉米、花卉等，寓意着生生不息、多子多福。亭周边装饰有十二小悬钟，悬钟在福州方言中又叫金瓜。悬钟两侧像翅膀一样的是雀替，上面雕刻的是牡丹花，象征着花开富贵，前方凸出来的部分形似喜鹊，意为双喜临门。凉亭不大，但占尽黄楼最佳位置，园主人在凉亭上，可以凭栏远眺，园林佳景尽收眼底。

楼内虽已不见古人，但置身其中，仍可与他们登同一座楼、赏同一片景。

【文儒坊】

我们现在来到了文儒坊。这是"三坊"中的第二坊，初名"儒林"。宋时国子监祭酒郑穆曾居于此。国子监祭酒，是中国古代掌管教育的官职，大约相当于现在的教育部长。

文儒坊的出众在于它保留下来的纪念金榜题名的御赐牌匾是三坊七巷中最多的。最有名望的当数陈承裘陈氏家族了，陈氏家族世代簪缨、官运亨通，家中第一位进士可追溯到明嘉靖年间，他的爷爷便是闽剧《陈若霖斩皇子》中的主人公陈若霖。到了陈承裘之时虽有所不济，但他悉心培养的六个儿子皆登科第，"六子科甲"御赐牌匾高挂正门大厅上。

文儒坊的出众还在于此坊走出了数位守疆卫国、叱咤风云的赤血男儿。年代最久远的就是明代抗倭名将张经，他曾在处理广西少数民族矛盾中发挥重要作用，稳定了广西局势，官拜兵部尚书；更在浙江一带大破倭寇，被称为"军兴以来战功第一"，但因他为人正直、不怕权势，得罪了当时奸臣严嵩，张经抗倭胜利之时却成了他被斩于马下之日，他没能告老回到这悠悠老巷，实在令人唏嘘。他死后"京师震惊，罢市者累日"，史称"冤同武穆"。

在张经故居斜对面的便是清代名将甘国宝的宅子，他戎马一生、屡立战功，尤其在任台湾总兵期间，使"兵安其伍、民安其业"，巩固了清廷对台湾的统治，深受百姓爱戴，让朝廷和百姓都十分满意。乾隆皇帝御赐"福"字匾褒奖其功，台湾百姓为其建祠设祀，他的传奇一生也一再被搬上舞台，经久不衰、代代相传。

【陈衍故居】

我们现在参观的是"同光体"诗派的代表人物陈衍的故居。陈衍（1856—1937年），侯官（今福州）人。清末学者、"同光体"诗派倡导者和领袖、诗学理论家，以其精深的诗学、儒学、经学、史学造诣在清末民初文坛上享有盛誉。他还是一个敢爱敢恨的快意诗人，当年他的挚友郑孝胥出任伪满洲国总理，他立马与其绝交；当年袁世凯称帝，有人将他列入"硕学通儒之首"，他愤而告老还乡。他的还乡对于福建而言是一件幸事，他后来主持编纂《福建通志》，呕心沥血，历时五年，600余卷，约1000万字，至今仍是福建省志中最完备的一部。

陈衍故居位于文儒坊三官堂八号（今大光里8号）。故居建于清代，木构建筑，坐北朝南。陈衍妻子、晚清才女萧道管有个强烈愿望："愿筑楼数楹，竹梧之后，花树仰前。"就是要有自己的家，春暖花开。光绪三十一年（1905年）陈衍购置此宅，此后其每次回福州都居住在这里。整座建筑格式布局均由陈衍自行设计。经陈衍多年营建，形成了"一园二楼一小池"的主要活动区域。宅院看似普通，却处处彰显了诗人的风雅情怀。

内分四区。入门为第一区，是清初所建的五间排木构建筑，为起居处所。

第二区是"匹园"，1917年辟。"匹园"在前厅后侧，呈扁方形，四周有墙，东北缺角，陈衍自嘲为鳏居匹夫，而此园形似"匹"字，所以取名"匹园"。园中西北角"花光阁"为三楹双层楼阁，阁高一丈三尺，阁前有回栏，花光二字取自陈衍妻、晚清才女萧道管的"挹彼花光，熏我暮色"一诗。楼下卧室，楼上藏书，计藏有线装书一百余柜，约万余册，而且多是珍本。阁下为书房，是入室弟子课业处。旁边有露台，设醉翁椅几张。

第三区为"闻雨楼"，是会客的地方，"花光阁"建成后，"闻雨楼"就为印书场所，内陈雕版数十架，为陈衍以及众诗友所作诗集、文论印刷之用。陈衍常在此通宵秉烛校勘诗稿。楼下为花厅。楼南有花园，种梧桐、白梅、蔷薇等。

第四区名"直园"，1920年辟，平面呈长方形，南建一座楼房，有径通文儒坊，楼后厨房、小客厅，为用餐的场所。

由于财力有限，陈衍所建楼园均因陋就简，稍事修葺，规模很小。但他注意装点，配以字画诗词，自成雅趣。他在前厅西侧卧房前面挖一小池，池边长仅八尺，西边靠墙，池与墙间隔处种有十数竿竹子，东、南边设木栏，北边绕有美人靠。小池南侧月亮门后为一小书屋，唤作"月中"，尽释诗人的雅致情趣。陈衍宅院内三步一阁，五步一园，繁花似锦，相映成趣，而且往来无白丁，由文人雅士组成的"说诗社"，常在"华光阁"或"闻雨楼"中吟诗作对，最多时有三四十人，传唱词曲，歌诗吟声，不绝于耳，被誉为"福州首屈一指的诗楼"。

"谁知五柳孤松客，却住三坊七巷间"是陈衍最为人知的一句诗。该诗最早让"三坊七巷"名字响彻海内外,表达了陈衍对故乡深切热爱的同时,也精练地概括了诗人对所处时代的思考及无奈。以"五柳孤松客"自称的陈衍虽已逝去,但他的爱国情怀和诗文经史,早已成为我们的精神财富。

陈衍故居现已辟为中华福馆,以"福"为主线,分为非遗福、民俗福、文化福、工艺福、丝路福五个部分,寓意"五福临门"。馆内收集展出来自全国各地的300多组与福有关的物品,包括印章、雕刻、剪纸、器皿、福船模型等。馆内有近万个"福"字。其中,一件以康熙书写的"福"为元素设计的剪纸作品就是由365个"福"字组成的。一年有365天,这件剪纸作品有365个"福"字,就是希望大家天天都有好福气。这是一件写满福字的书法作品,是开馆100天时由100名游客书写的百姓福,可谓百姓之福、福在百姓。

【公约碑】

这块公约碑是福州古坊巷仅存、全国城市小街巷中罕见的乡约碑,就嵌立于文儒坊东口北墙上。公约碑按今天的话说,就是乡规民约。碑体高2.2米,宽0.8米,呈长方形。该碑至今保存完好,是三坊七巷古代城市里坊社区管理生活的见证。

大家一起看看碑文:"坊墙之内,不得私行开门并奉祀神佛、搭盖遮蔽、寄顿物件,以防疏虞;三社官街,禁排列木料等物。光绪辛巳年文儒坊公约。"大家知道,清代的文儒坊还实行"宵禁",夜晚坊门关闭后,居民便不能随意进出,目的在于防盗。但福州民间祭神拜佛活动兴盛,势必要焚香烧纸钱,在狭小且房屋均为木构的坊巷内极易引发火灾,所以有"不得私行开门并奉祀神佛"一说。"搭盖遮蔽寄顿物件"就好比违章搭盖,侵占公共场所,阻塞交通,所以也在禁止之列。至于"三社官街禁排列木料等物"这一条,则与当时社区具体环境有关。文儒坊与衣锦坊里的水流湾相邻,水流湾是福州传统家具作坊(明清鼎盛时多达60多家),也是木材加工交易集中地,为图便利,坊主们难免将家具木料摊晾于邻近坊巷的空地上,妨碍道路畅通、影响卫生,而且木料又是容易着火之物,"禁排列"的规定无疑合情合理。公约碑的内容代表着公共道德,当公共道德与个人利益相悖时,就需要公约来约束。这块珍贵的公约碑体现了一百多年前的居民们为了保护坊巷建筑的完美而做的努力,也让我们管窥近代坊巷生活的文明景象,是福州坊巷平安治理、共建文明的见证。

【安民巷】

我们现在来到安民巷。安民巷旧名"锡类坊",它改名"安民",与黄巢入闽有关。传说唐末黄巢起义时军队入闽,在没有电视、广播和报纸的年代,为了宣告胜利、安抚百姓,张榜"安民"。当时作为城乡交接处的一条无名小巷承载了这段历史,它的名字也就与"安民"结下了不解之缘。不管哪个朝代,老百姓的最大期许就是国泰民安。

请看巷口对联:"驿馆驻车,枕戈同卫国;省垣揽辔,张榜且安民"。上联讲的是,新四军办事处曾设于此巷,用"枕戈同卫国"形容他们在抗日烽火中为国尽忠的情景。后一句的"辔",是指驾驭牲口的嚼子和缰绳,揽是拉的意思。下联描述的是黄巢路过此地时,约束兵马、张榜安民的典故。

【新四军驻福州办事处旧址】

新四军驻福州办事处旧址位于安民巷53号。这处建筑始建于清代,坐南朝北,前为平墙,门后为传统大石框双开板门。廊下为庭院天井,左右为披榭。主座厅堂面阔三间,进深五柱,穿斗式构架,双坡顶,两侧鞍式山墙。构架与墙之间通道称"墙弄"。厅堂之后有石铺小天井。1991年,新四军驻福州办事处旧址被列为第三批省级文物保护单位。

1937年,抗日战争全面爆发,国共合作,共同抗日。当年10月,中国共产党经与国民党谈判达成协议,将南方8个省10多个地区的红军游击队改编为国民革命军陆军新编第四军(简称"新四军")。为了便于福建的统战工作,1938年2月,新四军驻福州办事处正式成立。1939年5月,因福州沿海局势紧张,新四军驻福州办事处转移到南平,改称"新四军驻南平办事处"。至此,新四军驻福州办事处开展工作历时一年零四个月,为推动福建地区的抗日救亡运动作出重要贡献。

1938年2月至1939年5月,新四军驻福州办事处就驻在此,我们仿佛看到了当年办事处官兵们穿着灰色军装,挂着"抗敌"臂章在此忙碌的身影。他们组织重建福建共产党组织、开展抗日宣传教育、输送青年武装上前线、保护抗属和红属、创办进步刊物、教唱革命歌曲等一系列抗日救亡工作。办事处又提出成立"民先"组织,团结更多的进步青年开展抗日救亡工作。

现今,步入这处古厝,专题展览《革命理想高于天——长征中的福建子弟兵》映入眼帘。200 余幅历史图片将红军长征中福建子弟兵的战斗历程生动地再现于大家眼前，用长征精神不断鼓舞和激励着每一个走进这处古厝的人。

【宫巷】

各位游客，接下来我们参观七巷之一的宫巷。大家请看巷口的这副对联："紫极祀三清，仙家日月超凡俗；吴兴遗甲第，船政风云耀简编"。宫巷有"宫"吗？现在没有，以前却是有的。但这里的宫不是皇家宫殿，而是一座道观紫极宫。在唐天宝元年，皇帝让全国的每个州都建一个紫极宫，福州的紫极宫就建在这条巷内，因此得名。下联"吴兴遗甲第，船政风云耀简编"，这是描述哪位人物呢？是的，这是描述沈葆桢洋务运动期间致力于船政的典故，而沈葆桢故居就在宫巷。

宫巷是目前福州保护最完整的古巷，巷内现存明代的建筑 6 幢，清代的建筑 13 幢。

【沈葆桢故居】

沈葆桢，中国船政之父，晚清时期的重要大臣，政治家、军事家、外交家、民族英雄。中国近代造船、航运、海军建设事业的奠基人之一。在这一片灰瓦高墙的建筑群中，沈葆桢故居全木构的朱红大门分外耀眼，五开间的形制极为恰当地突出了主人尊贵的身份和地位，体现出大家的气派和风范，显得卓尔不凡。

沈葆桢这位中国海军之父、马尾船政局的创始人，出生于一个书香延续的家族。沈父名廷枫，字丹林，为清道光年间举人，曾上京赶考过但未高中，一直以教书为业，家中日子过得较为贫寒。沈廷枫娶林则徐的六妹林蕙芳为妻。林蕙芳略识文墨，为人妇后，生活虽然清贫，但她相夫教子，重视家庭教育，从未让孩子们废学过。自沈葆桢的父亲起，直至沈葆桢子孙后代多为读书人。百余年来，宫巷沈家后代繁衍生息，人口众多，诗书传承，既有饱学中华文化之士，也有留学国外学贯中西的人才。

叩开故居历经数百年风雨的厚重大门，我们立刻感受到这所宅第不凡的气派和名流贵胄居所的独特气质。整座古厝坐北朝南，占地面积超 2700 平方米，始建于明代，在清代和民国时期进行了修缮和扩建。沈葆桢故居的规模很大，布局也很工整，建筑则为典型的明式建筑，装饰较少，更多的是以结构本身的典雅来表现建筑本身的力度和质朴美感，显得庄严神圣而朴实自然。主座自南而北,中轴线对称,前后四进,每进间均有围墙分隔,进与进之间以覆龟亭连接。有游客在问,什么叫覆龟亭?各位请看,建筑与建筑之间修建了卷棚顶的亭盖,既方便走动,又避免日晒雨淋。因为形如龟壳,大小如亭,故得名覆龟亭,"覆龟"又谐音"富贵",赋予居住者美好的寓意。

时任闽浙总督的左宗棠在即将赴任陕甘总督之时,"三顾茅庐"宫巷沈宅。在沈宅的花厅里与沈葆桢聊了很久,左宗棠力邀沈葆桢出任总理船政大臣,接棒马尾船政事业。之后的故事大家就知道了,沈葆桢成了首任福州船政大臣,当时丁忧尚未结束的沈葆桢甚至在沈宅里设立了临时办公室,会商船政事宜。可以说这座宅院也见证了船政的孕育和扬帆。

沈葆桢故居严格地按照前堂后寝的传统风格来进行建筑布局,严谨而大气,体现福州地方古代官绅宅第的建筑风格。与北方住宅有所不同的地方是,它每进都有自己的厅堂,便于通风,这符合福建的地理气候,南方四季如春、潮湿的天气需要建筑物更有利于人与自然的交融与渗透。故居中较为特殊的地方是末进五开间的倒朝楼,它曾经作为沈家的藏书楼教育了一代又一代的沈家人。

沈葆桢故居从建筑装饰上来看,其更多体现的是一种庄重肃穆的气派,整体上是非常规整和严谨的,装饰也较为朴素,多为几何或规则的吉祥图案,如书本、屏风,很少有动态的动植物纹饰,更没有北方某些古建筑中使用众多的钱币图案,更有文卷气。宅院四周高墙上的翘角,伸出宅外,在翘角和墙的上部装饰的泥塑多为人像、鱼虫、花鸟等体现明、清福州地方传统的墙头雕塑技艺和墙头花。我们能从枋间的木雕和墙头的灰塑上感受到一种独特的深厚的文化气息。经过历史的洗礼,建筑的这种庄重的气质显得更加厚重,更具有文化的积淀。

【吉庇巷】

离开官巷,我们来到了三坊七巷最南端的巷子吉庇巷,它与光禄坊相连,在唐代这里是罗城的正南门,门外的护城河安泰河畔素有"秦淮风月"的美誉。吉庇巷原名魁辅坊,又称为魁辅里,顾名思义,是培养状元魁首的地方,南宋状元郑性之居住在此,魁辅里也因他而改名为"急避巷",意为"紧急避让"。后来人们又将"急避"改成了带有美好寓意的"吉庇",寓意里巷人家平安祈福的心愿。民国初这条坊巷被扩建为马路，据说路面是用当年南门古城墙拆下的石块铺设而成。

【光禄坊】

各位游客我们现在到了"三坊"中的最后一个坊——光禄坊。"光禄吟台"原名玉尺山、闽山，坊内有一座法祥院，俗称"闽山保福寺"。宋朝曾任过光禄卿的福州郡守程师孟（1015—1092年）时常到此吟诗游览，僧人就刻了"光禄吟台"四字于石上。郡守为此再吟一首："永日清阴喜独来，野僧题石作吟台。无诗可比颜光禄，每忆登临却自回。"光禄坊的名字由此而来。此处也就成为福州历代名士显宦、才子佳人雅聚吟咏、切磋文才的场所，现仍存有宋至民国一些文人雅士的摩崖题刻10余处。20世纪八九十年代，光禄坊被辟为通车道路，两边古建有拆除。

【结束语】

好了，各位游客，今天的三坊七巷之旅告一段落。

穿行于福州的三坊七巷，每个转角都能遇见一段历史。作为"福州十大名片"之首的三坊七巷浓缩了闽都福州城市变迁的历史，是福州城市精神的集结地、福州名贤文化的纪念地、福州传统商业文化的传承地、福州民俗文化的展示地。其保留的众多独具特色的明清时期建筑所构成的整体环境和场所精神，反映了明清历史时期的风貌特色，具有不可估量的历史价值。三坊七巷科教兴盛、精英文化集萃的特点使这块热土充满了特殊的人文价值和不凡的灵性才情，成为福州的骄傲。

（二）厦门鼓浪屿

【导览线路】钢琴码头—皓月园—毓园—菽庄花园—钢琴博物馆—日光岩—鼓浪屿历史文化陈列馆

各位游客，大家好，欢迎来到厦门。今天我们要参观的是鼓浪屿。

首先我给大家介绍一下鼓浪屿概况。鼓浪屿位于厦门岛的西南面，面积1.88平方千米，人口约2万人。宋朝以前，是一个渺无人烟的椭圆形小岛，因此被称为"圆沙洲"。我突然想到一句歌词，哪句呢？寂寞沙洲冷。当时岛上只有白鹭、海鸥栖息，的确不热闹。那为什么称作"鼓浪屿"呢？在岛上西南端海滩岸边，屹立着一块长期受海潮冲击形成"海蚀洞"的岩石，每当受海浪冲击时就会发出"轰隆隆"的声音，好像高昂的鼓声，人称"鼓浪石"。明朝万历元年（1573年），江苏省丹阳人、泉州同知（明清时期官名同知为知府的副职，正五品）丁一中在日光岩上题"鼓浪洞天"四个大字，这是鼓浪屿的正式得名。

岛上曾经有5000多架钢琴，密度居全国之冠，即使是世界上面积相当的城镇，也少有这样的密度！而手风琴、小提琴、吉他更是不计其数。我国不少著名的音乐家曾在这里熏陶成长。从鼓浪屿走出的钢琴家，如周淑安、李嘉禄、殷承宗、洪昶、许斐星、许斐平等，都是世界一流的。因此，鼓浪屿又有"音乐之岛""钢琴之乡"的美称。

鼓浪屿上没有机动车，连自行车也没有，是步行者的天堂，是个步行岛。即使是外国政府首脑如美国总统尼克松来岛上游览，又如我国领导人邓小平来视察，都要像普通百姓一样步行，任何人不分贫富贵贱，到了鼓浪屿一律平等，都要步行，所以，人们又称鼓浪屿为"平等岛"。

【钢琴码头】

我们现在到了码头。看，对面就是鼓浪屿，这条江叫鹭江，也叫厦鼓海峡，宽600米，轮渡5分钟即可抵达。原来的鼓浪屿轮渡码头建于1937年，规模小，简陋异常。到1975年，夏季到鼓浪屿游泳、游玩的市民甚多，傍晚返程时经常滞留在码头。为缓解这种紧张局面，1976年厦门市人民政府拨出专款紧急扩建厦鼓轮渡，在鼓浪屿修建不小于100平方米的码头。因其外形线条类似三角钢琴盖的形状，又因鼓浪屿是著名的钢琴之岛，所以得名"钢琴码头"。大家看，它就像一座开架的钢琴，正在弹奏旋律优美的迎宾曲，迎接四面来宾！

【皓月园】

皓月园建在鼓浪屿东南的覆鼎海滨，占地2.5万平方米，是由福建省政府和厦门市政府共建的郑成功主题纪念园。皓月园是中国仅有的一座为纪念民族英雄郑成功而建造的雕塑公园，园名取自《延平二王集》中一诗句"思君寝不寐，皓月透素帷"的"皓月"二字，寄托对英雄的缅怀。皓月园为明代建筑风格，整体古朴典雅。园内洁白的石门、石阶、石柱、石埕、石栏等与海滨的沙滩、树木、山色相互辉映，充满海滨园林特有的韵味。园内有郑成功巨型石雕、郑成功青铜群雕、郑成功碑廊、覆鼎古井、皇帝殿，合称"皓月雄风"。

我们沿着海岸边的栈道走到雕像下方。我们面前的这块大岩石叫覆鼎岩，海拔29.5米，向海中延伸30米，地形险峻，气势磅礴。岩上临海顶天立地的就是民族英雄郑成功雕像，昂首挺立，手握腰刀，遥望台湾。石像高15.7米，重1617吨，由23层625块优质泉州白花岗岩精雕组合而成，雕像内由118根粗钢筋强力支撑，并向下扎入岩层深达3米，并配备防雷设施，可抗12级强台风，8级以上地震，于1985年8月27日建成，建成时是国内最大的历史人物雕像。

雕像建成后，就成了厦门人民心中的守护神，如福州的镇海楼、湄洲岛的妈祖像一样，郑成功像被视为厦门抗台风的镇岛神灵。

各位游客，请看这个上书"皇帝殿"的临海亭子。这是哪位皇帝来过的遗迹吗？并不是。相传1661年郑成功挥师东征前，曾在此临海誓师，传令"拆除军灶，掀锅鼎于海中"，以示破釜沉舟之志；他又掷宝剑于沙滩，沉玉印于海底，誓与厦门父老同在。后来，军锅变成"复鼎岩"，宝剑成了"剑石"，玉印变成"印斗石"，复鼎岩与海中的剑石、印斗石鼎足而立。而他誓师的地点就在这里，被后人尊称为"皇帝殿"，虽然郑成功从未称帝，最高爵位只为"延平郡王"。"皇帝殿"是拍摄郑成功巨型石雕的最佳位置。现在给大家几分钟拍摄时间。

这口覆鼎古井也值得一说。它掘于明天启年间，原是过往船只上岛补充淡水的重要水源，四百年来，无论天荒地旱，从未干涸。古井为岩石结构，井深10米，宽4米，井底与海滩相连，水位低于海平面，但是水质却清纯甘洌，乃一大奇观。相传1661年，郑成功东征前夕，曾汲此井水祭海，表达故土难离之情和东征必胜之志，后人将此古井视为平安吉祥的象征。

我们接着往前走。这座青铜大型群像浮雕，长13.7米、高4.7米、耗铜18吨，是国内最大的一组历史人物青铜群雕，再现了当年郑成功挥师东渡，驱荷复台的历史场面。群雕前景突出郑成功横刀立马率部将马信、陈泽、杨朝栋、陈广等骁勇善战的雄姿，背景是浩浩荡荡的藤牌军。人物造型层次分明、个性鲜明，栩栩如生，使人感觉到战旗飘舞、铁马奔突、刀盾撞击，士气旺盛，气势恢宏。浮雕屏两侧配以诗词，屏前又置一基石，把军盔、宝剑与和平鸽组合在一起，战争与和平的立意深刻，既有逝去的历史风尘，又有强烈的艺术感染力，让我们缅怀英雄的同时加倍珍惜现在的和平生活。

好了，现在给大家 20 分钟的自由参观时间。我们的下一站是菽庄花园。

【毓园】

我们现在所处的位置是鼓浪屿毓园——林巧稚纪念馆。林巧稚，中国妇科药理学的奠基人，是北京协和医院第一位中国籍妇产科主任及首届中国科学院唯一的女学部委员。林巧稚一生未婚未育，却亲手接生了 5 万名孩子，被称作"万婴之母""生命天使"。连著名的杂交水稻之父袁隆平院士，也是由她接生的。毓园之"毓"，即培育养育之意，是致敬林巧稚一生培养和造就了大批医学人才、亲自接生了 5 万多名婴儿的伟大一生。

毓园占地 4750 平方米，造园风格"园如其人"，朴素、平实自然。请看我身旁的这尊汉白玉雕像，身着白褂，眉眼慈祥，气质高洁，这是林巧稚大夫形象的真实写照。

现在我们进纪念馆展室。我们可以看到林巧稚年轻时候穿过的白绸长衫、值班时用的电话座机、手术时用的医学器械……一百多件珍贵藏品和照片，静静讲述林巧稚不平凡的一生，也向大众传递"春蚕到死丝方尽"的无私奉献的高尚情操。

1901 年 12 月 23 日，林巧稚出生于鼓浪屿，父亲特意给她取名为巧稚，希望她灵巧而天真。五岁时，母亲何晋就不幸因患妇科肿瘤病故，母亲的早逝，是林巧稚立志学医的一大动力。1921 年北京协和医科大学落成，林巧稚毅然决然考入了协和，经过 8 年的学习，林巧稚从协和医科大学毕业并获医学博士学位，被聘为协和医院妇产科大夫，自此与我国妇婴健康事业紧紧联结在一起。她成为该院第一位毕业留院的中国女医生，也是首届协和医学院最高荣誉奖"文海"奖学金的唯一获得者。在当时的中国，妇科病占妇女发病率的三分之二，产妇的死亡率为 1.76%，新生儿的死亡率就更高了。她希望自己能够挽救更多的生命，迎接更多新生的太阳。邓颖超同志曾不止一次地提起："林巧稚大夫可不是一般的大夫，她对病人有特殊的吸引力，患者和她在一起会无条件地相信她，信赖她。"

从小接受新式教育，多次前往国外深造，林巧稚不仅可以说一口流利的英文，还能够书写中英双语的病历，钟爱喝咖啡，但西方的语言和生活习惯却始终没有改变她那颗赤诚的中国心，数次留在西方工作、生活的机会也从未打动她。因为经历过旧社会的林巧稚，对灾难深重的旧中国心怀隐痛，立志要以一技之长，为同胞排除痛苦。抗战期间，日本的铁蹄踏进了协和医院，林巧稚坚守在北京，她在北京的东堂子胡同挂起"林巧稚诊所"的牌子。她提着一只出诊箱，乘着北京昔时的人力车，穿行于灾难中的北京的大小胡同，出入于贫苦人家的低矮房屋，为自己的同胞姐妹治病救危，在烽火中接生了无数未来民族斗士。为了减轻病人负担，她主动降低挂号费、减免贫穷患者医疗费。1948年，协和医院复院，林巧稚回到协和医院，主导重建了经过战争洗劫只剩下几张病床的妇产科。

1956年6月，中国第一个妇产专科医院——北京妇产医院建成，林巧稚担任第一任院长。1956年，毛泽东、朱德、周恩来等国家领导人在中南海接见科学家，合影时，林巧稚在前排就座，同时一起合照的还有钱学森、华罗庚等科学家。如今，这张合照作为林巧稚纪念馆的镇馆之宝，在馆内最中央的位置展示。

从桃李年华选择踏上医学道路开始，林巧稚一生未曾离开诊室和手术台，绝大部分时间与心血都投入医学事业之中。1980年，年近耄耋的林巧稚仍然带病坚持工作，当时早已不是住院医师的她仍嘱咐值班的医护人员，一旦病人出现问题，即使半夜也要立即通知她。

年迈时，缠绵病榻的林巧稚曾对着自福建前往北京看望她的代表说："我是鼓浪屿的女儿，我常常在梦中回到故乡的海边，那海面真辽阔，那海水真蓝，真美……我死后想回到那里去。"1983年4月22日，林巧稚病逝于北京，享年82岁。在最后的时光里她还坚持完成了50多万字的《妇科肿瘤学》。去世前，林巧稚嘱咐将其平生积蓄的三万元捐献给首都医院幼儿园、托儿所；遗体献给医院作医学研究用；骨灰撒在故乡——鼓浪屿周围的海面上。1988年林巧稚的骨灰从北京运回故乡鼓浪屿，葬于毓园。

各位游客，请看这两棵南洋杉。这是1984年11月27日，邓颖超同志参观鼓浪屿毓园时亲手种下的，南侧一株是当时国内唯一柱状南洋杉。如今，两株南洋杉蓬勃生长，象征着林巧稚高洁的品格历久弥坚。

她的同人称赞她："她终身未婚，却拥有最丰盛的爱；她没有子女，却是最富有的母亲；她是母亲和婴儿的守护神。"天下为公、担当道义，我们从林巧稚身上，看到了我国知识分子那份浓厚的家国情怀和强烈的社会责任感。斯人已逝，而她"巧"手仁心的事迹和高尚纯粹的医德永远流芳。

【菽庄花园】

我们现在来到了菽庄花园。菽庄花园是国务院批准颁布的全国重点文物保护单位，也是鼓浪屿作为世界文化遗产的核心要素之一。原是台湾爱国士绅林尔嘉的私家花园。林尔嘉原籍福建龙溪，父亲林维源随祖辈从龙溪迁到台湾，经营拓荒垦殖业，兼营工商业、航运业，富甲一方，在板桥建林本源庭园，又称板桥别墅、板桥花园。1894年甲午战争后，清政府被迫签订了《马关条约》，林维源父子不愿做亡国奴，便举家搬迁定居鼓浪屿。在厦门的林尔嘉随着年岁渐长，乡愁倍增，便决定在鼓浪屿建一座仿板桥别墅的花园。菽庄花园是林尔嘉取自己的字"叔臧"的谐音命名，也有"稻菽主人庄园"的寓意，纪念先祖以垦殖发家而富甲台湾。

菽庄花园兴建于1913年，后经1919年、1931年、1933年三次修葺和扩建，总占地面积约1.4万平方米，建筑面积2451平方米。1956年，林家将菽庄花园捐献给厦门市政府，经修缮于次年对公众开放。其设计借鉴了林家在台北的故居板桥花园，既利用天然地形巧妙布局，又参照了江南园林的艺术特征，既有江南庭院的精巧雅致，又有大海奔流的雄浑壮观。菽庄花园在空间布局上可分为藏海园和补山园两大部分，"藏海"隐含把山河揽入祖国怀抱，切莫再任人割裂之意；"补山"以人工补缀天然景色的不足，隐含山河破碎、亟待修补之意，园主人的爱国之心，日月可鉴。

菽庄花园布局设计的奥妙在于"藏""借""巧"三个字上。

"藏"就是园建海上，海藏园中。各位游客，我们现在已经进门，园门内侧楣上高悬的"藏海"匾额赫然入目，可海藏到哪去了呢？转出月洞门，绕过竹林，突然"海阔天空"，大海奔腾而至，旁边立有"海阔天空"巨石，为明代大书法家张瑞图的笔书，后人仿刻上石。先藏后露的手法让人顿时领悟"藏海"的意蕴。

旁边就是壬秋阁，因建于1922年农历壬戌之秋而得名。仿板桥花园来青阁，重檐歇山顶。壬秋阁"一阁两用"，一半建在陆地上，一半建于水中，东南各开一个圆拱门，既能观山又能赏海。

"借"就是借景，纳外景为内景。菽庄花园借景构园，隔壁的日光岩、远处的南太武山、附近草籽山上的建筑，花园的亭台楼阁、山石大海，融为一体，成就花园远近交叠的新风景。通过借景，小小庄园内却有大大的乾坤，山海毕揽，众景合营。

"巧"就是布局得体，变化多端，动静得兼，疏密有致。十二洞天洞洞相连，孩子们追玩，显出跳动出没的动景，坡边建有小亭小阁，休息观景，表现静雅的环境。海潮的流动，长桥的安卧，岸上花团锦簇，海中百舸争流，空中海鸥翱翔，都体现了动与静的交融与和谐！

请大家拾级而上，这里就是十二洞天，又称"迷魂洞""猴洞"。是用紫红、棕赤色的砂岩、页岩、火山流纹岩、砾石组成的假山洞。以形态不同的十二个洞室与十二生肖塑像而得名。十二生肖镶嵌于各个洞口，山中洞洞相连，石级高低错落，小径迂回盘旋，空间曲折互通，洞中还设有石桌、石椅、石床。十二洞天也是一个人工造的连环洞，更是一个捉迷藏的绝佳地点，它以地支为名，寓意着"洞天福地"。你看几个孩童在如迷宫般的各洞口跑来跑去，玩得满头大汗、不亦乐乎。

沿石级而下，不远处就来到了四十四桥。四十四桥因主人建桥时四十四岁而得此名。桥下有闸门，能将海水引入园中水池。蜿蜒的桥体上，有观鱼台、渡月亭和千波亭。站在桥上，眼前就是浩瀚的大海。此时此景，不仅有"海光山色"之美，更有真实的"海阔天空"之感。四十四桥下设闸门，当海水涨潮时，打开闸门让海水灌入园林当中，当海水要退去的时候，再把闸门关起来，将海水留在园林当中，仿佛整个海岸线都是园主人家的后花园。把大海藏进自己家的园林之中，就像试图将祖国山河藏进自己怀中来加以保护一样。

渡月亭、千波亭、真率亭等都位于桥的各个转弯处，宛如一颗颗宝石，点缀着这座名桥。眼前的这座亭子叫渡月亭。请看这副楹联："长桥支海三千丈，明月浮空十二栏。"什么意思呢？月明之夜，夜深人静，海浪轻摇，到此观海赏月，海景月色令人心旷神怡。但是，这长桥足足有三千丈，能否通往我的家乡台湾？十二栏的明月又能否照到我的家乡台湾？我们可以感受到园主人的思乡之情。据说林尔嘉常常站在栏边眺望远方的家乡，希望早日能够回到自己的家乡，"望海"也成为其思乡系列诗中的重要关键词。

从建成至今，一直是鼓浪屿上最风姿绰约的那颗星，它的传奇，不仅在于建筑本身独特的遗产文化价值，更在于它的原主人赋予其中的家国情怀。时间如同眼前的海浪带走一切，但留园主人的一腔爱国热血和思乡情怀隐藏在建筑背后，也如海浪一般生生不息。

【钢琴博物馆】

2000年1月8日，中国首家、世界罕有的钢琴博物馆落定于菽庄花园的"听涛轩"。馆前的这尊雕像就是鼓浪屿钢琴博物馆的奠基人，旅澳华人、钢琴收藏家胡友义先生。胡先生于1936年出生于鼓浪屿，在鼓浪屿的天风海涛和琴声和鸣中长大。20世纪50年代，中学毕业后怀着对钢琴艺术无比的热爱，他来到了上海，在鼓浪屿老乡、著名钢琴教育家李嘉禄教授门下学艺。1965年，他获得奖学金赴比利时布鲁塞尔皇家音乐学院主修钢琴和管风琴，学成后，以钢琴家的身份在中国香港及欧洲各国教授钢琴。胡友义先生致力于钢琴的收藏，收藏了世界各地100多架的钢琴。视钢琴为儿女的胡友义先生1999年决定将收藏的钢琴运回鼓浪屿，建造钢琴博物馆，让更多的人可以欣赏到这些宝贝。1999年12月20日，第一批30架古董钢琴运抵厦门。其后的10余年，胡先生又陆续将收藏的古钢琴送到鼓浪屿，几乎每次钢琴上岛，胡先生都会与工人们一起用人力板车搬运。2019年，他又捐建了风琴博物馆。他说："钢琴就像我的孩子一样，把珍藏的钢琴放在鼓浪屿，就像是把心爱的东西带回家里一样，总让人放心。"胡友义先生一世琴缘，毕生乡情的两根人生主弦：对钢琴艺术的痴情和对故乡刻骨铭心的爱，就此交织成以艺术回报故乡的情结。

钢琴博物馆占地450平方米，分上下两层。许多钢琴都经历了两次大战，作为装饰物的烛台灯饰也有百年以上历史，参观一次钢琴博物馆，等于浏览了一遍世界钢琴发展史。

馆内的这些古钢琴都有一二百年的历史了，种类多样奇特。我先介绍一下四角钢琴。四角钢琴，因其占用空间小，在19世纪前中期很流行，但是因为其琴盖板开口朝向演奏者，不利于扩音，在大型音乐厅里演奏效果一般，后来这种钢琴也因此停产了。

这架缪伍德四角钢琴产于1788年，是馆藏最早的一架钢琴。这架钢琴没有踏板，演奏时需要用膝盖碰触键盘下的推杆代替踏板来达到延音效果。因为演奏过于费膝盖，所以当时并不流行，传世稀少。

这架克莱门蒂四角钢琴，产于1801年，当时还没有发明铸铁框架，所以整架钢琴和琴弦板都是用木板制成的，因此钢琴所能承受的拉力很小，音量也比较小，只适合家庭里使用。一般我们在弹奏钢琴的时候琴弦板需要承受16000—20000牛的过力，所以相对于这种全木制的琴弦板，琴弦就不能用得太粗，太粗的话弹奏起来木板就容易裂。这种钢琴比较容易走音，音量也相对比较小，后来为扩大音量，它的体形也都是圆弧形头。

这架"施坦威"也是一架四角钢琴，制造于1864年，它的体积比克莱门蒂大了许多，而且琴弦板全部都是用铸铁板制成的，琴弦也粗了许多，采用交叉式的琴弦，这样就可以拉长琴弦的长度，使它的音量更大，音色也更美。"施坦威"是世界第一钢琴品牌，其制作工艺80%都是手工的，每一台钢琴需由400个工匠用9个月到1年的时间完成，拥有一部"施坦威"钢琴，是所有钢琴演奏者梦寐以求的事。馆藏的施坦威钢琴于1888年产于美国，是一架九尺演奏琴。它是当过总理的波兰著名钢琴家帕德列夫斯基，20世纪初在澳洲开演奏会时用的演奏琴。

下面我们来看下馆藏的三角钢琴。三角钢琴体积庞大，音域宽广，音量宏大，高音清脆，中音丰满，低音雄厚，可以模仿整个交响乐队的效果，因而被誉为"乐器之王"，常用于大型演出或专业人士演奏。

这架博森多福钢琴于1857年产于奥地利。它的"身世"极为显赫，是当时世界上最著名的制琴大师博森多福和他的学生一起为奥匈帝国酷爱音乐的弗兰西斯·约瑟夫皇帝精心打造的一架艺术型钢琴。该琴谱架上雕镂一对美人鱼，中间椭圆形镜框镶嵌"音乐神童"莫扎特的头像，踏板上的双鱼造型优美，三条琴腿上都雕刻着奥地利国徽上姿态高贵的黑色雄鹰立体浮雕，是当时皇帝在游艇上使用的。

这架是格尔斯·卡尔曼三角钢琴，在鼓浪屿上培养了众多音乐家，曾经陪伴上海音乐学院钢琴系副主任李嘉禄先生24年之久，胡友义先生也曾师从李先生。

这架罗杰斯钢琴很有中国元素。造型优美，琴身很高，好像长颈鹿的脖颈，又称"长颈鹿钢琴"。琴身印满花卉、山水、鸟兽等中国风元素，见证了19世纪中国风走向世界的历史，也是我们的骄傲。而且，这架钢琴虽然是三角钢琴，但是它的琴弦琴板是直立起来的，不占空间，更像是一个三角钢琴和立式钢琴的结合版。

由于三角钢琴过于占用空间，因此人们就想着把琴弦立起来，立式钢琴也因此出现，并深受钢琴爱好者喜爱。这架科勒德立式钢琴，出产于19世纪初，已使用铸铁框架，琴弦直立。它是最早成型的立式钢琴，现代立式钢琴的前身。这架钢琴最主要的特色是只有一个踏板，这是非常稀有的，一般的钢琴都有2—4个踏板。琴板上面的平板雕花是典型的欧洲特色。施密特老太太曾在二战期间历尽千辛万苦，把钢琴从英国带到澳大利亚。1988年，80多岁的施密特老太太要搬到老人公寓居住，无法带走钢琴。经修琴专家介绍，老太太像寻亲一般，通过多条渠道了解胡友义先生为人，更亲自跑到"胡氏山庄"去考察，经过半年考虑，才恋恋不舍将钢琴卖给了胡先生。搬琴的当天，老太太竟抚琴痛哭，其情其景让搬运工人和胡先生也感伤流泪。从此，胡友义先生获得了"钢琴人"的雅号，名号开始在澳洲传开。

我们再来看羽管键钢琴。羽管键钢琴，起源于15世纪末，是早期的一种钢琴形式，用羽毛管或硬皮拨子拨奏，现存量很少，每一架羽管键钢琴都极其珍贵。作为钢琴博物馆的镇馆之宝，克莱格可以说是世界上绝无仅有的一架羽管键琴，因为它是胡友义先生在1977年按照16—17世纪的羽管键琴工艺，特别请澳大利亚著名的造琴师定制的。琴身上有许多精致的花鸟鱼虫装饰，用澳洲细木纯手工镶嵌。里面的发音装置也跟钢琴不同，钢琴都是琴锤击弦发音，而羽管键琴没有琴锤，它有一根弦拨，跟古筝、竖琴一样，以拨弦发音。钢琴是击弦，而键琴是拨弦，就如琵琶或竖琴，以拨弦发音，声音比较细腻。这架钢琴有两层琴键，黑白键的排列与钢琴刚好相反。

除了上述各种常见形式的钢琴外，馆内还收藏一些奇特的钢琴。这架像手推车一样的钢琴是出自巴士克公司的手摇钢琴。它没有琴键，只有一个把手，摇一摇就可以发声，里面的曲子是事先录好的，一共10首曲子，适用于街边演唱，在现在看来它更像是一件玩具。

各位游客，请看这架自动钢琴。它既可以手弹，也可以脚踩，运用的是纺织机的原理。会弹琴的人用手弹就跟普通的钢琴一样，不会弹琴的人可以用脚踩，就可以装模作样地"弹奏乐曲"，早期不会弹琴的贵族们很爱这款钢琴。它的乐谱是一卷一卷的，根据音的高低和音值的长短在一张纸上打上大大小小的孔，一卷就是一首曲子，相当于我们现在的磁带。

这架钢琴造型奇特，是馆藏唯一一架转角钢琴，琴键大小不一，越靠近转角越小，让人不得不怀疑这架钢琴能否演奏。事实是，这架钢琴确实不能弹奏，只是一件精美的家具，显示主人既有钱又有品位。

不管您是不是懂钢琴或者懂音乐，来到"鼓浪屿钢琴博物馆"都一定会在潜移默化中受到音乐艺术的熏陶，这应该也是当初胡友义先生将自己的毕生珍藏都贡献出来的最大意义了。好了，关于钢琴博物馆的介绍就到这里。大家有30分钟的自由参观时间，30分钟后我们在出口见。

【日光岩】

有一句话叫不登日光岩，不算来厦门。现在我们来到日光岩前。日光岩俗称"岩仔山"，别名"晃岩"，又称龙头山，海拔92.7米，位于鼓浪屿的西南部，与对岸厦门的虎头山隔海相望，一龙一虎把守着厦门港，因而民间称之为"龙虎守江"。日光岩是鼓浪屿的最高峰，也是鼓浪屿的标志性建筑。

这座大门是日光岩寺的山门。日光岩寺，原名"莲花庵"。本来是一个天然的山洞，寺庙以巨石为顶，又叫"一片瓦"，始建于明正德年间（1506—1520年），明万历十四年（1586年）冬重建，已有500多年历史。两旁是大雄殿和弥陀殿，两殿对合而设，在全国是罕见的。日光岩寺敬奉佛教云门宗，历代高僧不断，在东南亚一带颇有影响。著名高僧弘一法师于1936年6月曾在这里"闭关"八个月，校阅《观音菩萨正文》一书。

大家请抬头看前面巨石上的三幅摩崖石刻。"鼓浪洞天""鹭江第一"和"天风海涛"，"鼓浪洞天"是明万历元年（1573年）丁一中写的，它是日光岩上最早的石刻，距今有430多年的历史。丁一中字少鹤，明朝隆庆元年任泉州府同知，江苏省丹阳人，"少时聪慧敏锐，文章过人"。"鹭江第一"是福建省长乐县人、清朝道光进士林鍼（同"针"）题的，距今一百多年。"天风海涛"是1915年福建巡抚使，安徽人许世英所写。这三幅石刻说的是日光岩景色优美，犹如神仙居住的洞天福地，是厦门的第一胜景。

这里最早称晃岩，为什么又称日光岩呢？原来，每天凌晨，太阳从厦门五老峰后冉冉升起，这片岩石最早沐浴在阳光下，因此得名。又有一说法，民族英雄郑成功来到鼓浪屿时（1647年），看到晃岩景色优美。胜过他的出生地日本日光山，于是把"晃"字拆开称作"日光岩"。

从日光岩寺边山径拾级而上，两边巨石壁立，像是"一线天"。大家走到这是否有一股凉爽的感觉呢？大家抬头看，左边的石壁上有两幅题刻："九夏生寒"和"鹭江龙窟"。"九夏生寒"是说即使在最炎热的夏天，这里还是寒风习习，即避暑胜地。"鹭江龙窟"（晋江人张大河题）意思是这里是一块藏龙卧虎之地。相传远古时代，鼓浪屿曾经有龙的出没，所以现在日光岩仍有"龙头山"的说法。刚才大家看到的那块刻着"晃岩"两字的石头，就是龙头。

看，这儿立着龙头山寨遗址石碑。龙头山寨遗址据说是当年郑成功屯兵的营寨。岛上坚石累累，登高可远眺，据守设炮台。昔日海岛，每遇战事，皆驻兵于岛。攻可航海出战，退可扎寨屯兵。龙头寨，即为当年屯兵作点之要塞。登山而上，劈石为路。石径两旁，多有巨石壁立。

拾级而上，这个矮小的石门，是当年郑成功在山上屯兵安寨留下的寨门，有300多年历史了。可谓是"一夫当关，万夫莫开"，许多文人墨客常来此凭吊。两侧石上凿有圆孔，是什么用处呢？猜一猜看。是当年郑成功用以架梁搭屋的洞。

大家随我来看，这块岩石上刻着一首诗"心存只手补天功，八闽屯兵今古同。当年故垒依然在，日光岩下忆英雄。"这是抗日爱国将领十九路军军长蔡廷锴于1933年所题。1932年"一·二八"事变时，蔡廷锴任第十九路军军长。当时日军进攻上海，全国人民抗日呼声日趋高涨，而蒋介石却采取不抵抗政策。蔡廷锴有感于高昂的抗日呼声，不顾蒋介石的阻挠，毅然率军奋起抵抗，给日军以沉重打击。这些正义行动，赢得了全国人民的热烈支持。1933年11月蔡廷锴和蒋光鼐、陈铭枢等人在福建省成立人民政府，反对蒋介石黑暗统治，但由于蒋介石的势力十分强大，终未能如愿。他来到这里，为郑成功的英雄事迹感慨万千，欣然写下了这首诗。"补天工"取自女娲炼石补天，意思是拯救国家危难。

这块巨石上刻的"脚力尽时山更好"是清朝道光进士大书法家何绍基（湖南人）引用苏东坡《登玲珑山》题写的，"脚力尽时山更好，莫将有限趁无穷"。唯有跋山登高、攀临极顶的人，才会对这七个字的含义有切身的体会。他在鼓励我们奋力攀登，无限风光就在前面。

我们现在往前走，抬头看，那是"古避暑洞"四个大字，清末光绪年进士、台湾四大诗人之一的施士洁先生题写的。日本侵占中国台湾以后，施士洁先生避居鼓浪屿，与淑庄花园的主人林尔嘉素有交游，常吟诗唱和，这个题刻也是当时所写的。洞里明亮、干燥、通风、清爽。我们小坐一下，休息一会儿。我给大家介绍一下"龙头山"的传说。传说古时，海龙王、龙太子游厦门岛，见这里山清水秀，风光明媚而流连忘返。从此，岛上风调雨顺，五谷丰登。百姓感激龙王的恩德，建"水仙宫"以祭祀。玉皇大帝出巡，见岛上有"水仙宫"却没有"玉皇庙"，很生气。降旨大旱三年，龙王为救民于难，违旨呼风唤雨。于是禾苗返青，岛民重归家园。玉皇大帝盛怒之下，擒龙王砍头，龙头从天庭滚落厦门的南海面，化作一座小山，这就是鼓浪屿"龙头山"。

休息好了，我们最后冲刺，上日光岩顶。只有一步之遥了，"脚力尽时山更好，无限风光在顶峰"。大家加油啊！

从古避暑洞往上，迎面一巨石上刻的是蒋鼎文题写的《日光岩铭》，大家看一下："日光岩，石磊磊，环海梯天成玉垒，上有浩浩之天风，下有泱泱之大海。"将日光岩的景色描写得淋漓尽致，入木三分。蒋鼎文是蒋介石的同乡，在解决十九路军发动的福建事变后，深得蒋介石的信赖，踌躇满志，意气风发，会挥笔写下这篇文采飞扬的铭文。

现在我们来到了日光岩顶上。日光岩海拔92.7米，是鼓浪屿最高点。无论从厦门岛、嵩屿，还是从海上甚至站在龙海市海岸边，都可以看到它的雄姿。难怪诗人郭沫若第一眼看到它，便情不自禁称道："晃岩磅礴沐天峰，屹立鹭江第一峰。"大家看，那圆顶的是八卦楼，造型像美国国会大厦，始建于1908年，1982年定为厦门博物馆是了解厦门的窗口。东南方向，一座盆景摆在大海旁，那就是我们的下个游览点——菽庄花园，福建省最著名的滨海园林。大家看，上有浩浩之天风，下有泱泱之大海，不愧是厦门的第一胜地。而晚上登临日光岩，看到的是另一番景象："十万家灯火，尽归此楼台。"鼓浪屿光芒闪烁，是名副其实的一颗璀璨的"海上明珠"。

【鼓浪屿历史文化陈列馆】

从码头一上岛，就可以看到掩映在一片绿树中的红色洋房，这就是鼓浪屿历史文化陈列馆？想知道鼓浪屿为何会被称为"历史国际社区"？想了解它是如何成为"万国建筑博览馆"的？想知道它是如何申遗成功的？想要深入了解鼓浪屿的"前世今生"？来到这里就对了。

鼓浪屿历史文化陈列馆位于鼓浪屿鹿礁路16号，是介绍鼓浪屿作为"历史国际社区"的发展历程、文化价值的综合性展馆。展馆共分为三层,第一层为鼓浪屿历史沿革、第二层为鼓浪屿之波、第三层为鼓浪屿申遗之路。

我们现在在第一层,分为"鼓浪洞天""鹭江第一""天风海涛"三个板块。重点介绍鼓浪屿三个主要历史时期的发展历程。我们首先了解到的便是1840年之前的鼓浪屿,鼓浪屿古称圆沙洲,明代起有"鼓浪洞天"之称。大航海时代,鼓浪屿进入世界的视野。郑氏集团曾据此开展东西洋的海上贸易,经过数百年的社会发展,到19世纪初,岛上形成了若干传统村落。16—17世纪的大航海时代,鼓浪屿进入了西方的视野。从那时期的航海地图中便能略窥一二。

再往前走,在"鹭江第一"板块,我们可以了解到1840—1942年的鼓浪屿。1842年,《南京条约》签订后,厦门成为中国首批对外开放的口岸之一。外国领事馆、传教士和商人等纷纷进入鼓浪屿,抢占海边风景最美、环境最幽雅的地方建造领事馆、公馆、教堂、洋行、学校、医院,鼓浪屿逐渐成了华洋共管的国际社区。现今鼓浪屿上一共保存有世界上13个国家的类型不同风格各异的建筑。同时,清末民初,军阀土匪横行,生活不宁。鼓浪屿在外国领事的控制下,变成不受中国政府管辖的公共租界,比较平静。于是,大批华侨到鼓浪屿建造别墅住宅。在20世纪二三十年代的十余年中,华侨在鼓浪屿就建造起1000多幢别墅住宅,构成鼓浪屿建筑的洋洋大观。华侨建造的这批别墅既带回侨居国的建筑技艺又融进了他们的别墅建筑,形成了独特的中西合璧的十分灵秀的建筑形体,成为厦门难得的宝贵遗产。

接着,我们来到"天风海涛"板块,1902年清政府与英、美等国签订《厦门鼓浪屿公共地界章程》。第二年成立由中、外人士组成的董事会,并设立工部局和会审公堂。到1941年12月8日,太平洋战争爆发,日军占领鼓浪屿,公共地界名存实亡。1945年,国民政府收回公共地界。

来到第二层,我们可以看到"鼓浪屿之波"板块主要展示鼓浪屿建筑园林等多方面成就,包含建筑园林、文学艺术、宗教、体育娱乐、教育、医疗、社区生活等。除了各国领事馆、洋行公馆,鼓浪屿现存的近千幢近现代建筑中,70%以上是华侨或来鼓浪屿的富商所建。馆内有大量具有代表性的建筑等比例模型可以观看,传统闽南建筑风格建筑、西方古典复兴风格建筑、西方乡村别墅风格建筑……建筑模型与实地参观相结合,让你的鼓浪屿之行更有立体感。这里还有许多展示鼓浪屿历史国际社区生活场景，华洋共处的铜塑和照片，还设置拍照互动区域让你打卡拍照，融入历史国际社区的生活中。第三层为鼓浪屿申遗保护过程及经验做法，目前暂未对游客开放。

深厚积淀的闽南文化，加上近代以来中西文明的对话交流，鼓浪屿文化从融汇走向创新，造就了历史国际社区的卓越品质，也对闽南乃至中国的社会变革起到了积极的推动作用。

【结束语】

好了，各位游客，今天的鼓浪屿之行告一段落。如今漫步小巷，聆听海浪，属于世遗琴岛的诗意无处不在，鼓浪屿诗歌会、经典诵读、民间斗诗、主题音乐会、沙滩市集等系列文化艺术活动彰显琴岛迷人的文化气息。一步一风景、一景一陶然，中西融合、海纳百川，是世界文化遗产——鼓浪屿带来的馈赠。感谢大家的聆听。

（三）厦门园林植物园

【导览线路】南门—闽台植物区—山海观景步道—西山园—多肉植物区—雨林世界—南洋杉疏林草坪—百花厅—奇趣植物区—荫生植物区

厦门园林植物园，俗称"万石植物园"，位于福建省厦门岛东南隅的万石山中，背靠五老峰、南普陀寺、厦门大学，紧邻中山路商圈。始建于1960年，总面积4.93平方千米，是鼓浪屿—万石山风景名胜区的重要组成部分，集植物景观、自然景观、人文景观于一体。

园内引种保育植物9000多种（含品种），建成棕榈植物区、多肉植物区、裸子植物区、奇趣植物区、姜目植物区、雨林世界等十几个专类园区，拥有国内目前规模最大的室外多肉植物展示区，是全国科普教育基地、中国生物多样性保护示范基地、国家棕榈植物保育中心、国家三角梅种质资源库，是一座名副其实的"绿色博物馆"。

除了植物景观、自然奇观，厦门园林植物园还荟萃人文胜景。万石涵翠、天界晓钟、太平石笑、万笏朝天等厦门"小八景""二十名景"，积淀着城市的岁月印记；园内的石刻碑林、名刹禅院和文保古迹，记述着延平文化、明清遗事，是历史长河中重要的记忆片段。

近年来，厦门园林植物园已成为集植物引种驯化、物种保存、科研科普、生态保护、旅游服务等多功能于一体的综合性植物园，还是远近闻名的中外游客打卡地，早已成为厦门旅游的一张烫金名片。相关资料显示，2023年，年接待游客达400万人次，是东南沿海和长三角地区最热门的旅游目的地之一。2024年2月厦门园林植物园景区被文化和旅游部确定为国家AAAAA级旅游景区。

【南门】

各位游客，我们现在所在的位置是南门游客中心。2022年7月植物园南门正式启用。南门游客中心的建筑风格是新闽南风格，以现代建筑材料表现闽南传统红砖古厝的神韵，庄重而不失清新。各功能分区井井有条。一块LED柔性屏包裹了室内正中的圆柱，淙淙的溪水、雀跃的飞羽，随着视频的滚动，似要绕柱而出。右侧服务区设有行李寄存、盥洗区和视听休息等分区，提供轮椅、婴儿车、雨伞等免费出借服务。这里的母婴室，以建设"多性别使用母婴室"为目标，设有三个独立隔间的哺乳区、提供各项补给和尿布台的护理区，以及可供多人、多家庭共同休憩的休息区。

植物园南门的启用打通了南门到植物园核心区的通道，使得植物园与环岛路、胡里山炮台、南普陀寺等主要景点无缝连接起来。

【闽台植物区】

出了南门游客中心，我们沿着东宅坑水库环湖步行道漫步。这里是闽台植物区，我国首个以台湾和福建特色植物为主题的专类园区。园区始建于2021年，以东宅坑水库为中心，面积约3万平方米，各类闽台地区特色植物约500种（含品种）安家于湖边、坡上、山麓。

沿湖缓坡草地的亲水平台和休闲亭廊大家可驻足赏景。彩叶春不老、杜虹花、兰屿肉桂、彩叶台湾刺楠、恒春皂荚、福建紫薇、福建山樱花等闽台特色树种随处可见。设置彩叶植物、果树、福建特色植物、台湾特色植物四个片区，表现亚热带常绿阔叶林、针阔混交林的植被类型。园林造景与原生环境完美融合，象征着闽台两地血脉相融的地缘关系。

【山海观景步道】

我们现在到了山海观景步道的起点。步道经东宅坑水库坝上步道，沿山体爬升至终点9号节点观景平台，总高差141米，主线总长约830米。眼前如一条银龙雄踞山脊的是南门观景扶梯，通过电梯和步道连通9个观景平台。乘梯而上，观山瞰海，充分显现"海岛植物园"的本色，现在已成为植物园新晋网红打卡点。观景扶梯分为起点段和终点段。这是起点段,采用台阶步道与观景自动扶梯相结合的形式,含7个节点和休憩平台,观景自动扶梯设置上下并行共6段12部扶梯,总高度96米,台阶步道与观景自动扶梯互为备用。考虑到我们团里的爷爷奶奶比较多,我们就一同乘扶梯上下。镂空设计的自动扶梯通道科技感满满,透风又遮阳。长长的扶梯就像时空隧道,随着电梯启动,风景在身边变化,让人有种时空穿梭感。

终点段由7号节点开始,通过架设桥梁和螺旋坡道,经8号瞭望台,最终到达位于万石路东段的终点9号节点观景平台。随着高度升高,我们的视野也逐渐开阔,大家可以观山看海。现在我们到了8号和9号节点间的瞭望台,大家可以在这里歇歇脚拍拍照。万石景区内茂密的绿植,鹭岛南侧的碧蓝海域上游船穿梭,美景尽收眼底。在这里吹着海风,真正实现"面向大海,春暖花开"的愿望。

【西山园】

我们现在到了西山园,被称为厦门的秘境花园。

西山园位于植物园中部,始建于2019年,面积约为20万平方米,地形起伏。中心位置为西山湖,修建于1952年,总库容约为8.4万立方米。湛蓝的湖水倒映着蓝天白云,少了游客人头攒动,多了一份雅致恬静。

园区内植被以草皮、地被、大花乔木等为主,四周有以马尾松、木麻黄、相思树为主的混交林,建有观景亭、观景平台、木栈道、一级景交车站点和服务驿站。到处都是缤纷的花草,宛如爱丽丝的仙境。花草间还有各种可爱的小动物造型,如小兔子、小松鼠、小鹿和天鹅,让人仿佛置身于童话世界。

根据不同季节,园区展出不同的花海,可以说,每次来这里,都会有新的发现。大家请看,蓝天白云下千日红和凤尾花海尽显极致浪漫,每一个画面都像打翻的调色盘。现在给大家20分钟的时间,去和花海来个亲密接触,感受这里的悠闲和浪漫。20分钟后,我们在园区门口集合。

【多肉植物区】

我们现在坐上景交车前往多肉植物区。多肉植物区是近年园区的"流量担当"。多肉植物绝大多数生长在气候干旱的地区,降雨稀少,蒸发旺盛。植物为了适应这样的生存环境,进化出了超强的水分储藏能力,以维持生命。虽然人们通常把这类植物称为沙漠植物或沙生植物，但这其实并不准确。因为沙漠里不都是多肉植物，还有其他种类的植物，而多肉植物虽然主要生长在沙漠地区，但沙漠也并不是它们的唯一生长地，森林也是多肉植物的家园。

多肉植物区面积约 4 万平方米，始建于 1999 年，建有仙人掌科植物展馆、多肉植物展馆、森林性多肉植物展馆三个室内展馆，以及一个模拟沙漠环境的室外展区。该区现收集有 50 余科近 3000 种（含品种）多肉植物，是我园最具特色的专类园区之一，也是我国多肉植物栽培与园林应用示范、科学研究和科普教育的重要基地。自 2021 年开始，展区内的三座展馆相继完成重要"换装"：仙人掌科植物展馆、多肉植物展馆进行了原址翻修，改造墙体、穹顶等硬件，升级各类配置，并进一步打造全国最大的多肉植物户外展区。

多肉植物区随地可见两三米拔地而起的仙人掌，随手一拍就是蓝天白云配绿植，是不是具有超强视觉冲击力？

眼前这片大面积的红和橙红的植物是什么呢？是的，它们都是芦荟。芦荟可不是只有绿绿胖胖的样子。这里的菊花芦荟、红珊瑚、非洲芦荟正在盛开，跟我们想象中单调的芦荟模样是不是大不一样？

这片橙红色的是菊花芦荟，百合科芦荟属多肉植物，原产于南非、赞比亚、马拉维。株高 15—30 厘米，叶片灰绿色，边缘有细刺。菊花芦荟花期长久，花开鲜艳美丽，伞形花序奇特有趣。植株株型饱满，易形成群生株，别具风格。菊花芦荟具有超强的耐旱能力，如果将它作为地被栽培植物推广，不仅能造出绚丽景色，还能起到防止土壤裸露与水土流失的作用，节水节能，是一种典型的低碳新型园林植物。

我们再来看看另一种最近开花争艳的希望峰芦荟，也称非洲芦荟。非洲芦荟原来在国内没有得到应用，是植物园在首次引入后，通过扩繁和驯化后，于 2019 年开始尝试群落式应用于展览景区，进行栽培繁殖，之后初步运用到大型的园林景观当中。跟菊花芦荟一样，非洲芦荟也在春节前后开花，花色较艳丽。

这些红彤彤像"珊瑚"一样的植物叫什么呢？是的，它们叫作"红珊瑚"。红珊瑚原产于非洲，茎上的枝条平展或再分枝，枝条顶端长出小叶。

叶互生，长圆状线形，通常只有1—2厘米长，1—2毫米宽，常生于生嫩枝上，稀疏且很快脱落，所以我们看到的红珊瑚常呈无叶状态。这样层层展开的枝条，是不是很容易让人想到海底的珊瑚树呢？需要提醒大家的是，红珊瑚隶属大戟科，这个科通常有毒，红珊瑚的汁液也是带毒的，所以大家千万不要轻易去掐它。它那漂亮的果实，也千万别想吃哦。

大家接着往前走。我们现在到达的是森林性多肉植物展馆。森林性多肉植物区一直以来主要展出的是附生型的仙人掌科、茜草科和萝藦科等多肉植物。一进正门大株沙漠玫瑰迎面而来，还没到花期的它们，捧出小而精致的花朵，用自己的方式迎接宾客。细看花朵，外围仿佛挑染成了深粉色，而到花心处，就渐变成了浅粉白。这里新移植的沙漠玫瑰有自己的"身份证"，大家可以通过定制的铭牌知道每一株沙漠玫瑰的名字，扫描二维码还能了解到更多信息。

环绕四周的植物叫猴尾柱，这是多年生的长柱状垂挂型肉质植物，刺软质，色白，如同厚厚的动物绒毛，很像猴子的尾巴，这也是它名字的由来。现在还不到花期，有点光秃秃的。但是花期一到，植物的"尾巴"上就会冒出一簇簇红色亮眼的花朵，格外娇艳。

多肉植物在生长期间，受外界多因素影响可能会发生变异，变异以后的多肉会发生不同形式的变化，也就是俗称的缀化、锦化及石化。大家请看，这是一株缀化的非洲霸王树立于树墩之上。园区内还有多处古朴、自然的树墩造景，都是植物园变废为宝，利用老化、死去的树干改造而成。大家可以自行观看，与这些特别的多肉植物合合影，拍拍照。

【雨林世界】

我们现在到了雨林世界。雨林世界面积约16万平方米，园区内有厦门旧二十四景的"紫云得路"和"高读琴洞"景点，有市级文物保护单位——建于明代的樵溪桥。

该园在保持原有自然植被的基础上，通过引种栽培具有雨林特征的植物，丰富物种多样性，形成群落层次较多的雨林植被，表现绞杀现象、老茎生花、空中花园、板根现象等雨林特征。一走进雨林世界，满眼皆是青翠欲滴。这里种植了大量的热带植被，充满生命张力的龟背叶、叶片浑圆翠绿的芭蕉叶……各色藤蔓和植物蒙络摇缀、蜿蜒繁复、老茎生花、附生攀缘，形成参差披拂、层叠错落的梦幻美感。

园内的雾森系统,将自来水雾化喷出,迷漫空间,若隐若现,营造出一种朦胧梦幻、仙气飘飘的感觉。雾气缭绕,小路蜿蜒,仿若置身仙境一般。

一缕缕阳光穿透茂密的树林,从枝叶间透过一道道光柱,"丁达尔现象"在这里发挥到极致。这个小朋友在问,什么是丁达尔现象?当一束光线透过胶体,从垂直入射光方向可以观察到胶体里出现的一条光亮的"通路",这种现象叫丁达尔现象,也叫丁达尔效应(Tyndall effect)。丁达尔现象的出现也寓意着光可被看见。各位请看,此刻光似乎有了形状,条条光亮洒落林间,凑近一看还在蒸腾着水汽,奋力吸收着大自然的精华,每一株生命都绽放出最可爱的模样。在雨林世界,每一棵树、每一片叶子仿佛都有故事,有的坚韧,有的婀娜,有的饱经沧桑,仿佛诉说着光阴的过往。

【南洋杉疏林草坪】

南洋杉草坪以秀丽挺拔的南洋杉科植物为主导,配植木棉、南方贝壳杉等高大植物,林下大面积绿地沿缓坡铺开,视野开阔舒展。邓小平同志于1984年2月视察厦门时曾莅园参观,并亲手在南洋杉草坪种下这棵大叶樟树,如今这里已成为人们缅怀一代伟人的必到之处。

【百花厅】

百花厅呈园中园格局,中心为荷花池,池面上荷花、王莲、睡莲尽展风姿。整体建筑以传统中式庭院为构架,五组展厅沿池布置,或以廊连,或以路通,皆白墙粉柱、琉璃瓦顶,错落有致。常年或节假日举办不同主题的展览活动。

百花厅内沿廊顺路可观赏到大花老鸦嘴、扁担藤、莲雾、吊瓜树、无忧树、金花茶等百余种植物。独辟一角的荫生植物区以蕨类植物为主,古藤径石,苍苔蔽石,咫尺空间,无限山水,构成一幅别具南国风光的立体画。廊隅有我国著名园林学家陈从周的"岩坞"和厦门书法名家高怀所书"榕荫遛暑"两幅行书石刻。

大家来得正是时候,这个春节假期,百花厅正在举办沙漠玫瑰植物展,汇聚了各种沙漠玫瑰。有游客在问,沙漠玫瑰是玫瑰的一个品种吗?它虽然和玫瑰听起来很相似,但却是两种完全不同的植物。沙漠玫瑰是花色如玫瑰的夹竹桃科植物,产自非洲及阿拉伯半岛的沙漠、半沙漠等干燥气候区。

【奇趣植物区】

我们现在前往奇趣植物区。位于百花厅北侧的奇趣植物区种植有约200多种特色植物,汇集了植物园63年来引种驯化的精华和成果,堪称浓缩版的植物园。

奇趣植物区的主体建筑为"暖室"和"冷室"。

暖室就是加温温室,经过特种设备加湿加温,制造出高湿高温的热带丛林小气候,为植物生长提供受控环境(温度、湿度、通风),以展示天南星科植物和食虫植物为主。

冷室则是低温温室,即在室内通过风冷、水冷等技术人工降温,制造适合喜凉爽、湿润、遮光植物生长的小环境,以展示秋海棠属植物为主。

各位游客,请跟我走入奇趣植物区的"暖室"。请看,一座座大型玻璃生态缸沿一侧摆开。首先映入眼帘的是斑斓的瓶子草。保湿保肥透气效果好的火山石为植物提供了较好的附生条件,苔藓攀缘其上,其瓶子草的叶瓶或挺立或侧卧。鲜艳的红色在绿苔黑石的映衬下似有神秘魔力,引得小虫前赴后继。色彩绚丽的瓶子草,叶瓶形态和猪笼草的笼子相似,能分泌蜜汁和消化液,受蜜汁引诱的昆虫失足掉落瓶中,瓶内的消化液便会把昆虫"吃干抹净"。

这个叫景观生态缸,是人工模拟的微景观生态系统,这里不仅有植物与植物之间的竞争与合作,还有植物与微生物之间的竞争与合作。在这里,瓶子草等食虫植物处于生物链的"顶端",它们吃剩的虫子或虫卵落入水中,而游弋的小鱼就趁机捡漏。生态缸里的流水也是经过过滤净化的,为的是创造更好的生存条件。生态缸上方则精心布置了植物生长灯,可以避免因室内阳光照射不均引起的部分植物追光问题,也进一步烘托了艺术氛围,提高生态缸的观赏性。

大家应该注意到,这里的景观生态缸是半开放式。这一设计能让大家更近距离地感受、领略食虫植物的魅力,同时也请大家共同维护这份美丽,眼看手勿动,用眼睛和镜头充分领略生态缸之美。

这座景观生态缸的主题是"浮岛",顾名思义,在飘然的"仙气"中,一座火山石岛屿漂浮其上,其下是在这片"仙境"中自由穿梭的小鱼。火山石上,"花朵"美丽绽放,气质如此柔美,叶片仿佛一朵永远盛开的花朵一样美丽，看似毫无威胁，但极具迷惑性。它叫"捕虫堇"，叶片上面布满能分泌黏液的腺体，只要小昆虫敢靠近，便会被牢牢粘住，具有黏性的消化液就能将猎物慢慢分解。

再看这座景观生态缸，山峰起伏，流雾自山峰间倾泻而下，继而在水面弥散，一座似幻亦真的微缩版"天空之城"呈现在眼前。这些疏密有致的"山峰"由虾木雕琢，设计师将一块块虾木细致打磨，既有山峰原生态错落之感，又有似钟乳石般鬼斧神工的原生形态，充分留存了自然野趣。"天空之城"里的美丽杀手是茅膏菜，它的"撒手锏"是"露珠"。茅膏菜的叶上长有许多能分泌黏液的头状腺毛，其外形就如同落在毛上的露珠，晶莹剔透，颜色鲜红，散发出诱人香味，诱使昆虫前来自投罗网。

厦门园林植物园俗称万石植物园，眼前的这座景观生态缸便是以"万石"为灵感，基底以吸水石为主，依据石头的样子顺势而为，打造出嶙峋石块上的生境，丰富又错落有致。在"万石丛林"，不同品种的食虫植物在此汇聚，为您献上食虫植物的饕餮盛宴。

走出"暖室"，穿过连廊，我们便来到奇趣园的"冷室"，又名"秋海棠馆"。这里种植的秋海棠并非我们常说的海棠花。秋海棠是一种低矮的草本植物，多分布在热带和亚热带地区，喜欢阴凉湿润的生长环境。高温、暴晒都会让秋海棠科植物的叶片灼伤或枯萎掉落，生长变缓，甚至停止生长。这间"冷室"内栽种有近百种秋海棠科植物，为了保证植物可以茁壮生长，展馆要保持低温，避免阳光直射。色彩丰富、品种多样的秋海棠令人目不暇接，不仅有近几年培育的新品种，也有国内特有的原生种。大家请看，这叫"万石星"秋海棠，以市园林植物园所在的万石山为名，因其叶缘浅裂呈星形且叶基部位有深色星状纹而得名，寓意万石山上的璀璨新星。每枝花序有5—7朵花，呈玫红色至浅粉色，具有很高的观赏价值，花期为每年5—10月。该品种是厦门市园林植物园在美国秋海棠协会进行国际登录的第一个秋海棠新品种。这边则是"星刃"秋海棠，为竹节类秋海棠，因叶片形似刀刃，叶面布满星星点点的白斑而得名。这几种均由市园林植物园种质资源研究室通过大量人工杂交实验，经过多年培育而成。

我们再来看几款颜值特别的秋海棠。这种秋海棠原产中国台湾，生长在海拔700—900米的林下荫蔽潮湿处，由于叶片边缘有浅裂，形似鸭脚蹼，因此得名水鸭脚。该种适应性极强，花朵较大，花期长，每年3—12月均有开花。再看这款泛蓝光的秋海棠，叶色黑亮，表面有毛，肉眼看上去有种天鹅绒般的质感，因此得名"黑色天鹅绒"秋海棠。由于其叶片表皮细胞中，有一类特殊的叶绿体即虹彩体，导致叶面在弱光条件下，可以呈现出迷人的宝石蓝色，这种现象被称为蓝叶现象。这也是植物经过长期演变对雨林底层和洞穴环境的适应结果。这种外形酷似毛毛虫的秋海棠是环毛秋海棠，原产于墨西哥和危地马拉，叶柄上有环状红白色长毛，形似毛毛虫，叶背沿脉也有分布类似长毛。此外，"悬浮"在空中的秋海棠花船也十分吸引人，丰富了冷室的空间立体层次感。

【荫生植物区】

在百花厅旁边还有一处秘境也不能错过。请大家跟我来。踏入荫生植物区的入口，宛如踏入蕨类版"绿野仙踪"，满眼绿意盎然。荫生植物区占地面积约847平方米，展区主要以蕨类植物为主，栽种有大型蕨类、鹿角蕨类、附生蕨类、观赏蕨类、地被蕨类等多种蕨类植物。蕨类植物素有植物界的活化石之称，演化历史可以追溯到3亿多年前的石炭纪，至今仍保持着强盛的生命力。蕨类植物枝叶青翠，姿态奇特，不开花也不结果，依靠孢子来繁殖后代。漫步在荫生植物区，就好像开启一场古老的植物探险。这里收藏了金毛狗、鸟巢蕨等60多种荫生蕨类植物，有些是园林植物园独家引种或培育的稀有品种。不同种类的蕨类，造型、特色也不尽相同。

展区在依托原有建筑结构的基础上，通过搭建荫棚，增加大面积雾森系统等，营造出适合蕨类植物生长的湿润阴凉的环境，并以附生、嵌植、地栽等多种栽植方式，打造了一个错落有致、独特微妙的蕨类植物专区。园区内每小时都会开放雾森系统，增加植物区的空间湿度，为荫生植物提供良好的生长环境。高低错落的蕨类植物在薄雾笼罩下若隐若现，组成了绿意盎然的梦幻之境。门口这堵镂空的影壁墙上，放置着各种蕨类植物，高低错落的绿影组成一扇屏风，经过大家反复认证，伴随着斑驳的阳光和弥漫的雾气，这里是出美照的好地方！待会儿大家可以上前体验一下。

这是鹿角蕨，弯弯扭扭的叶片形似鹿角，这般奇特优雅的生长姿态，被誉为"山中王子"。这是桫椤，曾是侏罗纪时期恐龙喜爱的食物之一。桫椤是能长成大树的蕨类植物，又称"树蕨"，有"蕨类植物之王"赞誉。桫椤的茎直立，中空，似笔筒，叶螺旋状排列于茎顶端，是已经发现的唯一的木本蕨类植物，极其珍贵，堪称国宝，被众多国家列为一级保护的濒危植物，所以也被称为"蕨类活化石"。植物下面都有铭牌，大家可以扫二维码了解植物的更多相关信息。大家可以慢慢观赏，享受这惬意。

【结束语】

各位游客，生物多样性是人类赖以生存和发展的物质基础，是地球生命共同体的血脉和根基，只有更丰富的花草树木、鸟兽虫鱼，才能使我们的地球家园充满生机并永续发展。但由于气候变化、环境污染、生物资源过度开发利用、土地利用改变、外来物种入侵等多方面原因，全球生物多样性正面临诸多威胁。为唤起大众对珍稀濒危植物的保护意识，厦门市园林植物园借助造景手法将驯化后的保护植物应用于雨林世界、奇趣园、荫生植物区等专类园进行展示与科普，提升公众对珍稀濒危植物的认识。希望大家把园林植物园的美景带回家，更把这份生物多样性保护意识带回家。保护生物多样性就是保护自己，就是保护我们共同的未来。感谢大家的聆听。

（四）漳州南靖土楼

线路一：田螺坑土楼群

【导览线路】游客中心—田螺坑土楼（步云楼—振昌楼—和昌楼—瑞云楼—文昌楼）—下观景台—东歪西斜裕昌楼—高山水乡塔下村（荣汀亭—雪英桥—德远堂）

【游客中心】

亲爱的各位游客，大家好，欢迎来到世界文化遗产地、国家AAAAA级旅游景区——福建南靖土楼。我是今天的导游小张，很荣幸能为大家提供导游服务。南靖县历史悠久，文化底蕴深厚。南靖县古称兰水县，置县于元至治二年（1322年），至今已有700多年的历史，1356年更名为南靖县，意为南方之静，以求和平。今天的田螺坑土楼群之旅，大概需要3小时，游览途中您有任何需求，请随时与我沟通，我将竭尽全力给大家做好服务。

从游客中心出发，我们将乘坐电瓶车到达今天的第一站——田螺坑土楼群。福建土楼于2008年7月6日在加拿大魁北克城举行的第32届世界遗产大会上被正式列入《世界遗产名录》，当时南靖、永定、华安3个县6个土楼群4座土楼联合申请，这"六群四楼"分别为永定县的初溪土楼群、洪坑土楼群、高北土楼群、衍香楼、振福楼，南靖县的田螺坑土楼群、河坑土楼群、怀远楼、和贵楼以及华安县大地土楼群。而福建土楼除了这些申报楼体，还有将近3.6万座土楼散落在福建的永定县、南靖县、华安县、平和县、漳浦县、诏安县等地。

说到土楼，有人会问，为什么土楼会出现在这里，为什么土楼建成了这个样子，为什么福建土楼能被列入世界文化遗产呢？现在我来——回答。

土楼之所以出现在这里，与历史上的汉人几次大规模南迁有关。远在一万年前，漳州地区已经有人类活动。周秦时代这里居住着闽越人，在唐代称为蛮獠，是非常强悍的民族，当地生产落后，刀耕火耨。669年，为平息当时"蛮獠啸乱"，唐王朝派陈政、陈元光率中原府兵万人入闽平乱驻扎福建南部的漳州等地，中原人民为避战乱，又一次大规模的南迁，其中很大一部分到了福建沿海的泉州、福州和北部的建州等地。南迁的汉人来到这个交通闭塞的山区安营扎寨，为了获得稳定的居所，以便长期生存下去，他们沿袭中原的夯土建筑模式，结合当地的地理环境，创造性地建造了一座座集居住、防御等功能于一体的福建土楼。土楼以历史悠久、规模宏大、造型奇异、风格独特而闻名于世，被誉为"神话般的山区建筑"，与北京的四合院、山西的窑洞、广西的干栏式建筑、云南的"一颗印"式建筑合称中国传统五大特色民居。

为什么土楼要建成这个样子呢？土楼是生土建筑与木结构建筑完美结合的典范，它结构合理、功能齐全。土楼住房，按垂直划片分配：一层为厨房，二层为贮藏室，三层以上为卧室。楼内有宽敞的天井，有的还建有楼中楼。建一座土楼一般要经过选址定位、开挖地基、打石脚、行墙、献架、出水、内外装修这七道工序，以生土为主要材料，掺上石灰、细砂、竹片、木条等，经反复揉、春压、夯筑而成。生土，是指相比较于火烧成的砖块而言。土楼夯筑用的生土，是用黄土、石灰、砂子根据一定比例混合而成的三合土，再以竹片条、木棍作筋骨。这样夯筑的土墙，铁钉都难以钉入，历经几百年仍完好无损。大的土楼外墙一般一年建一层，三四年之后建好顶屋，再封顶，装修又要用一年左右时间。因此，建一座土楼一般要花上四五年的时间。大的土楼要建上几十年，历经几代工匠的辛劳建造。所以这里的土楼绝对地保质保量，冬暖夏凉，历经几百年风雨与多次地震依然屹立不倒。多少土楼建了又废,废了又建,而土楼用的生土——对于自然环境没有造成污染和破坏。

福建土楼的遗产价值表现在这几方面:

第一,历史价值。福建土楼是在独特的历史背景和特殊的自然地理环境下创造出来的一种独特而又分布广泛、数量众多的建筑形式的杰出代表,为研究福建闽西南古代农业文明提供了历史见证。福建土楼从萌芽、发展到兴盛,都与当地的农业文明、社会环境有着密切的关系。南靖在唐代后,随着犁、耙的出现,耕织日滋,旷土渐辟,特别是随着中原汉族人口的不断迁入,原始的耕作方式得到了改变,出现了聚族而居的生存方式与生产方式,形成了许多血缘聚居的自然村和血缘团体开垦耕作,形成了高度发达、自给自足的小农社会。14世纪末开始至17世纪初(明代),随着经济、文化的发展,居民大都按中原通都大邑的建筑规制兴建土楼;17世纪中叶至20世纪上半叶(清代、民国),该地区条丝烟、茶叶等加工业蓬勃兴起,农业、手工业的不断发展,使人们建造大型土楼聚族而居,以血缘居住模式而形成的山村社会、经济、文化的生存状态更加明显,并成为普及、稳定的传统,正是具有了这种深厚强大的基础,才造就了当年方兴未艾的土楼建筑和博大精深的土楼文化。

第二,文化价值。福建土楼是一种具有广泛影响的民族文化传统在特定自然地理和社会环境中的完美展现。南靖土楼是历史大变革中南迁的中原民族与福建当地居民的融合体。土楼所在区域居民的文化习俗一方面保留了中原传统的儒家风范,另一方面又融合了当地山区民俗文化的特征。南靖土楼就是这种文化心理投射到现实生活中的一个典型产物,与土楼人家的风俗习惯、民间艺术、伦理道德、宗族观念、方言语言等构成了互为依赖的完整体系。土楼在结构与布局上充分体现了中国传统敬宗睦族、团结互助的美德。土楼多数有意味深长、对仗工整的楹联,其内容主要体现耕读为本、忠孝仁义的中国传统思想等。土楼人家岁时节庆、婚丧活动和伦理道德、宗法观念、宗教信仰、穿着饮食处处展示了古朴的民风。土楼内的学堂和楼外附设的学堂遍布每个乡村,是崇文重教最有力的实物见证。土楼人家的方言,较完整地保留了早已消逝的中古乃至上古时期汉民族的语言。据传闽南"福佬话"还是唐朝时期通用的普通话。这些都反映出土楼、土楼人家至今仍秉承着中国古代的传统文化。

第三，建筑价值。福建土楼是中国传统的生土民居建筑的杰出代表，对于世界其他地区的建筑、特别是生土建筑具有很高的借鉴作用。南靖土楼以厚重的夯土墙围合，用穿斗式木构架相对完整地依附于夯土墙并与其共同承重，构成两层以上封闭式围合型大型民居建筑，体现了生土建筑的建造技术在中国发展到了巅峰。在材料的选取上，强调就地取材、可循环使用性，采用的是当地丰富的土、木、石；在结构手法上，生土夯筑的墙体以其厚重、稳定的对外防御功能作为建筑外壳，木结构建筑则以灵活的结构形式，分割空间，创造各式形态和功能，形成建筑内景。按建筑形式，南靖土楼有圆形、方形和其他变异形土楼，以圆形居多。

第四，景观价值。福建土楼聚落是与自然生态环境有机结合的典范。南靖地处闽西南，山岳地区尤为集中。南靖土楼强调建筑空间与自然空间的融合，注重建筑形式与自然地貌的统一。在汉民族的传统观念中，住宅是自然环境的核心，而自然环境是住宅时空的无限延续，南靖土楼的外部空间，就充分体现了与人类休戚相关、命运与共的关系。这些土楼在聚落布局上，依山就势，负阴抱阳，背山面水，与大自然浑然一体，以良好的生态格局与优美的景观效果，形成土楼与山水的"最佳配置"。如稍后我们要去的田螺坑土楼群，坐落在群山叠嶂的山峦中，给人以强烈的视觉美。

第五，社会价值。福建土楼是延续文化的载体，维系台胞和侨胞的纽带。南靖土楼不仅蕴含着极其深厚的历史文明，而且成为许多台胞、侨胞寻根谒祖、文化交流的桥梁与纽带。目前，居住在台湾及海外的南靖籍台胞、侨胞有一百多万人，而他们的祖籍地大都在土楼山区。土楼及与土楼共存的宗族祠堂，以特殊形式记录一个家族随血脉流动而发生的全部历史文化，是一部无比神圣的史书，成为台胞、侨胞寻根谒祖、知根识源的标志。20世纪80年代后，许多台胞、侨胞不远千里，扶老携幼，举家重返故乡，寻根问祖。因此，南靖土楼对维系、强化南靖籍台胞、侨胞"根"的意识，增强家族观念，弘扬南靖籍台胞、侨胞爱国爱乡精神都具有不可替代的作用。

田螺坑土楼群到了，请大家一起欣赏最美的土楼群组合。

【田螺坑土楼群上观景台】

田螺坑土楼群主要由一座方楼、三座圆楼、一座椭圆楼组成，中间的方形土楼叫步云楼，三座圆形土楼分别是振昌楼、瑞云楼、和昌楼，离我们视线最远的椭圆形土楼叫作文昌楼。田螺坑土楼群因其排列紧凑，簇成一团，俗称"四菜一汤"。从另一个角度看，这个造型也很像世界遗产标志——一个方圆图案的浓缩。田螺坑土楼群的精美建筑组合，构成人文与自然巧妙之成，给人强烈的视觉观赏冲击。站在田螺坑观望四周，土楼背靠秀丽挺拔的青山；往前方远处望去，是南靖县境内最高山峰，一峰独秀。田螺坑土楼后有靠背，左右有扶手，前面有案山，营造了"天人合一"的风水人居环境。

田螺坑5座土楼的绝妙组合，堪称福建土楼组群的旷世杰作。1999年中秋佳节，著名古建筑专家罗哲文考察后，赋诗一首盛赞田螺坑土楼群：

田螺坑畔土楼家，雾散云开映彩霞。
俯视宛如花一朵，旁看神似布达拉。
或云天外飞来碟，亦说鲁班墨斗花。
似此楼形世罕有，环球建苑一奇葩。

接下来我们在观景台休息片刻，再进入土楼内部参观。（提醒最佳拍照位置和角度，休息时间，小心台阶）

【步云楼】

中间这座方形楼叫作步云楼，建于清嘉庆年间，距今已有两百多年历史，取名步云，寓意子孙后代从此发迹，读书中举，仕途步步高升青云直上。步云楼坐东北朝西南，占地1050平方米。高3层，11.93米，内通廊式，每层26间，共78间，设对开4部楼梯，1个大门，楼顶层有4个射击口，底墙厚1.15米。进入楼内，我们发现此楼前低后高，保留地势，托山而起，从门厅到后厅有三层台阶，步步高升，使我们一下子就理解命名"步云"的意义。这幢楼内无水井，因为地势太高，水井设在楼外，并且在井周围砌条水沟，供排水用。底层四角的房间开一扇窗，其余的都不开窗，比较特殊。

土楼底层为厨房，第二层作谷仓，第三层以上为卧房，为什么要这样设计呢？第二层作谷仓不仅是为了谷物上下楼挑运方便，更主要的是由于楼下的厨房一日三餐不停地烧火，空气相对干燥。厨房的烟熏烘烤极有利于第二层谷物的储藏，使谷物干燥不易生虫。

环周厨房的烟气使土楼内院在冬季更加暖和。楼内常年油烟熏烤的木结构也不易遭虫蛀。在建造数百年的土楼中我们常见黝黑的梁柱，木料表面似乎上了油漆保护层，古老的木构件历经风雨仍完好如初。

通廊式土楼中卧房都布置在第三、第四层，卧房外墙开窗，对内院回廊以木窗门隔断，很容易形成穿堂风。卧室布置在较高的楼层，干爽且通风，更加符合通风采光等卫生要求。

我们再来走近看，这里一层是土楼的厨房。土楼一层的厨房完全是"标准设计"：灶台靠外墙，便于烟囱伸出墙外或直通屋顶；朝内院一侧为门窗，餐桌临窗摆放。

窗的设计颇有特色：通常上部为直棂窗形式，很好地解决了通风和采光，窗台上是突出的碗柜，用来储存食物及食具。土楼厨房的碗柜设计也相当巧妙。

碗柜的设计别致且科学，因为它紧靠内院一侧，在冬天，柜内的温度很低，起到类似冰箱冷冻的作用。在炎热的夏天它又特别透气。碗柜在室内一侧设推拉柜门，室外一侧设"鲎页窗"，即两片直棂窗叠合推拉，它可开可闭，又可控制开启的大小，人为掌握通气量，这些都极有利于食物的储藏。这种简单巧妙的设计，充分地利用自然，毫不费能，同样又能取得理想的效果。

窗台下靠内院侧摆放多功能的矮柜。白天矮柜可作坐凳供歇息，柜面又可搁置杂物，晚上矮柜又是关鸡、鸭或兔子的笼箱，既方便又实用。

冬天山区温度低，土楼由于环周高墙的围合，晚间大门紧闭，冷风无法侵袭内部。楼内数百人聚居，兴旺的"人气"和底层厨房炉灶的烟气，使土楼内部形成温暖舒适的小气候。楼内楼外犹如两个世界，气温差特别明显。难怪现在当地居住新建"洋楼"的人，会觉得冬冷夏热有种种的不适，从而怀念土楼住居，到最冷和最热的时候又搬回土楼居住。显然"洋楼"砖墙的隔热、防寒作用，远远不如土墙，所以夯土墙的民居至今仍受青睐。

土楼住居的优点不仅表现在温度宜人，而且表现在湿度宜人。厚厚的土墙有神奇的调节室内湿度的作用。在雨季，闽西、闽南、粤东北山区的空气特别潮湿，厚厚的土墙可以吸收空气中的水分，土墙的表面绝不会像其他光滑的墙面那样返潮或产生凝结水的现象。在干燥的秋季，土墙又能自然释放水分，一定程度上调节了室内湿度。福建土楼的夯土墙具有这种"可呼吸"的奇特性能，即有毛细孔的墙体具有透气、保温、隔热的性能，所以土楼内冬暖夏凉，形成一个舒适、健康的居住环境。

田螺坑土楼群的五座土楼就参观到这里，现在留25分钟时间，大家自由活动，步行到村口。25分钟后我们在村口集中回车上，继续往下观景台参观，谢谢大家。

【下观景台】

请大家往上看：五座土楼依山而建，错落有致，与周围的环境完美和谐地融为一体。田螺坑土楼群以其独特的视觉魅力和历史价值——2001年5月被评为国家重点文物保护单位；2003年11月又被公布为中国首批历史文化名村；2006年又被评为中国最佳景观村落；直至2008年7月，被列为世界文化遗产，是福建土楼标志性建筑，也是福建省对外旅游名片之一。

不仅如此，这个画面还曾经在著名动画《大鱼海棠》片中出现过，电影里的神之围楼原型就是福建土楼，片中在洪水肆虐之时田螺坑土楼群就出镜了，画面非常唯美。

【裕昌楼】

现在我们面前的这座土楼就是裕昌楼。该楼为两环结构，五行造型，楼高五层18.2米，原为刘、罗、张、唐、范五姓分一卦，按姓氏所需房间分配，大卦12间，小卦9间，单层54间（推测大卦3，小卦2）共270间，设有5部梯道，1个大门出入，楼顶层建有一个瞭望台。

进入大门，我们可以看到裕昌楼的第一个特别之处：三楼和四楼回廊支柱朝顺时针倾斜，五楼回廊支柱又朝另一个方向倾斜，最大的倾斜角度达15°。看起来摇摇欲坠，但是经受七百年侵蚀和数次地震考验，至今依然稳固，有惊无险，因此被称作"东歪西斜楼"。

为什么梁柱会东歪西斜呢？民间流传许多传说。据说，当年建土楼的木工师傅带了一批徒弟个个手艺高超，木工师傅又揽了其他土楼的建造，在裕昌楼建到二楼时为考验众徒弟们的真实功夫，于是师傅就把裕昌楼的建造任务交给了大徒弟，大徒弟接到这"半拉子"工程，整整苦思冥想了七天七夜，为了显示他高超的技术，他利用圆形土楼内部相互挤靠的力学原理，从三层起，故意把廊柱的榫卯锯成斜角，使廊柱虽歪，但楼体仍然坚固，成为土楼一绝。当时，大徒弟找来了建造裕昌楼的五大股东，向其解释因为风水坐向的缘故，须将三层的廊柱倾斜，这样，才能人丁兴旺、事业发达。

事实上，裕昌楼廊柱东歪西斜之谜，与地震和地基沉降有关。据调查，19世纪末裕昌楼内梁柱略微倾斜，但是不明显。梁柱真正倾斜严重是在民国七年（1918年），那年农历正月初三，南靖发生大地震，持续2小时，全县房屋倒塌无数，连河里的木船都被震翻，裕昌楼在这次地震中墙体产生变形，楼内梁柱被左右晃得严重错位，但由于墙厚、支撑的大梁柱比较稳固，加上梁柱之间互相牵引，慢慢变成了现在这个样子。另外，1997年《南靖县志》中记载：(裕昌楼)楼址原为沼泽地，初建倾倒，后在地基之下垫松木重建。因此，有人推测裕昌楼的地基发生沉降，裕昌楼回廊木柱倾斜也可能与此有关。

裕昌楼的第二个特别之处就在于它的五行设计思路。裕昌楼初为刘、罗、张、唐、范五姓族人共同兴建居住，所以整座楼设计为间数不等的5卦，每卦设1部楼梯，外墙设5个瞭望台。五姓人家，五层结构，五个单元，细节设计处处体现"金、木、水、火、土"五行相生、利于居住的哲学，体现祈求五谷丰登、五福临门的美好愿望。

裕昌楼的第三个特别之处在于各单元底层厨房均有水井，井深约1米，水清净甘甜。水井为什么挖在自家房间里呢？原来这一排厨房下面刚好是地下山泉水的流经之地，泉水离地表不深，无须深挖即可见水。井就在灶台边上，水位离井口仅半米深，用一长柄勺舀水至锅内，如水缸中取水，极为便利。此井旱不枯、涝不溢，一年四季清澈甘洌，自家的井水自己保管，真有便利、安全之妙。

裕昌楼的第四个特别之处在于楼中厝。刚才参观的田螺坑土楼群，祖堂都设在正对大门的土楼一层大厅。而裕昌楼的祖堂则是在天井中心建了一座单层祖堂。裕昌楼祖堂有三个门：正门为喜门，喜事、祈神由此进出；左为生门，祈愿孩子平安有作为，由此进出；右为死门，办丧事由此进出。

裕昌楼的第五个特别之处在于楼层设计。五层圆楼本来就不多见，每层都有特定功能。一层为灶间（厨房），二层为粮仓，三层老人居住，四层年轻人居住，五层存放棺材。

尊敬的来宾，裕昌楼的介绍就到这里。大家可以自由参观20分钟，稍后我们门外集合（提醒购物注意事项、拍照最佳地点，土楼内严禁抽烟，不能上楼等）。

【去塔下的土楼环保车上】

告别裕昌楼，我们将踏上田螺坑土楼景区的第三个景点——高山水乡塔下村。

我们即将到达的地方，是一个如诗、如画、如梦的村落。在那里既有青山环抱，又有小桥流水，既有古朴的土楼民居，又有厚重的历史文化。塔下村是我国首批 15 个景观村落之一，中国传统村落、中国历史文化名村、福建著名侨乡。因为建在海拔约 700 米的山上，被誉为"高山水乡"，又有"长寿乡""太极水乡"的美誉。头顶光环如此多，塔下村到底为什么如此优秀呢？在到达之前我们先了解塔下村的历史。

塔下村的历史可以追溯到元末明初，是张氏族人开辟的客家村寨。其实塔下村并无塔，怎么叫"塔下"村呢？相传，明朝初年，塔下的开基祖华一娘和儿子小一郎，在离这儿不远的马山开荒种地，相依为命。一天晚上家里来了一位投宿的风水先生。主人家虽然贫寒，拿不出好酒好菜来，还是把家里仅有的一只正下蛋的母鸡杀了款待客人。风水先生看到主人这么热情待客，就告诉主人家说："山高水冷，龙脉不正，不是久留之地，应该从这里踏下一步到山下去开基才是。"客家话中的"踏下"与"塔下"是谐音，为雅训，以"塔下"代替"踏下"。这就是塔下村名的由来。张家在塔下开基业，果然应了风水先生的话，人丁兴旺，家道发达。为了纪念这位风水先生，在塔下张氏宗祠德远堂内，至今还供奉着"宗师仙神禄位"。

【荣汀亭】

塔下村是福建省著名的侨乡。塔下村古时候山高田少，随着人口增多，很多百姓被迫向外谋生。最先用甲板南渡的第十五代新瑞公冒险出洋，到后来华侨遍布东南亚的印度尼西亚、泰国、缅甸、菲律宾、新加坡等地。这些旅居国外的张氏族人在异乡白手起家，艰苦奋斗，赚了钱就回乡建土楼、办学堂、建水电站、铺桥修路、开山种植。塔下村能有今天的繁荣和谐，当年爱国爱乡的华侨功不可没。

塔下村现在有很多建筑都是当年华侨捐建的，而我们右手边桥中央的六角亭，叫荣汀亭，则是由当地村民自发为一位叫张荣汀的华侨捐建的。张荣汀是塔下村众多海外打拼开拓事业后，回国支持家乡建设的爱国爱乡华侨之一。张荣汀在新加坡创办"丰台茶庄"，是南靖县在南洋开茶叶店的第一人。

事业成功后，他在家乡捐资办学，是曲江中学创建者；修桥铺路，修建了钢筋水泥桥使乡亲们过溪更安全。他还帮助家乡人民开辟茶山，发展种茶、制茶事业，堪称南靖茶叶生产的奠基人。1960年国家受灾，土楼山区情况更加严重，荣汀知道家乡情况后，联系华侨合资救灾，从海外运送面粉、油、白糖等货物近10万斤。塔下村村民因此得以活命，人人称他为"救命恩人"。当地人为了感谢他的义举，修建了这座"荣汀亭"。

【雪英桥】

塔下人才辈出，发达不忘父母乡亲。眼前这座高大的石拱桥，叫雪英桥，就是海外华侨奉母亲意愿，事业有成后回塔下捐修的，取母亲的名字"雪英"作桥名。这座石拱桥，原本桥面平直，两侧为对称的半圆形石拱，建桥的时候只考虑到行人和牛车通过就行。后来随着社会发展，不断有汽车货车需要通过，拱门高度不够，只好将一侧圆拱挑高，改建成现在的样子。不对称的圆拱，造型优美奇特，体量大，视野好，是全村的中心所在。

【德远堂】

对于中国人来说，每个姓氏的宗祠就是他们的一个精神家园。德远堂是塔下村张氏的家庙，在海内外所有塔下人的心灵深处，它更是一个不可缺少的精神家园。德远堂建于明末清初，已有400多年历史，是目前中国现存最完整的古代姓氏祠堂建筑之一。1996年被列入省级文物保护单位，2006年又被列为全国重点文物保护单位。

德远堂坐北朝南，面对俊秀山峰、村庄溪流，祠后又是青山林木，郁郁葱葱，主体建筑占地4000平方米，加上祠后风水林和堂前池塘、石旗杆，合约6万多平方米。对张氏族人来说，到德远堂必先祭拜，而其他来到德远堂的游人，眼光却总是先被祠堂前的石旗杆所吸引。

登上台阶，映入眼帘的是高近10米，直插天空的一条条石柱。这些石柱叫"石龙旗杆"，石旗杆也称石龙旗，本地话叫石笔，这种直冲云霄的类似华表的石制旗杆，是客家文化以及闽南文化的特色建筑，它既是一种功成名就、光宗耀祖的象征，也是激励后人、团结族人的标志。10米多高的石旗杆分台座、夹杆石、杆身三部分，台座有四方形、六角形两种，为简易须弥式石座，束腰处呈竹节状，四面剔刻花纹图案，有杂宝纹、香草纹、螭虎纹、花鸟瓜叶纹等，夹杆石为如意云头状，旗杆则分成三段，各段以石斛或莲花或瓜形石构分隔，下部铭刻姓名、世次、功名、年代科次、官衔品位爵位、年代等文字，中部浮雕蟠龙纹，杆尖或为笔锋状，或镌刻坐狮。

德远堂的石龙旗杆一共24支，是全国村级家庙中"石龙旗杆"最多的一座。不管是张氏族人还是一般游客，走进这威武壮观的石旗杆林里，心里不由生起一种庄严肃穆的感觉，它不仅彰显了塔下张氏家族数百年风流，也是闽西南人民文明教化、诗书传家的明证。

在福建土楼，一杆杆的石龙旗，同现在的人物辞典一样，是记录，是表扬，是榜样，也是无声的号召，不仅影响那代人，甚至影响以后几代人。所以，对前人遗留下来的好的精神传统、措施、机制，我们要学习和借鉴。只有继往开来，重视教育，重视人才的优良传统才能代代相传。

接下来，我们一起走进德远堂。德远堂的主堂为二进悬山顶建筑，两侧带厢房，西南角入口处建门楼。俗话说："千金门楼四两屋。"我们现在在门楼前，看到用嵌瓷手法，拼贴成"张氏宗祠"四个大字。门牌上也是嵌瓷，为二龙戏珠。因为闽南地区多暴雨日晒，彩绘图案不易保留，故多用嵌瓷手法。在台湾地区，也有许多庙宇宗祠采用同样手法。进了门楼后，我们向后看，门楼后有四个字"衍派西来"。有人会问：塔下张氏从中原来的，应是"北"，怎么变为"西"呢？这要打开塔下张氏族谱，一下子就清楚了。先民从中原来，先到宁化石壁，再到长汀。长汀到南靖，当然是"西"了。"衍派西来"，表明张氏家族迁徙来龙去脉，宗派分明。主堂前为前院和照壁。木制大门彩绘门神，屋面覆板瓦，屋脊堆砌花鸟纹剪瓷雕脊饰，富丽堂皇。

继续往前走，前方大殿横梁上镌刻着朱熹的警世名言，由塔下进士张金拔书写：

子孙虽愚，经书不可不读；祖宗虽远，祭祀不可不诚。

大厅两旁的楹联只有两副。一副是："德乃祖，功乃宗，行其庭必恭敬止；远而孙，近而子，人是室惟孝友于"。此联乃邻村张氏十五世孙张金拔进士手书。意思是说，张氏能有今天，都是祖宗的功德，子孙来到这里，都必须善孝父母，善友兄弟，诚心跪拜，不得亵渎祖宗神灵。

另一副是清太守张翱所作，上下联共78字，嵌入"一至十百千万亿"数列，含16个典故，可见作者知识之渊博。

正中悬挂着一块匾额，上书"德远堂"三个镏金大字，出自德远堂第十五代孙、清朝丙戌进士张金拔手书。德远堂左侧，悬挂着"祖德流芳""源远流长""载福凝瑞"等牌匾；德远堂右侧，张挂着许多照片，记载着历史上许多对家乡作出卓越贡献的华侨事迹，如张荣汀先生、张庆重先生、张建禄先生等。

线路二：云水谣

【导览线路】璞山验票处—和贵楼—古榕树群—怀远楼

云水谣景区坐落在南靖县书洋镇的璞山、官洋、坎下3个自然村。这3个自然村自古统称"长教"。长教四面环山，一条河流从3个村庄流过，是闽南语系与客家语系交融之地。长教以前是个杂姓地。现有总面积近6平方千米，总人口5600多人，主要是简氏家族和王氏家族的居住地。据《长教简氏族谱》记载，长教简氏开基祖为元至正年间的简德润，简氏族人从第四世（明宣德年间）至十六世陆续开始向外迁移，到缅甸、新加坡、印度尼西亚、泰国及中国台湾、中国香港等地谋生。现祖籍长教的台湾人就有23万人之多，近年来每年都有100多名台湾人不远千里，回古村落寻根谒祖。

【和贵楼】

各位来宾，大家好，现在我们来到了和贵楼。

和贵楼是福建众多土楼中唯一一座建在沼泽地上的土楼，也是土楼王国中最高的一座方形土楼了。它建于清朝雍正十年（1732年），距今已有290多年的历史了。楼的建造者简次屏依靠悬浮原理，利用200多根松木打桩、铺垫，在3000平方米的沼泽地上建起了高楼，整座楼宛若陆地上的"诺亚方舟"。土楼墙体高厚比达13∶1。2001年6月被国务院批准为全国重点文物保护单位，2008年7月作为"福建土楼"的重要组成部分，列入《世界遗产名录》。

现在请大家随我一同走进和贵楼。

大家看大门的对联：

和亲既康禄
贵子共贤孙

这个意义深刻的藏头嵌字联，体现了土楼人民坚持以和为贵、团结宗亲、积极向上的家族文化。构成了简氏传统族训的核心，形成土楼内部独特的文化氛围，体现了先民重教兴学、耕读持家的精神风尚和对幸福安康生活的美好愿望。

和贵楼只有一个大门出入，大门的两扇门板都是用可耐火的"咬冬木"制成，厚达10多厘米，在门的上方，也就是在二层之处，设有三个灌水道，若遇盗匪用火攻门，可从灌水道往下灌水，把火淋灭。加上底层对外不开窗，二层只开一条不足20厘米的通风小缝，三至五层窗洞也是内大外小，所以，只要把大门关闭起来并上了闩就可以安枕无忧了。这体现了和贵楼强大的防御系统。

现在我们来到了楼内的天井，这块"进士"牌匾，是为道光年间进士、工部屯田司主事简逢泰所立的。工部屯田司主管天下农垦，相当于现在的农业农村部。简逢泰就是楼的建造者简次屏的孙子。

继续往前走，我们来到了这座"三间一堂式"的学堂。过去，楼里的孩子就在这里读书。站在这里我们仿佛听到了小孩琅琅的读书声，正是从这里走出了多少简氏家族学子。简逢泰小的时候也就是在这里读书。

现在我们来到了学堂天井。人如果在天井里用力一跳，整个地面都会晃动，若用一根长长的铁线，可随意从天井的卵石缝向地里穿插3—4米深，可见地质之柔软。

原来，这是块方圆3000平方米的沼泽地，到处都是稀烂的泥土。既然是烂泥地，又为什么要在这里建如此高大的土楼呢？据说，长教简氏第十三世简次屏是个读书人，看到这个地形像肚腰兜，就去请教地理先生，地理先生察看后说："此乃风水宝地也。"简次屏一听，连举人都不考了，决心在此建立基业，于1732年破土兴建这座土楼。

但是要在沼泽地上建土楼谈何容易！楼刚建一层就像沉船一样，慢慢下沉到烂泥地里。当时许多人都以为简次屏疯了，偏偏要在烂泥地上建楼。但他下定决心痴心不改，请来上百个帮工上山砍松木打桩。

俗话说："风吹千年杉，水浸万年松"，松木在水里浸泡万年不烂。简次屏用许多松木，在下沉的楼墙上打排桩。外墙用卵石砌一米多高的墙脚，底层夯土墙厚1.34米，往上逐层收缩10厘米。楼夯筑到4层后停工一年，简次屏看楼基稳固，才再建第5层。

这座土楼"沼泽浮楼"历时3年才建成，耗资1.5万两银子。工程之浩大、设计之周密、结构之严谨，充分展示了能工巧匠的艰辛和先人的聪明才智。

大家想想，在沼泽地上建如此高大的土楼一定是"世界之最"吧！

和贵楼还有一奇，那就是楼中的两口水井。（走出学堂到左边水井）大家仔细观察，这两口井的水位均超过地平线，而且两口水井相距只有十几米，但水质却截然不同。我们看到的这口水井，井水清亮如镜，水质甘甜可饮用，而右边的那口井水却是浑浊不清，只能供洗涮。据福建地质研究院专家解释，这两口井的水源都是来自古河道的地下，只是古人在建造清水井时，选择了密封性好而且完整的花岗岩做井壁，有效地防止了沼泽淤泥水进入井中，保证了清洁的水质。而浊水井的井壁是用鹅卵石简单堆砌而成，大量的沼泽与泥水从鹅卵石的缝隙里进入了水井，导致井水浑浊不清。

当我们在惊叹阴阳井的奇妙之时，不免感叹先人的勤劳智慧，正是由于他们创造性的劳动，巧妙地利用自然，才造就了今天和贵楼的种种神奇。

现在我们来到了和贵楼的前院，也叫护厝，深11米。厝，是闽南人所居住的大屋，也叫闽南大厝。护厝是按中轴对称、建在大厝两边的厢房。

在我们这个地方，有句谚语叫着："厝包楼，儿孙贤；楼包厝，儿孙富。"这个护厝就叫"厝包楼"，而刚才我们在楼里看到的学堂叫"楼包厝"。这种"厝包楼、楼包厝"的奇特建构，是闽西客家民系文化和闽南福佬民系文化的结合。

好了，和贵楼就介绍到这里。接着我们前往情人桥。

【古榕树群】

我们接着往前走。溪边13棵百年古榕，形态各异，如伞如盖，曲折伸张，枝繁叶茂。一个村落有10多棵老榕，在全国都是不多见的。旧圩尾吊脚楼旁的两棵老榕，都有四五百年历史，其地面树茎要10多个人手拉手才能合拢，其中一棵树冠覆盖面积1900多平方米，树丫长达30多米。

【怀远楼】

各位来宾，大家好！现在我们来到了怀远楼参观游览。

怀远楼建于1905—1909年，是旅居缅甸的简氏十六世孙简新喜兄弟献资所建，它是福建土楼中保存完好、文化内涵丰富的一座双环圆土楼，采用成熟的"倾壁造"技术建造鼓形土楼，是土楼营造技艺的典范。楼内楹联诗对、雕梁画栋诠释了"忠孝为本、耕读传家"的思想，是民居建筑风格与中国儒家文化完美结合的杰出典范，是中国近代重要历史事件的实物见证。怀远楼浓烈的文化氛围充分体现了土楼人家崇礼重教的文化心态，凸显了中国古代儒家思想，展现了土楼文化的杰出品位。

2006年被列为全国重点文物保护单位，2008年被列入《世界遗产名录》。

我们先来观察一下它的外观，怀远楼的楼基是用大型鹅卵石和三合土垒筑，达3米多高，因为夯土配方独特，夯筑技艺高超，至今外墙表面光滑无剥落。站在楼外墙边把脸贴着墙向上看，能看到楼基下围小，中间大，上层又逐渐缩小，好像橄榄状。这就是中国古代房屋常常使用的一种营造技术"倾壁造"。它将一个直壁体，不做成直的，而做成向外倾斜的壁面，使呆板的建筑有所变化。但是倾壁的倾斜角度是有一定限度的，一般为15°—20°，不然墙壁会发生倒塌。这样的做法给人一种体形的变化，一种新的感觉，看起来也很舒服。

这种做法从汉代开始至今已有2000多年的历史，在中国古代各个时期的建筑上常常出现。怀远楼应用"倾壁造"，既表现出时代性，又体现了中华民族的建筑特色，达到二者的完美结合。

怀远楼选址科学，布局巧妙，建造精美，近百年来曾几次遭遇天灾、人祸的考验。1981年9月22日南靖县发生特大洪水，县城全部被淹没，全县损失惨重，长教也一片汪洋，大水几天不退，许多楼房倒塌，而怀远楼却丝毫未损，堪称土楼建造的典范。

怀远楼高4层13.5米，直径42米，单层34开间，4部楼梯均匀分布，可通向各层楼，而各层均为敞回廊。

怀远楼有几个非常显著的特点：

一是它的防卫设施周到齐全。怀远楼的二层用竹筒做3个灌水道直通大门。如果土楼人家遇到外来侵犯，用火烧门时，可以从这里向下灌水，把门板淋湿，将火淋灭，达到防火目的。

二是门板上钉有铁皮，大门一关，枪弹打不进。至今大门还留有3个弹孔痕迹。大门上有一副门圈，门圈下凸出一铁。门圈既当拉手用，又可敲击铁块，发出响声，作为报警。

三是它的排水系统是众多土楼中设计最讲究的。从楼中到门共设计了3个水道，每个水道安放三口水缸，楼内污水中泥沙可以沉在水缸里，以便清理。这座楼一百多年来没发生过污水淤积，还有一个重要的原因，就是土楼聪明的祖先在下水中放养了几只乌龟，乌龟在排水道中爬行可以清除水沟的淤堵和阻塞，以保持排水道的畅通。

【结束语】

各位来宾，南靖土楼的讲解就到此。我们经过的土楼，处处洋溢着土楼人家的温馨团结和家族理念，在这里一人有喜，全楼相庆，一家有难，合楼帮扶，可谓同休戚，共命运。让我们一起走进土楼，吃点糍粑、喝糯米酒、听客家山歌，感受土楼人家祖祖辈辈流传下来的悠久历史文化。谢谢大家。

（五）泉州清源山

【导游线路】景区山门—老君岩—千手岩—弘一大师舍利塔—弥陀岩—碧霄岩—瑞像岩—天湖—清源洞

各位游客，大家好！欢迎来到宋元中国的世界海洋商贸中心——泉州。我是导游小高，今天我们要参观游览的是泉州的清源山。

清源山是国家级风景名胜区，国家AAAAA级旅游景区。它是由清源山、九日山、灵山圣墓三大片区组成，总面积62平方千米。主峰海拔498米，与泉州市山城相依，相互辉映。据泉州府志记载，清源山最早开发于秦代，唐代"儒、道、释"三家竞相占地经营，兼有伊斯兰教、摩尼教、印度教的活动踪迹，逐步发展为多种宗教兼容并蓄的文化名山。

自古以来，清源山就以36洞天，18胜景而闻名于世，今天我们游览的线路就是老君岩、千手岩、弘一大师舍利塔、弥陀岩、碧霄岩、瑞像岩、天湖、清源洞。

【景区山门】

现在我们来到了清源山的景区山门。它位于泉山路末端，距城区只有2千米。1993年5月动工，历时一年，于1994年6月竣工。山门为牌坊形式，高12.6米，宽21米。面阔三间，人车分流。主立面似"画卷横展"，寓意山川美景尽在画卷之中。山门正面匾"清源山"、背面匾"闽海毓秀"，分别由全国政协副主席方毅、全国人大常委会副委员长卢嘉锡所书。山门为钢筋混凝土框架结构，分别饰以辉绿岩、花岗岩板材。山门顶端有4个云纹望柱头，正中顶部嵌有菱形"蓝宝石"灯饰，象征清源山为古城明珠、中国名山。整座建筑物线条流畅，气势宏伟。

【老君岩】

现在我们来到了老君岩的山门，请大家注意，眼前这曲尺状的上下两级平台，是阴阳太极八卦的变形图案，正前面的这块石头上镌刻着"青牛西去，紫气东来"8个篆字，你们看这盘根错节的石构山门，充满了山野气息，把老子"崇尚自然"的思想烘托得淋漓尽致，使人有进入物外仙境的感觉。

我们沿着这条幽静的林荫石径往前走，两旁的榕树气派非凡，那一丛丛又密又长的树根，犹如老子的长髯，充满无限的生机。

各位游客，现在展现在我们面前的这尊石雕，就是有"老子天下第一"美誉的老君造像。老君造像被列为全国重点文物保护单位，是我国道教石刻中独一无二的艺术瑰宝。它建于宋代，历经千年风雨沧桑，依然栩栩如生，神采奕奕。老君岩的诞生，与宋元时期泉州的海外交通之鼎盛息息相关。在海洋贸易的推动下，宋元时期的泉州民康物阜，使其成为宗教文化的沃土。民间有充足的财力建造巧夺天工的老君岩与恢宏雄厚的道观。

老君石雕坐像高5.63米，厚6.85米，宽8.01米，席地面积55平方米。由于它是我国现存最大、雕刻技艺最绝、年代最久的道教石雕造像，所以我们称它为"老子天下第一"，也是名副其实。

在民间，这尊老子石像还是健康长寿的象征。泉州有句方言："摸到鼻，吃百二；摸到目，吃百六。"意思是说，谁能摸到老君的鼻子，可以活上一百二，摸到眼睛呢，可以活上一百六。其实清源山空气清新，又有山野之趣，常到此地，身心得益，不必摸到什么鼻子眼睛，便可延年益寿。

【千手岩】

现在大家看到的这座古朴自然的古寺即为千手岩。千手岩又名观音寺，因为供奉观音而得名。千手岩处在清源山的左峰，整座寺宇红墙素瓦，显得格外清新。寺中晨钟暮鼓，香火不绝。明代进士何乔远有诗曰："地清真净土，相妙证无生。"1994年，泉州市政府拨款，翻修了古寺。

请大家随我进入参观。大殿正中靠后供奉的是宋代石雕佛教创始人释迦牟尼坐像，石像工艺精湛，惟妙惟肖，是清源山宋代石雕艺术佳作之一。石像前的千手千眼观音慈眉善目，神态极佳。两旁壁上的十八罗汉画像，神态各异，有呼之欲出之感。

值得一提的是寺前这株已有300多年历史的古松，不知大家是否看出了它的特别之处？据说当年千手观音路过泉州时，深感清源山是个好地方，便在半山腰住下来。但那老松树原非善类，是百年树精。天一黑，就在清源山周围作祟，残害生灵。这松树精得知千手观音的来历后，就想较量一番。"哼，你千手千眼有什么了不起啊，我偏不让你看见人间美景。"于是，它便挺直树干，长出许多绿叶，严严实实地遮住了千手岩寺庙的正门，以挡住千手千眼观音的视线，不让她看见这号称"佛国"的泉州城。这件事被天上的雷神知道后，大发雷霆，只见雷鸣电闪，霹雳一声，便把松树劈成两叉。霎时，千手观音眼界顿开。但她天性善良慈悲，忙举起拂尘一挥，松树才没有被劈成两半，活了下来。"松树精"被雷神制伏后终于老实了。大家请注意看，它树干东西分成两叉，正对寺庙大门，却又不遮佛眼，与寺庙形成一个很美的夹角，令人称奇。古松苍劲挺拔，虬曲盘旋，像一位慈悲为怀的老者，张开双臂，迎接四方宾客。

【弘一大师舍利塔】

请大家沿着古道拾级而上。我们来到了弘一法师舍利塔。

弘一大师（1880—1942年）姓李，名文涛，字叔同，浙江平湖人，他一生精通诗词、戏剧、音乐、书法、美术、篆刻，并重兴佛教南山律宗，是我国近代杰出的艺术大师、爱国教育家、一代高僧。

中年时，李叔同面对国事日非，内忧外患，又痛感人生之无常，终于在1918年8月19日到杭州虎跑定慧寺剃度出家，法名演音，号弘一。

出家后，精心研究南山律宗，被尊为重兴南山律宗第十一代宗师。日寇压境时，他手写"念佛不忘救国"，成为爱佛不忘救国的典范。弘一大师晚年有14年在闽南一带弘法、讲律，1942年圆寂于泉州温陵养老院，享年63岁。

弘一法师的火化仪式是在承天寺举行的。这天，承天寺过化窑围着一层又一层顶礼膜拜的僧尼和善男信女，诵经之声此起彼伏。过化窑燃起了闪亮的火光，大火熊熊地燃烧。拾灵骸时，当场拾到舍利子数颗，其余碎骨炭灰等均由其弟子包起收藏。舍利子分成两份，一半送往弘一法师出家的地方杭州虎跑定慧寺，一半安放在清源山。

弘一法师生前数度游览清源山，对这座人文荟萃的千年名山特别留恋。1952年，为纪念弘一法师圆寂10周年，他的弟子们在清源山为他建造了这座舍利塔，塔内安放着大师的舍利子。

大家请看，石塔建筑材料取材于驰名的泉州白花岗岩，经过精雕细琢，使整座石塔具有闽南地方仿木石构的建筑特色，塔内顶部为蜘蛛结网的藻井仿木斗拱结构，层层叠起，以增大塔内的空间效果；正面壁上，镶嵌的辉绿岩雕刻"弘一法师遗像"，系丰子恺先生悲切时所作的"泪墨画"。传说火化那天，弘一法师的得意门生丰子恺，在贵州遵义寓所突然觉得心跳加速，眼皮直跳，心中疑惑。果然，第二天早晨接到电报，得悉大师圆寂的消息。他悲痛万分，决定为法师画像100幅，以寄托哀思，并分寄全国各地敬仰法师的人，勒石立碑，永久纪念。于是振作精神，庄严作画。当他研墨的时候，止不住的眼泪滴落在砚池里，就这样边哭边和着泪水细细磨墨，深深追忆，慢慢构思，然后举笔蘸着泪墨，为法师画了一幅线条简洁，形神兼备，栩栩如生的肖像，被誉为罕见的"泪墨画"。

由于弘一大师在美术、金石、书法、音乐、佛学等方面的高深造诣，因此与太虚、印光并称为近代三大高僧。他流传在泉州的墨宝甚多，舍利塔前的《悲欣交集》系其生前最后遗墨。

弘一大师舍利塔左侧摩崖上有中国佛教协会会长赵朴初"千古江山留胜迹，一林风月伴高僧"的石刻。整座石塔与周围空间、摩崖石刻、环境绿化浑然一体，更显得庄严、肃穆，使前来瞻仰的人们倍生怀念之情。1991年3月公布为福建省重点文物保护单位。在弘一法师舍利塔的右侧为曾任新加坡佛教总会主席广洽、广净法师舍利塔。

【弥陀岩】

现在我们来到了弥陀岩山门，门柱镌有明代书法家张瑞图撰写的一副楹联："每庆安澜堪纵目，时观膏宙可停骖。"可见这里是登高望远、把酒临风的好去处。原来的弥陀岩寺被毁。1997年市政府拨款重修，又蒙信徒热心捐助，于当年12月动工，建有大殿、五观堂等，1998年11月竣工。大殿为单檐歇山式建筑。殿内供奉阿弥陀佛和观音、势至菩萨，为脱胎饰金佛像。

我们继续往前走，出山门，这里流泉飞瀑、古树名木、庙宇石刻等自然景观和人文景观融为一体，巧夺天工。我们先来看这一景"泉窟观瀑"。瞧，清澈的泉水从50多米高的陡壁上泻落，在青石上飞珠溅玉，把人间的凡尘俗念荡涤殆尽。历代文人骚客至此，留下了满目的摩崖石刻，如"洗心""清如许""流膏"等身刻。明蒋德璟有诗曰:"虹雨千层吹不断,琉璃万斛涌还多。"弥岩有摩崖石刻380多处,早自宋代,下迄明清,长者千余字,穿者仅一个字,真、草、隶、篆、行俱全,多为名家之手,有很高的艺术价值。

瀑布旁边这一株由古榕和重阳木合抱成一体、造型奇特的骨生树,如情深意笃的"天侣",故美其名曰"天侣呈瑞"。仅隔一步之遥的这棵浓荫如盖的大树,相传是300多年前施琅将军的部将从台湾带回故乡栽种的洋蒲桃,俗称莲雾。每当收获季节,树上绿里透红,果实累累。果子形若斗笠,顶部尖,底部宽,吃起来清凉可口,别有风味。

再往上,过云台,穿一线天,便到了高筑云台之上的弥陀器石室。它始建于元至正二十四年(1364年),仿木结构,为第一批省级文物保护单位。石壁岩面阿弥陀佛浮雕,高5米,宽2米,宛如天成,面容丰满,头结螺髻,足踏莲花,端庄慈祥。他要接引众生前往极乐世界去,所以善男信女顶礼膜拜。看了这一切,大家也许要感叹了:道与佛,两种境界,却同处一山相安无事,此中道理不值得深思吗?

石室右侧有一方石碑《元代重修记事石碑》,记载了弥陀岩石室石刻的重修过程。最有价值的是,全碑193个字,竟有52个简化字在碑文中出现,这是汉字简化史上不可多得的重要史料。寺前平台叫一啸台,台的左右各有3.5米高的5级实心佛塔一座,我们可以站在一啸台极目远眺,晋水横流,双塔凌空,丹舍碧野,景色妖娆使人心旷神怡。

【碧霄岩】

泉州有宗教博物馆的美誉,这在清源山体现得更为突出。前面我们参观了老君岩、千手岩、弥陀岩,现在让我们一起登上碧霄岩,去领略碧霄岩三世佛的风采吧。碧霄岩分为上、下碧霄。从入口处仰视,碧空如线,又称"小有天",洞旁的岩壁上刻有"透碧霄"三字。由洞口顺梯而下,便进入下碧霄。这里有元代藏传佛教三世佛石雕造像,为元代泉州路监临官达鲁花赤阿沙于至元二十九年(1292年)登临清源山,被清源山的雄奇所震撼而命人雕刻。1985年10月公布为福建省重点文物保护单位。

"三世佛"并排结跏趺坐于仰覆莲花座上,主像通高约2.5米,左右二像稍低。佛像保存完好:面相上宽下窄,双耳垂肩,肩宽腰细,均着袒右肩袈，并以袈裟一角搭于左肩上。衣纹用凸雕线条表示，虽历经沧桑而线条依然明显。石像均有圆形头光及身光。中尊为现在佛（释迦牟尼佛），主管中央婆娑世界，其造像作触地印之降魔相。左尊为过去佛（药师佛），主管东方净琉璃世界，亦作触地印之降魔相，但左掌上托钵；右尊为未来佛（阿弥陀佛），主管西方极乐世界，作施定印之禅定相，即双手交叠置于腹部。险要的地势、精湛的技术和迥异的形状，无不让参观者啧啧称奇。

"三世佛"是13世纪以来藏传佛教（俗称喇嘛教）佛堂中所供奉的主要佛像。《元代画塑记》上记载，元大都的藏式寺院中，"三世佛"皆供于"正殿"，是当时元朝信奉的主神。距离三世佛石刻向南20米处有一方石刻记载了"三世佛"刻于1292年，距今已有700多年的历史。"三世佛"造像左侧的元代造像记事石刻碑文中记载元代至正二十七年（1367年）十月，岩僧志聪题刻于摩崖记文云："透碧霄北山第一胜概。至元壬辰二十九年间，灵武唐吾氏广威将军阿沙公来临泉郡，登兹岩而奇之，刻石为三世佛像，饰以金碧，构殿崇奉，以为焚修祝圣之所……厥后，岁远时艰，弗克葺治。至正丁未二十七年秋，福建、江西等处行中书省参知政事般若贴穆尔公，分治东广道，出泉南，追忆先伯监郡公遗迹，慨然兴修，再新堂构。山川增辉，岩壑改观。"至20世纪60年代由于年久失修，殿堂塌毁于暴风雨中，石雕造像暴露于崖壁。1988年12月，泉州市政府拨出专款实施"三世佛"石雕造像的保护工程，在临崖坡地的原址兴建，于1991年8月竣工。一、二层为封闭式屋宇，三层为敞开式阁楼，平面呈"品"字形布局，具有泉州古建筑特色。从崖下仰望，整座建筑物古朴典雅，气势雄伟，蔚为壮观。

1997年11月，在泉州召开的"清源山碧霄岩'三世佛'石刻造像学术研讨会"上，与会的国家文物局专家组、中央民族大学、龙门石窟研究所及泉州与会的专家、学者认为泉州市清源山三世佛石雕造像是我国目前已发现的年代最早、保存最完整、位于最东南的藏传佛教三世佛（石刻）造像，对研究藏传佛教东传、促进汉藏文化交流及西夏人在元代活动有重要学术价值。现为全国重点文物保护单位。

名碑奇石，密荫幽涧，是碧霄岩的一大特点，在三世佛石雕造像周围有历代摩崖石刻多方，其中有元代碑刻记载当时碧霄岩三世佛雕刻和建筑的经过。另外还有许多非常有意义的石刻。比如南宋淳熙年间晋江县令林爽（福州人）所书摩崖"寿"字石刻，占摩崖界面 17.89 平方米，为福建"第一高寿"。可能有人会说，这么大的字是怎么写出来的呢，那时有那么大的笔吗？相传，当时这个"寿"字是用簸箕盛米，先在地上撒成形，然后用纸拓下来，最后再拓到石上去，石匠就根据这个来雕刻的。此外还有清咸丰帝御赐黄宗汉并由著名书法家何绍基书的"忠勤正直"；清代江春霖为监察御史陈庆镛所书"抗直敢言"等石刻，字迹古朴苍劲、挥洒自如，为游人所赞叹！

在"三世佛"阁楼的南侧，有"广钦法师塔院"，塔内安放着法师的舍利子。大塔院上方的摩崖上，雕刻有"广钦法师坐禅伏虎"浮雕，使景区更具神奇的色彩。关于广钦法师还有很多故事。大家请看这个小山洞，洞宽有五六尺，高约一人。传说有一位广钦上人，在洞里穴居 13 年，伏虎友猿，入定 120 天的苦行故事。这位高僧后来到台湾凿岩建寺，成为弘法 40 年的开山祖师。"伏虎僧入定碧霄岩"，使清源山的岩洞更显出它的神奇灵异。

广钦僧虽然潜心修行，毕竟还是肉体凡躯，不能不食人间烟火。他上山时带的十多斤米，无论如何节食，也是会用尽的。可是荆棘满山，野菜难觅，他又耽于禅悦，定境日深，岂肯走远？每逢饥肠辘辘，即抚腹劝慰肚子："请略忍耐，让我再坐片刻，等我修持功行毕，定给你吃。"就这样口与腹商，忘却物我，又入定中，有时饥渴得实在受不了，只得试泡山茶。及参禅出定，则皮肤都呈黄褐色；乃改烹饮清泉，则又全身浮肿。看来大事不妙，非出洞觅食不可，才爬出洞外，拔得草根嫩叶充饥，又回洞内苦修。

一日，见远处群猴嬉戏，争吃树籽。广钦僧就走近捡食，顿觉神清气爽。群猴见状，竟在树上采新鲜者投下供食，似通人性，十分友善。于是，碧霄岩的"伏虎禅师"，又增添了"群猴送食"的灵异。

清源山村民、樵夫，十分敬重这位从城里承天寺来的苦行高僧。但有一天，他们忽然想起好久不见他了，出于关心和好奇，就攀岩附枝，蹑步入洞探视，见他闭目静坐，状极安详，就不敢惊扰，悄然出洞。又过些时日，仍不见出洞，遂再往探视，又见禅坐如旧。如是者数次，甚觉诧异。乃在入城卖柴时，到承天寺禀告方丈转尘师。师说："此乃参禅入定，不可惊扰。"樵夫更为惊奇，把广钦僧视为超凡入圣的异人。转眼时序更易，他们记得大约有三四个月的时间，仍不见高僧出洞，如此"入定"莫非坐化？就再到洞中，只见广钦僧静如泥塑；手摸鼻息，已无呼吸。大骇默退，急下山走报转尘师。转尘师掐指一算，广钦僧入定已逾120天，也觉情状有异，又不敢遽作断定。乃一边命寺中僧徒上山积薪，一边修函遣人驰请驻锡永春的弘一法师前来。弘一法师在洞中审视良久，赞叹说："此种定境，古来大德亦属少有！"遂在广钦僧前额弹指三下，便和转尘师及众僧步出洞外，朝碧霄岩走去。

碧霄岩的宏仁老和尚，礼接弘一法师一行，方涤盏烹茶，广钦僧已在洞中出定，并接踵来到碧霄岩寺，与弘一法师及诸高僧顶礼请安。并问弘一法师到此有何训诫？弘一法师谦谨地答称："不敢！不敢！打扰清修，罪过，罪过！"因见此事已有结果，即向广钦僧说："这里没事，您还是请回吧！"古来大德行持，就是如此。自此之后，广钦僧更是诚笃参究禅机，前后穴居历13个春秋。在1945年抗战胜利之后才离开碧霄岩，回到承天寺，时年已55岁了。

1947年，这位苦行僧，觉得台湾虽已光复，但佛教受日本神教影响，僧俗不分，遂产生到台湾普济众生的宏愿。即偕台僧普旺同行，在台湾新店街后石壁上开凿广明岩。1950年，再开创广照寺，第二年，雕凿"阿弥陀佛"大石像，开台湾雕凿石佛风气之先。这年冬天，移锡土城成福山一天然石洞，命名"日月洞"，恢复潜修，三度大定。台岛人士仰佩其风范卓行，尊称为"广钦上人"，即于土城半山购地供献，广结佛缘，资其弘法。广钦上人就在1960年于此建大殿。为纪念祖庭，命名为"承天禅寺"，改"火山"俗名为"清源山"，以示其出家面壁之本源。广钦上人传灯启范，前后历40年，从东南亚、欧美前来拜山请益者，莫不以一聆妙谛为幸。1986年2月13日，这位"伏虎禅师"于高雄县六龟乡妙通寺圆寂。为纪念广钦上人在清源山修行的事迹，他的弟子们于他100周年诞辰之际，在清源山碧霄岩建造了"广钦法师塔院"。

【瑞像岩】

现在我们来到了瑞像岩。瑞像岩是清源山风景名胜区"幽谷梵音"意境区内的主要景点之一。1961年5月公布为福建省重点文物保护单位。这是清源山开发较早的一个地方，当然也流传着不少脍炙人口的故事，而且大多和石景有关。

且说宋代有个名叫林道的秀才，特别喜爱奇异的山石景观。他抛却凡俗，独自隐居在天柱峰一侧片瓦岩洞内，终日与山石为伴。白天，他在附近开荒垦园，或者采药割茅，不辞劳苦，用于糊口度日。夜晚，就借月色星光饮酒吟诗，欣赏奇石幽景。这种日子，林道倒也过得悠然自在，别有一番情趣。有一天晚上，清风徐徐，月色溶溶，天地间特别迷人。林道饮酒至酣时，忽然感觉到天柱峰有佛光闪现，他正觉得诧异，又见闪闪的佛光绕成一个橄榄形的巨大光圈，光圈里出现佛祖释迦牟尼。再看对面罗汉峰，那众多罗汉石刹那间变成了活罗汉，一个个正面向佛祖施礼呢！看到这一幕奇景，林道怔住了，揉揉双眼，定睛再看，一切都已恢复了原状。林道顿时傻了眼，想不出所以然来，拍拍脑袋，自以为是酒喝多了看花了眼，便返回洞内睡觉去了。不想当夜，又做了个梦，梦中有个巨人飘然而至，对他说："你必镌像！"言毕隐形而去。

　　第二天，林道醒来，回想夜里所见和梦中之事，觉得很蹊跷。那巨人是谁？何以叫我镌像？镌谁的像？一连串的疑问不得其解。但林道毕竟是个秀才，他终于悟出那是佛祖显灵，托付他敬奉佛祖神像，以佑生灵。林道当即来到天柱峰前叩谢佛祖，匆匆下山筹集银两去了。林道历尽千辛万苦，银两总算筹齐了。请哪位石匠雕好呢？当晚，林道又梦见那巨人来到床前，说："有劳施主了，明早有位石匠叫魏周的到此。"这回林道很警觉，一骨碌爬起来想问清楚，可是巨人言毕就不见了。再说那个名叫魏周的石匠，乃是泉州一带有名的石匠，同一天夜里也梦见一位巨人请他到清源山天柱峰下找林道镌佛像。一梦醒来，石匠心中疑惑。

　　旧时，雕佛像的师傅素来迷信，第二天天刚亮魏周就上山，当他走到天柱峰，果然见峰下有一人来回踱步。他便试问："可是林道？"林道急问："可是魏周？"两人通了姓名，都觉得惊奇，便将各自所梦相告，认为异地同梦必是佛祖显灵。当下两人商量好，石匠便虔诚地开始雕刻佛像。他不惧风吹日晒，依着天柱峰这块天然巨石，日夜不停地劳作，终于在宋元祐二年（1087年），雕成一尊无与伦比的释迦牟尼立像。

　　请大家随我来观赏一下吧。矗立在天柱峰上的瑞像岩石室，创建于宋元祐二年，初为木构，明成化十九年（1483年）改为仿木石构建筑。石室内的宋代石雕释迦瑞像，以天然崖壁雕凿而成，高4.62米，宽2米，作立状。佛像庄严大方，端庄慈祥，雕工精湛，是研究我国古代建筑和佛教石雕艺术的重要实物资料。石室左侧有明威将军泉州卫指挥佥事李瀚所书的"重兴瑞像岩记"石刻碑文一方，记载了宋、明时期建设和重修像岩的经过。在这里我们可以找到林道和魏周的名字，看来刚才的故事也不全是传说，可能真有其事，只是经后人再加工而成的。大家看，与天柱对峙的罗汉峰，怪石嶙峋，千姿百态，犹如一尊尊威武的罗汉，惟妙惟肖，栩栩如生，构成"五百罗汉朝释迦"的神奇景观。这些可能就是当年林道看到的五百罗汉吧。

穿过石室左侧的崖洞，豁然开朗，只见3块巨石恰似3条大蟒蛇，伸头出洞，故谓"三蟒出洞"。古时在山崖的平台处，建有"望州亭"，可俯瞰古城胜景。崖壁上显眼的"忘归"石刻二字，道出了如此美妙的自然景观和人文景观，使人流连忘返。无限风光在顶峰，高处登临，眼界顿觉开阔。我们就在这里稍作休息，一起欣赏高峰奇景吧。

【天湖】

为再现"泉山"的历史风韵，增添清源山风景名胜区水景资源景观，1993年市政府决定在清源山上第一名泉——"虎乳泉"下方的"紫泽洞天"谷地建设清源山蓄水工程——清源天湖。"清源天湖"大坝坝顶海拔368米，为双曲石拱坝，坝高30米，坝顶长140米，宽2.8米，总库容11.5万立方米，最大水面12000平方米。工程于1994年10月动工，1996年6月建成蓄水。

为迎接1998年12月在泉州举行的中国国内旅游交易会，市政府拨出专款，完善湖区的旅游娱乐休闲设施，其中环湖步游道、虎乳茶庄、垂钓台、喜雨轩及配套设施已于2000年1月竣工。

"清源天湖"既是蓄水工程，更是景观工程。大坝雄伟壮观，水面波光粼粼，湖畔山峰林木倒映湖中，蓝天白云，湖光山色，交相辉映。游人在此品茗观景，垂钓休闲，自得其乐。而且，它已经成了泉州人休闲首选的好地方。特别是周末，都有许多本地人呼朋唤友来到这里，赏水品茗，欢度愉快时光。如果是中秋节或是有流星雨的晚上，那山上的人就更多了。这可全是清源山天湖的魅力啊。

"虎乳泉"位于"清源天湖"上方的岩坡上。"虎乳泉"旁有"孔泉"石刻。原来这眼泉水曾叫"孔泉"，后来为什么叫"虎乳泉"呢？说来还有一段故事呢。

传说很久以前，清源山上有一只母老虎，一胎生下4只虎仔。虎仔一多，母老虎的乳水不足了。那四只虎仔，饿得嗷嗷直叫，把母老虎急得满山乱跑，到处寻找食物。可是跑得又饥又渴，还是没有找到吃的。当它来到"孔泉"边，看见那汩汩涌出的泉水，便俯下身子饮水充饥。饮着饮着，奇迹出现了：母老虎肚子不饿了，而且乳房胀得鼓鼓的。它急忙跑回洞去喂虎仔。从此，母老虎天天到"孔泉"来饮水，再回去喂虎仔。那4只虎仔吃上这乳汁，就像灌了风一样，一天天见长。有一天，4只虎仔在洞里左等右等不见母老虎回来喂奶，实在饿得难受，就爬出洞来寻找母老虎。它们东闻闻西嗅嗅，顺着母老虎的气味爬呀爬，好不容易才爬到"孔泉"边，找不到母老虎就喝起了泉水了。泉水真甜啊，就像母亲的乳汁！4只小老虎直喝得肚皮圆滚滚的。原来，母老虎为了追捕一只野猪跑远了，当它带着战利品回到洞内时，发现4只虎仔不见了，急得四处寻找，终于发现虎仔在饮泉水，它万分高兴。从此，母老虎就天天带着虎仔来"孔泉"饮水。就这样，"虎乳泉"的名字被人们叫开了。

泉眼上下都是石头，上石如壳，下石如砥，中坼有孔窍，泉从隙缝里流出，注入一方形石孔中。看，这就是吕道人题刻的"虎乳"和宋朱熹撰写的"源头活水"石刻。"虎乳泉"长年不涸，如果你将耳朵贴在石头上，还可以听到岩石下传出"咕咚"的阵阵响声。虽是传说，但"虎乳泉"甘甜似乳，澄澈清洌，以其泉泡茶，香气独特，沁人心脾，历来到清源山的人，都以能喝上用虎乳泉冲泡的清源茶为快事。

沿虎乳泉边上的小路往上走，几步之遥，有明代抗倭名将俞大猷题刻。俞大猷（1503—1579年），字志辅，号虚江，泉州人，一生行伍40余年。因抗击倭寇，抵御外侮，功勋卓著，威名远扬，累迁至都督，与戚继光同为抗倭英雄，史称"俞龙戚虎"。后俞大猷功成身退，在石壁上亲笔题写"君恩山重"4个大字。此石是俞大猷少年时在此读书，翻腾跳跃，训练武功之地，又称"练胆石"。在东峰古道的石壁间，还刻有俞大猷驱逐倭寇、收复莆田的记事石刻一方，是明代抗倭的珍贵史迹。

【清源洞】

现在我们来到了清源山第一洞——清源洞，它融合泉州丰厚的历史、文化和宗教积淀，具有很高的观赏和学术价值。清源洞又名"纯阳洞""蜕仙岩"。《泉州府志》称"清源洞尤其大而奇者"。

南宋绍兴年间有裴姓道人在此蜕骨登仙,时人塑像供奉。裴道人(可能就是前面咱们说的裴屠户)何以在此羽化成仙?这是一个富有神秘色彩、流传久远的民间传说,说的是裴道人为民除害,追杀残害生灵的巨蟒至清源洞。巨蟒一下子钻进洞中,裴道人就坐在洞口上而蜕化。

若问清源洞有多深?民间尚有"清源洞通洛阳江"的传说。这则奇异传说,你也许不相信,会认为是怪诞不经之谈。是啊,清源山这么高,而且距离洛阳江又有二三十里远,一个是巍巍高山,一个是滔滔江水,怎么会有山上石洞通到江中去的可能?可在泉州确实有这么一个故事。

数十年前,泉州城内有位绅士,见裴仙坐像的肩上破损,就集资雇个塑佛匠前往清源山整修。虽则是肩上破损,但要整修完整,就得把泥塑的上半部拆下来,哪知拆至腿下,他的座位下果然发现一个窟窿。看来,裴道士追蟒蛇的故事也不完全是传说了,这也许就是那蟒逃走的洞了。那个塑佛匠好奇,见了这个窟窿就拿起一根竹竿向里头一探,探尽了竹竿的长度,还够不到底,于是变计再用一条长绳系石块让它坠下,仍然坠不到底。一会儿,他们停工吃饭。塑佛匠带来的小艺徒也好奇,趁没有人在,又把一根扁担系好绳子,仿效师傅的样子,要试探那窟窿的深度。可是他一不小心,竟把那扁担掉下去了。塑佛匠吃完了饭,继续他的修理工作,叫人去挑土时,却找不到扁担,就盘问小艺徒,才知道被他掉到窟窿里去。

不久,整修裴仙的泥塑肖像竣工了,塑佛匠也回到他的店中。时过半年后,这一天,有一个居住在洛阳街的商人,进城要请一尊佛像。他们在议论价格的时候,那个商人说:"就这个价吧,我还你的价钱跟你自己所说的价也差不多了;况且世间的财物总是流动的,你肯定不会想到你们在清源洞整修裴仙像时用的扁担,会流落到我们那边的洛阳江中。"原来这个商人认识塑佛匠,并且知道他在清源山整修过塑像。

"有这么一回事吗?你怎么知道那根扁担就是整修裴仙塑像时用的呢?"塑佛匠现出疑惑的神情急切地问道。

"那扁担上写着:'整修清源洞裴仙塑像用'几个字,下边还署着年月日呢!""唔!你是在哪里拾到的呢?""它浮在洛阳江上面,我恰巧乘小船过江,在江面上捡到的。""那根扁担上面的字,是我自己写的,可是在整修裴仙塑像时,被我的小徒弟掉到裴仙座下的窟窿里了,为什么竟会在洛阳江面上发现呢？这就奇怪了！既然它被你捡到了，就请你回去带来让我仔细认一认吧。你所要的菩萨，价钱依你说的算了，不和你再论了。"第二天，那个洛阳商人真的把扁担带来了。塑佛匠辨认了他所写的字，一点儿不差。于是恍然大悟：原来被那小艺徒掉进裴仙座下那窟窿中的扁担，溜到洛阳江中去啦！

从此，清源洞通洛阳江的传说就这样传开了。

洞前有裴仙祠、观音殿、文昌阁三教寺宇森然并列，交相辉映，还有一大批历史名人纷至沓来留下无数胜迹：李光缙、何乔远、姜志礼、洪承畴、粘本盛、马负书、施琅……清源洞不仅具有深邃的历史内涵和丰富的人文景观，还有极为壮观优美的自然风光。现在让我们领略此处的万千气象。这一带山脉横断，峰峦起伏，层次变化极富规律；群落丰富多彩，四季常青，具有亚热带雨林特征，从中随处可见历尽风霜依然生机盎然的古树名木。春夏之间山顶云雾蒸腾，洞前亭阁缥缈。又因高踞主峰，下临无际，近景有山影倒映天湖，中景有古城尽收眼底，远景有大海苍茫，构成一幅绝妙的"山海大观"意境图。南台岩则如"空中楼阁"，巨石高耸，视野旷远，左挹大海，右带金溪，晋水横波，古城在抱，紫帽凌霄峙其前，东西两塔拜其下，是"山海大观"意境区中一处巧夺天工的奇景。同样有释、道、佛三教建筑紧依绝壁而起，四周树木葱茏，也是一处游人登高远眺之佳景。

【结束语】

各位游客，我们今天的行程即将结束。大家知道清源山佳景遍布，我们今天所见仅仅是凤毛麟角，但我希望通过我的介绍，能让各位对清源山这座国家级名山留下美好的印象，能引发您寄意山水，重游佳地。

（六）莆田湄洲妈祖祖庙

【导览线路】 湄洲码头—大牌坊—山门—圣旨门—钟鼓楼—天后宫（寝殿）—太子殿—朝天阁—升天古迹—妈祖文化园—祖庙新殿建筑群

各位游客，大家好，欢迎来到莆田湄洲岛！

湄洲岛是福建莆田市秀屿区湄洲镇辖岛，位于福建省莆田市中心东南42千米，南北长9.6千米，东西宽约1.3千米，面积14.35平方千米，是莆田市第二大岛。东南临台湾海峡，与宝岛台湾遥遥相望。因处海陆之际，形如眉宇，故称湄洲。湄洲岛属典型的亚热带海洋性季风气候，年平均气温20℃，气候温和、风光秀丽。蓝天、碧海、阳光、沙滩构成浪漫旖旎的滨海风光，全岛海岸线长30.4千米，有13处总长20千米的金色沙滩，连绵5千米的海蚀岩。岛上有融碧海、金沙、绿林、海岩、奇石、庙宇于一体的风景名胜20多处，形成水中有山，山外有海，山海相连，海天一色的奇特的自然景观，素有"南国蓬莱"美称。

这里不仅有旖旎的自然风光，更有令人魂牵梦萦的人文景观。湄洲岛是闻名遐迩的海上和平女神妈祖的故乡，是妈祖文化的发祥地，是世界上20多个国家和地区近2亿妈祖信众魂牵梦萦、顶礼膜拜的圣地，被誉为"东方麦加"。

【湄洲码头】

我们现在已经到了湄洲文甲码头，这是湄洲岛国家旅游度假区陆岛交通运输的桥头堡。

各位请看，前面这一批批的进香队伍，他们有漂洋过海来的台湾同胞及海外侨胞，也有祖国内地来的进香游客。

请大家顺着我手指的方向看，一尊神像耸立在对面的山顶，那就是妈祖祖庙山上的最高建筑——妈祖石雕像，她高14.35米，用365块花岗岩雕砌，其寓意为妈祖一年365天，天天保佑着14.35平方千米的湄洲大地风调雨顺，平安幸福。

现在请大家随我登船去岛上拜谒，我将给大家做更详细的讲解。

【妈祖概述】

妈祖原名林默（960—987年），因她出生至满月从不啼哭，父亲给她取名"默"，又称"默娘"。《天妃显圣录·天妃诞降》中有载："宋太祖建隆元年（960年）庚申三月二十三日方夕，见一道红光从西北射室中，晶辉夺目，异香氤氲不散。俄而，王氏腹震，即诞妃于寝室。"在信众心中，这是吉庆的征兆，也是身份非比寻常的象征。她自幼聪明，8岁能诵经，10岁能释文，13岁学道，16岁乘席渡海。她熟悉水性，善观天象。每当她预测出海上气候的变化，就告诫出海的乡亲避凶就吉，还经常奋不顾身在海上抢救遇险的渔船和乡民。宋雍熙四年（987年）九月初九，林默娘28岁时，在湄洲岛湄屿峰归化升天。为了纪念她，当地民众在湄洲峰"升天古迹"旁立庙奉祀，尊她为海神灵女、龙女、神女等。

那妈祖的神迹是如何从民间流传到朝廷的呢？宋宣和五年（1123年），朝廷派给事中路允迪出使高丽（朝鲜），使船在东海遇险，临危之际，忽见船桅顶上发出一道道红光，过后风浪顿息，转危为安。路允迪感到奇怪，便问部下是什么神灵显圣搭救，恰好船上一位保义郎李振，是莆田白塘人，说明这是湄洲神女显灵相救。路允迪回朝复命时就奏明皇帝，宋徽宗下诏颁赐"顺济"庙额。从宋徽宗宣和五年起到清朝，历代皇帝先后给妈祖36次褒封，封号由2字累加至64字，爵位由"夫人"而"妃"、而"天妃""天后""天上圣母"。朝廷的累累封赐，最终确立了妈祖作为海神的至高无上的地位。

经过千年的分灵传播，妈祖信仰影响范围愈益扩大，并随着漂洋过海的华侨、海员和外交使节等迅速传播到世界各地，信仰者遍布全球。妈祖庙、天妃宫、天后宫遍布我国台港澳地区及大陆各海口码头、内河岸埠，还分布到东南亚和日本、朝鲜、印度、美国、法国、丹麦、巴西、阿根廷等世界17个国家，被称为"海水到处有华人，华人到处有妈祖"。在台湾就有大大小小的妈祖庙5000多座，妈祖信徒有1400多万人。还有以之为地名的，如天津的天妃闸、福建的马（妈）祖岛、台湾澎湖马公（妈宫）、澳门原名妈阁等。

20世纪90年代以来，湄洲岛每年接待境内外香客游人多达百万人次，其中台胞近10万人次，是祖国大陆吸引台胞最多、最密集的地方，特别是每年农历三月廿十三妈祖诞辰和九月初九妈祖升天日期间，朝圣旅游活动盛况空前，庙宇内外，人山人海，香火鼎盛，正所谓"宋代坤灵播，湄洲圣迹彰；至今沧海上，无处不馨香"。湄洲妈祖庙的"妈祖祭祀"与山东的"孔子祭祀"、陕西的"黄帝祭祀"并称为中国三大传统祭典。2009年妈祖信俗被列入联合国教科文组织《人类非物质文化遗产代表作名录》，成为我国首个信俗类世界遗产。

【妈祖祖庙】

妈祖祖庙被尊称为"天后宫湄洲祖庙"，创建于宋雍熙四年（987年），即林默娘逝世的同年，初仅数椽；后经历代扩建，日臻雄伟。明代著名航海家郑和七下西洋，回来奏称："神显圣海上"，于第七次下西洋之前奉旨来到湄洲岛主持特御祭，扩建庙宇。清康熙统一台湾，将军施琅奏称："海上获神助"，又奉旨大加扩建。可惜，祖庙原有的建筑群在"文化大革命"浩劫中被毁，现仅存一座圣父母祠为原有建筑。

"千年神女庙，长护海霞红。"请看，展现在我们面前这座宏伟的建筑群是20世纪70至80年代，由各地的妈祖信众们筹资重建的妈祖祖庙。其布局基本按清代的结构，有所扩充，以南北为中轴线，依山势而建，形成了纵深300米，高差40余米的主庙道，从庄严的山门，高大的仪门到正殿，由323级台阶连缀两旁的各组建筑，气势不凡。这323级台阶有什么寓意呢？是的，寓意妈祖三月二十三日生日。

【大牌坊—山门—圣旨门—钟鼓楼】

我们现在所处的位置是祖庙的大牌坊，在这里可以仰望祖庙建筑群宏伟壮观的全貌。沿着这条古树连荫的宽大上升石阶路，路的顶端就是山门。由于妈祖受到朝廷"天后"的褒封，在民间又被尊为圣母，是至高无上的女海神，所以祖庙的山门呈皇家的城阙形。山门内供奉的是千里眼和顺风耳。

顺山门上来，面前的这道门称仪门，为台湾大甲镇澜宫捐建。大家抬头往上看，竖匾写着"圣旨"二字，喻示妈祖曾受历代帝王的各种褒封，因此这道门又称"圣旨门"。仪门内的这个大广场，为每次祭典时大型乐舞表演的地方。

前方左右为钟鼓楼，东西对峙，属于清代建筑物，1989年重修。平时晨钟暮鼓，昭示风调雨顺；每逢节庆，钟鼓齐鸣。每次祭祀鼓响三通则祭典开始，敲钟则礼终。

【天后宫（寝殿）】

我们现在穿过东西对峙的钟鼓楼，左手边的殿堂就是天后宫。祖庙天后宫本殿又称为"寝殿"，本殿原为祖庙的正殿，是供奉妈祖的主要殿堂，也是举行祭祀的地方。建于宋雍熙四年（987年），明洪武七年（1374年）泉州卫指挥周坐重建，永乐初和宣德六年（1431年）郑和重修，康熙二十二年（1683年）姚启圣和康熙二十三年（1684年）施琅均加以重修，民国年间再度在旧址重修。现存建筑是民国年间重修的，保持原建筑的明代布局和清代风格。大家请看，寝殿单檐歇山顶，面阔三间、进深二间，占地面积238平方米，前额保存民国初重修时的墨书，沿用部分明、清石柱和柱础。

请大家往前走。这里就是妈祖亿万信众心中的圣地了。大家先随我看门柱上的这副对联，上联为十个"齐"字加一个"戒"字，下联为十个"朝"字加个"音"字。有游客知道这是什么意思呢？原来，这是巧妙地运用古汉语通假字的特点，即"齐"与"斋""朝"与"潮"均可通假而作。可读作"齐斋，齐斋，齐齐斋，齐齐斋戒；朝潮，朝潮，朝朝潮，朝朝潮音"，上联说的是信徒朝拜妈祖前需沐浴斋戒的虔诚，下联则描述似湄洲潮水一样奔流不息的朝拜盛况，也意指莆田二十四景之一的"湄屿潮音"。传说这副对联是明朝莆田才子戴大宾所作。

现在请随我进殿参观。这座殿堂分上下殿，中间以天井相连。门殿两边各有一幅壁画，讲述的是郑和下西洋和施琅收复台湾的故事。正梁悬挂的"神昭海表"匾额是清雍正皇帝御笔颁赐，命福建总督摹制3块分挂于湄洲祖庙及厦门、台湾两座分灵庙。后来，这四字题匾几乎为所有妈祖庙所复制。神龛正中奉祀的妈祖是"妈祖金身"，神态安详，雍容华贵，一般称为"出巡妈祖"，金身为香樟木雕软身坐像（四肢可以活动），是祖庙的传世文物，1997年赴台湾巡游一百天的就是这尊神像。在出巡妈祖像后还有一尊木雕硬身的镇殿妈祖像。当软身妈祖金身出巡时，镇殿妈祖就留在庙中接受信众朝拜。

妈祖神像两边各站一尊执扇的侍女——司花与司香，是掌管香花和侍候妈祖的玉女。殿堂两边的塑像有"五风十雨"，是掌管风雨之神；有"左右相"，是掌管文武大事的官员。两边廊庑供奉的则是"五湖""四海""九河"共18员部将，就是所谓的"水阙仙班"神像。神座上跪着的小神像是妈祖生前收服的海妖水怪。大家在这可以烧烧香、拜拜妈祖，15分钟后随我继续往前游览。

各位游客，我们继续往前。这里是圣父母祠。圣父母祠为祖庙重要配殿之一，南宋建、明代重建、清代重修，正堂为悬山顶，面阔三间、进深一间，保存宋代天井。祠内供奉妈祖及其父母神像，象征妈祖永远侍奉父母膝下，寓意妈祖在庇佑四海万民的同时，时刻不忘父母的养育之恩。

【太子殿】

我们现在出了天后宫，回到主庙道，面前这座三层八角塔形建筑就是原来的朝天阁，为了纪念妈祖羽化升天，明永乐初（1403年）郑和奉旨建造。

清康熙二十二年（1683年），福建总督加太子太保兵部尚书姚启圣把坐落于此的朝天阁改为正殿，与其他建筑保持在同一轴线上。民间敬称姚启圣为"太子公"，故将其改建的正殿称为"太子殿"。

正殿保持清初建筑风格，重檐歇山顶三开间一进深的抬梁式建筑结构。殿内供奉妈祖，设有光明灯让广大妈祖信众点灯祈福。

【朝天阁】

因姚启圣把原来的朝天阁改为正殿，1683年施琅率军收复台湾，1684年就在正殿之后重建了朝天阁。"文化大革命"期间被毁，现存朝天阁为1989年由台湾鹿港天后宫捐资重建。这里是中轴线的最高点，请大家看一楼供奉的妈祖与别殿里有何不同？是的，一楼供奉的妈祖的面像是黑的。据说当年台湾信众把妈祖分灵回去途中，在海上航行数月，日夜焚香膜拜，虔诚的烟火熏黑了妈祖像的脸，于是台湾妈祖宫庙里供奉的均为"黑面妈祖"。因朝天阁是台湾鹿港朝天宫捐建，所以里面的妈祖面像也是黑的。二楼前后供奉三尊妈祖像，前中部为鹿港妈祖，后面为祖庙妈祖，寓意"共奉一炷香，同祀一明神"。

请看这尊巴西花梨木妈祖像，这是由湄洲岛本地信众捐献，于2016年1月22日凌晨举行隆重的开光典礼。妈祖像用4.22米长的整块巴西花梨原木雕刻而成的，以1683年祖庙分灵台湾鹿港天后宫的脸型雕刻而成的，圣像高3.23米，底座0.99米，重4000千克，她头戴冕旒，身穿黄袍，外披霞帔，雍容典雅，是世界上唯一的最重、最高又没有任何拼接的红木妈祖。

【升天古迹】

好，现在我们去参观一下传说中妈祖升天的地方——升天古迹。升天古迹崖刻是明末清初祖庙寺僧题刻，传说妈祖在她28岁那年的九月初九在此羽化升天，乡人感其美德，就在此处建祠奉祀，所以这里也是最早立庙奉祀妈祖的地方。

这座升天楼建于1987年，纪念妈祖羽化升天1000周年。升天楼位于妈祖祖庙的最高处，供奉的是缅甸花梨木妈祖。圣像以整块缅甸花梨雕刻成型，手持玉圭，立姿，全身九龙八凤护驾，既体现了妈祖大爱无疆、法力无边的博大气场，也表达了妈祖庇佑众生、无微不至的慈爱光辉。总高2.8米，寓意纪念妈祖于28岁羽化升天，长1.08米，宽1.08米，重约1360千克。

缅甸花梨木妈祖有"摸摸妈祖手，平安跟着走"之说，各位游客也可以上前排队摸摸手，祈求平安。

【妈祖文化园】

妈祖文化园里有巨型妈祖石雕神像、妈祖故事群雕、妈祖文化馆及摩崖石刻等景点。园区占地数百亩，大海环抱，怪石嶙峋，满目青山，胜景迭出。

妈祖故事群雕，每组讲述一个妈祖故事，是一部形象的妈祖传说故事集。大家可以自由参观，有疑问可以提出来。

各位朋友，这里就是妈祖山的最高点，眼前这尊仪态雍容，面部慈祥的妈祖造像，高14.35米，由365块花岗石砌成，它象征着妈祖保佑这14.35平方千米湄洲大地上的居民，一年365天天天平安幸福。石雕巨像是为纪念妈祖羽化升天1000周年而建的，于1987年九月初九奠基，1991年九月初九竣工剪彩。请看，妈祖头戴冕旒，身着霞披，手持如意，遥望着大海。海的那头正是祖国的宝岛——台湾。在台湾鹿港朝天宫有一尊一模一样的妈祖石像与之隔海相望，共同维护着两岸的和平与安宁。

【祖庙新殿建筑群】

现在我们准备下山，大家可以看到前方有一个宏伟的建筑群，依山就势，鳞次栉比，外形酷似西藏布达拉宫，古朴庄重，气势非凡，建筑色彩依稀可见北宋痕迹，这就是新建的妈祖祖庙南轴线工程。整个建筑为五进，长466米，宽99米，上下落差68米，由湄洲妈祖新殿、大牌坊、山门、钟鼓楼、天后天殿、灵慈殿、顺济殿、妈祖文化展览馆等组成。各殿堂浑然一体，布局严谨，宏伟壮观，令人叹为观止。祖庙新宫建筑总面积超过8万平方米，为妈祖祖庙增添了无限光彩。

【结束语】

各位游客，今天的妈祖庙之行到此就要结束了。妈祖的民间信仰从产生至今已经历了1000多年，它跨越时空，跨越地域，跨越人种，在全世界拥有近2亿的信徒。妈祖已经成为四海共仰的女神，成为慈爱与和平的象征。无论在大陆，还是在中国台湾、中国香港、中国澳门乃至巴黎、夏威夷以及世界各地的华人区，对于妈祖，实际上都是一种强烈的不忘祖先的意识。或许这就是妈祖信仰久传不衰的关键所在。

值得一提的是，2024年2月底，《印象·妈祖》演艺项目在湄洲妈祖祖庙举行开工仪式。该项目将利用世界妈祖文化论坛永久性会址场地，充分发挥"艺术+科技"的专业优势，创新动态交互体验模式，打造国内首个妈祖文化沉浸体验与情境行为相融合的演艺项目，预计下半年正式与大家见面。

朋友们，如果有机会，希望您能再次光临湄洲，欢迎拜谒这位奇女子，到时候，请你的朋友一起来妈祖故里来做客。

（七）三明泰宁大金湖

【导览线路】水漈瀑布—醴泉岩—尚书墓—甘露岩—鸳鸯湖—情侣峰—大赤壁—水上一线天—幽谷迷津—十里平湖—雄柱峰—猫儿山

各位游客，大家好！我是今天的导游，大家可以叫我小张，由我带领大家一起游览金湖，希望能给大家留下深刻印象。

金湖是国家级风景名胜区，以水为主体，以丹霞地貌为特征，是国内少有的丹霞地貌与浩瀚湖水相结合的风景名胜区。1980年，国家在金溪上游的庐庵滩修建装机容量为10万千瓦的池潭水电站，由于电站大坝的建设，在泰宁县境内形成了一个南北长、东西窄的人工湖，并因金溪而命名为金湖。金湖湖面呈圆弧形，宛如一轮新月，景区面积136平方千米，其中水域面积38平方千米，蓄水7亿多立方米。从泰宁县城到电站大坝，全长62千米，所以有"百里金湖"之称。

金湖水深色碧，岛湖相连，湾汊相间，群峰竞秀，洞奇石美，青山绿水随处可见丹崖悬瀑、古寺险寨、渔舟农舍和古树山花。无论春夏秋冬还是阴晴圆缺，展现在游客眼前的都是一幅幅浓淡相宜、富有诗意的泼墨山水画，令人赞不绝口、流连忘返。景区内有赤壁丹崖、水上一线天、猫儿山、白水漈瀑布、十里平湖、醴泉岩、虎头岩、甘露岩及甘露寺、尚书墓等名胜古迹180多处。

现在让我们上船。请各位慢点走，上船后找个位子坐好，不要随意走动，一定要注意安全。

【水漈瀑布】

我们先去看水漈瀑布。金湖景区有各种各样的瀑布十几条，眼前这条瀑布叫水漈瀑布，又称白水漈瀑布。瀑布分为两层，间距百余米，上为斜漈瀑布，下为漈瀑布，上下瀑布断崖均宽约10米，深约20米，远眺似白练悬空，是金湖最大的瀑布。它发源于泰宁第二高峰——峨嵋峰的九栋岭，在两山对峙间，石峡中开，流水奔突而下，汇聚沿途的小溪、山泉注入金湖，人在百米之外便能听到瀑布轰雷般的响声。每当雨过天晴，瀑布周围雾气腾腾，在阳光的照耀下，还可以看到一道彩虹悬挂其中，光芒四射，蔚为壮观。瀑布之上，有一处新开发的景点——野趣源。那里四周林木葱郁，环境幽雅清新，野趣无穷，其中还备有帐篷、吊床、小舟，可以开展野炊、探险、划舟等游乐活动。

绝壁上的岩穴，是明末爱国志士邱嘉彩携妻奉母隐居的地方。邱嘉彩当时选择此地栖身，寓"大明江山千疮百孔，遗民无立锥之地"之意。清廷多次召邱为官，他都不去，并在吟诗时，每缀以"日、月"二字，以表示怀念明朝之意。当时人们深为邱嘉彩之举感动，称他为"国之肖臣，母之肖子"，后人也就把这块岩石称为肖岩。

【醴泉岩】

白水漈西北侧是醴泉岩，岩中有一座禅寺。现在我们一起上岸去看看，请大家走好。在醴泉岩左侧的石壁上有一条裂缝，一股清泉从约70米高的空中直泻而下，一年四季长流不绝，水质清甜，称为醴泉，醴泉岩也因此得名。醴泉禅寺始建于南宋绍兴二年（1132年），毁于元代兵乱，明代重建，后来又毁于"文化大革命"期间，1982年在原有的基础上依岩重修。这里有两重山门，第一重横书"醴泉禅寺"，第二重横书"巢云古刹"。

大家看，门上还有两副对联，一副"天洒岩涧雨，洞波风壁水"，另一副"石隐天开面，泉流月有声"，都写得非常真实生动。寺庙建在这高约30米、宽15米、深18米的大岩穴中，正殿为单檐歇山式两层木构建筑，不施片瓦，冬暖夏凉。岩前翠松茂盛，环境幽雅。清朝的乾隆皇帝曾六下江南，游尽江南的山山水水，留下了不少有趣的故事，传说他也到过泰宁。有一天，乾隆皇帝来到醴泉岩，便想歇一会儿。由于旅途劳累，他一躺下便睡着了。虽然乾隆皇帝打扮得与普通老百姓一样，但他有龙虎之相，寺里高僧一看就断定他是当今皇上，便召集众和尚一齐跪到地上，高呼"吾皇万岁"。乾隆醒来，还装糊涂，问他们："哪来的万岁？"高僧说："圣上内着龙衣，身有龙相，启齿金口，一定是万岁。"乾隆皇帝只好认了。当日，高僧设宴招待乾隆，席间有一道泰宁地方菜，乾隆觉得色香味俱佳，便问菜名。高僧回答说:"白玉金镶角,红嘴绿鹦哥。"乾隆听了很高兴,马上封他为护国禅师,并赏赐一件猩红袈裟。回京后,乾隆叫宫廷厨师做这道菜,没有一个人做得出来,只好派人来讨教。大家猜猜看,这是什么山珍海味?实际上,这道菜就是普通的菠菜炒油豆腐。

【尚书墓】

我们现在上船继续游览。在醴泉岩附近有座人形山,远看像大肚皮的弥勒佛。在半山腰弥勒佛的肚脐眼上有座墓,从西向东,总面积1040平方米。墓用花岗岩石板砌成,并用生铁水浇铸,南北长52米,东西宽20米。墓台6层,第一层立着一对华表,高8米多,上雕2座石狮,头朝墓内,栩栩如生;第三层周围有石栏杆、石花窗,雕刻花卉禽兽;第六层中央用圆形石刻太极封盖,正中原有3块墓碑,现存其二。这就是明朝末年兵部尚书李春烨和他的一品夫人江氏的合葬墓。有的游客可能已经在县城参观过气势宏大的尚书第,那就是李春烨的故居,现为全国重点文物保护单位,内设有福建省目前最大的蜡像馆,以及泰宁县博物馆和民俗馆,是游客到泰宁的必游之处。李春烨生于1571年,死于1637年,他们的夫妻合葬墓建于清顺治二年(1645年),距今已有300多年的历史。当地传说,为了提防盗墓者,李春烨出葬时,泰宁8个城门大开,分别从各城门抬出了8口棺材,以混淆真假,迷惑视听。但是,李春烨的墓在抗日战争期间还是被破坏了,封盖裂为5块,但墓体还基本保存完好。

【甘露岩】

现在我们下船去甘露岩。大家看,左边这块红色岩石像一口硕大无比的钟,右边那块像一面独步天下的鼓,甘露岩便在这钟鼓石之中,所以有个说法叫"左钟右鼓,庙(妙)在其中"。

这里就是甘露岩寺的山门,这块碑刻上题的是宋朝进士邹恕写的一首诗:"兰若半空中,云山第几重。瀑流千丈练,鹤宿五株松。晓雨禅房黑,霜林木叶红。悬崖回首望,归思过前锋。"表现了甘露岩寺的建筑特色和四周的秋季景色。其中的"兰若",就是寺庙。时光飞逝,山水依旧,庙中香火依然不断,傲霜的枫树依然挺立,只是那遒劲的古松少了两棵。

大家请看,眼前就是甘露岩寺的奇特建筑。甘露岩是一个天然的内窄外敞的洞穴,高约80米,深30米。洞的上下为砾岩,中层为砂岩,寺内岩层滤净，渗出的泉水清甜甘洌如甘露，人称龙泉，寺庙因此被称为甘露岩寺。南宋绍兴十六年（1146年），了凝和尚依附岩壁建造了这个寺庙。这里的建筑有什么独特之处呢？各位请看，这个洞穴上部宽30多米，下部宽却只有10多米，呈倒三角形，古人把这地理上的劣势变为建筑上的优势，以独木擎天解决岩势上宽下窄的难题。一根柱子落地，上面建起了4幢楼阁，整个重檐歇山式的层楼叠阁包括上殿、蜃阁、观音阁、南安阁等建筑，皆仗一柱支撑，顶部无须片瓦，造型别具一格。这个寺庙的全部建筑都是木质的，用T形拱头相连接，没有用一根铁钉。据考证，12世纪时日本重源法师到福建考察，回国后在举世闻名的奈良东大寺佛殿的建造中大量使用的一种"插拱"，就是取样于甘露岩的T形拱头。20世纪50年代，甘露岩寺被列为省级文物保护单位。可惜20世纪60年代初，庙里僧尼用火不小心，把整座寺庙烧毁了。现在我们看到的建筑，是1964年根据原有建筑风格重新修建的。

关于甘露岩寺的建造还有一个传说。以前这庙很小，供奉送子观音，香火旺盛。北宋时有人特地从城里赶来求子，并许愿道："如果生了儿子，一定重建寺庙，岩有多大，庙盖多大。"后来此人果然生个儿子，取名叶祖洽，长大后就中了状元。为偿还母亲的夙愿，叶状元调集天下建筑高手来此建庙。然而，由于地势险峻，庙一直盖不起来，皇帝派来的工匠也发愁，只好说运来的木头这根不好，那根也不行。丢弃的木头就放在这个山坳里，堆积成山，这个山坳也就叫了挑树坑。有一天，一个名叫周斫头的工匠看见一个扛木头的壮汉将一根又粗又直的大圆木，平稳地放在一个Y形铁叉上，正在树荫下休息。他顿时受到启发，马上当众宣布："明日开工，不得有误。"弄得其他人莫名其妙。叶家主事闻讯赶来，忙问设计方案，周斫头便投其所好地说道："府上状元姓叶，一木四横；这岩下窄上宽，像倒过来的'品'字，加起来意思就是当朝的一品官，寺庙就是这样建。"叶家老少听了，无不欢喜，还提议把这根柱子叫状元柱。所以，这庙的香火更旺了，人们来求子，都爱抱一抱状元柱。各位如有兴趣，现在也可以试一试。

【鸳鸯湖】

现在大家请上船继续游览。瞧，前面是个山坳，因田边流水淙淙，像敲锣打鼓，所以取名锣鼓坑。用泰宁方言来称呼，锣鼓坑就谐音成"老公坑"了。这里的生态环境保护得较好，每年都有许多鸳鸯成双成对地从外地迁来过冬，所以这个小湖泊又称"鸳鸯湖"。鸳鸯湖口的这座山峰，由于暴雨烈日的侵蚀，山峰表面灰褐粗糙，仿佛一位饱经沧桑、满脸皱纹的老人，我们姑且称他为"月下老人"。

【情侣峰】

正前方这座孤立的山岩，看上去像一对充满柔情蜜意的情侣，他们紧靠在一起互诉衷肠，身旁还有一个小孩子。从整体上看，这个场景就像一张全家福的照片，这就是情侣峰。相传玉皇大帝有个弟弟叫逍遥君，他与王母娘娘的一个侍女相爱，私奔到人间，在这山清水秀的地方定居了下来，还生了一个美丽可爱的小女孩。玉帝和王母发觉此事后，大为恼火，便派天兵天将抓他们回天庭。这些天兵天将知道玉帝与逍遥君手足情深，看到他们夫妻男耕女织、恩爱幸福，便请玉帝开恩，玉帝想，两个人门当户对也就算了，现在弄了个侍女当弟媳妇，我玉帝的脸往哪里搁？于是便要考考这女子的才智。他亲自下凡，看到这个侍女果然美貌非凡，便以自身出对，对侍女说："你看我——一身蟠龙，龙缠身，身动龙飞。"侍女笑了笑，马上答道："您看我——一头顶凤，凤骑头，头摇凤舞。"也是以自身作对，而且气势上不输玉帝。玉帝听了很满意，便破例恩准他们留在人间。大家看，他们沐风浴雨，恩恩爱爱，千年万年也不变心，这是对爱情忠贞的最好写照。

【大赤壁】

眼前这个景点叫赤壁丹崖，通称大赤壁。三国赤壁之战，周瑜以火攻大败曹操，历史上很出名。宋代的大文豪苏东坡误把湖北黄冈赤壁当作赤壁大战的战场，写下了脍炙人口的千古绝唱《念奴娇·赤壁怀古》。我们眼前这一大片赤石峭壁宽约500多米，高约100米，壁面寸草不生，如城垒突兀，倒影红透湖水，因此巧借古之"赤壁"的名声，直呼其为大赤壁。各位以为这个景点的命名如何？金湖景区主要是丹霞地貌，丹霞地貌在全国不少地方都有，但是丹霞地貌与这么大片的水面结合，碧水丹山，斐绿叠丹，这就很少见了，大赤壁集中体现了这一特色。这里虽没有"乱石穿空，惊涛拍岸，卷起千堆雪"的景象，但绿水浩荡，丹崖壁立，斑斓绚丽，气度不凡，别有一番意境。大赤壁附近还有镜屏峰、蚌壳峰、公子峰、梅泷湾等景点。左侧那一块方形岩壁，高约100米，宽60多米，厚只有1米左右。侧面看，就像一只大象的鼻子；正面看，又像一面漂亮的大镜子。

【水上一线天】

大家知道，我国的旅游资源非常丰富，名山中除五岳、黄山之外，还有峨眉山、五台山、九华山、普陀山、青城山、武当山等佛教、道教名山。很多名山都有"一线天"这类景点，可是，各位是否领略过"水天一线"的独特风光？现在，我们马上就可以欣赏到水天一线的秀丽景色了。

水上一线天，是金湖景区很有代表性的景点之一。这里岩危壁峭，合掌双峰相互挤轧，湖水上涨浸过山腰，形成深绿色的狭长水巷，只容一只小船擦崖而过。我们现在看到石壁左侧的5个大字"水上一线天"，是原国家旅游局局长刘毅题写的。现在小舟徐徐而入，这条水道宽仅2米，长300多米，峭壁高约百米，仰望只见残天一线，俯视唯有水光一脉。水尽处豁然开朗，进入这一个圆形深潭，各位抬头仰望，四周都是悬崖峭壁，中间只有一块蓝天，有没有一种坐井观天的感觉，各位一下子都成了"井底之蛙"。峭壁耸立间突出的5道石棱，人称五马落槽。这边有块岩石，像观音菩萨的侧身像。峭壁上长满各类花草，其中有石兰、吊兰和还魂草等，还有两股飞泉由上而下直泻深潭，响声铮铮然，更显得潭色如碧。这里空气清新，如果是夏天，还可以尽情享用一下大自然慷慨赐予的"天然空调"。

【幽谷迷津】

接下来，我们去游览的幽谷迷津也很有意思。幽谷迷津俗称"二线天"，旧称二十四溪，是指弯弯曲曲二十四弯的意思。这条水道长2千米左右，两岸悬崖峭壁，花草攀崖，修竹成林，禽鸟时现。船只在幽静的峡谷中左弯右转，给人以峰回路转、扑朔迷离的感觉，因此雅称为幽谷迷津。前面尽头有块岩石挡住去路，看似船只进不了，其实可以进去，真是"山重水复疑无路，柳暗花明又一村"。现在船只沿石壁擦过，大家看，这里有一块圆溜溜的巨石，在两边水中各映出一线；仰望，则形成一个弧形，这就是"水上二线天"。

我们从左边水道进去，里面另有一番风光，周围是奇岩怪石，古木参天。现在我们下船，步行200米，到翠谷雪花涧去。这条溪涧，清浅冷洌，涧底铺满细沙碎石。如有兴趣，大家可以像童年时代那样蹚着水追逐鱼儿，把整个身心沉浸在明净的大自然中。

这是朝天井，水流飘下来像雪花一样。那螺旋口岸石，明显是水流冲刷形成的，不难想象，其中沉淀了多少岁月的风霜雨雪。悬崖上的苔藓，一年四季都这么翠绿。我们向前走去，可以走得很远很远，想得很多很多，那种感觉是无法用语言来形容的，只好请大家各自慢慢去品味了。

【十里平湖】

现在我们上船继续游览，前面就是金湖最开阔的水面——十里平湖。这里南北长8千米，东西宽3千米，水深60多米，周围群山环抱，岛屿星罗棋布，水天一色，风吹草摇，水动山浮，令人心旷神怡。建宁滩溪和泰宁杉溪两条溪流原来在这里交汇形成金湖，我们眼前这一片白花花的水面，过去曾是人来人往、炊烟四起的乡镇村庄，现在都变成水族馆了。顺便提一句，金湖鱼类很多，大的一条有50多千克，其中金湖银鱼是全国少有的淡水短嘴银鱼，味道鲜美，每年产量约有2万多千克。

大家往前方看，左边那片红色的岩石群，看上去像一片村庄，在烟波荡漾中又像神仙居住的地方。那块突起的岸石，既像犀牛鼻上的角，又像古代将军的头盔。远处万山丛中仰面躺着一个美丽的少女，真是一个海棠春睡的"睡美人"。

十里平湖，不同的天气有不同的变化，晴天，风和日丽，碧水丹山；雨天，波涛汹涌，山色凄迷。日出、晚霞、月夜，湖面上时刻变幻出各种迷人的景色。无论你什么时候来，呈现在你面前的都是充满诗情画意而格调各异的山水长卷。

十里平湖右侧，山顶有一巨石形似虎头，人称虎头岩；山下有一乡镇名叫梅口，因此此山又名梅岩。山上有一座始建于宋代的军事要塞，名为虎头寨。这里地势险要，居高临下，易守难攻，为历代兵家必争之地。那里有一石砌寨门建于险要路口，一夫当关，万夫莫开。传说太平天国石达开率军南下，途经虎头寨，久攻不下，不得不绕道转移他处。自梅口至寨门，山径曲折，流泉叮咚，环境优美，风光秀丽，是历代文人墨客游山玩水、吟诗作赋的好地方。清朝初年，这里建有双溪书屋、明镜山房和远眺堂、桂馨楼等，现还有房屋遗址和练兵场、水牢等。临湖有棋盘石，可坐十余人，俯瞰远山近水。

【雄柱峰】

十里平湖左侧，有座孤立高耸的岩石，直插云霄，充满阳刚之气。中华

- 139 -

民族自古就有生殖崇拜的习俗，金湖一带也流传着这种古老文化。关于这块岩石，民间起了很多令人难以启齿的名字，我们现在姑且称它为雄柱峰吧。传说从前有个寡妇，为人十分善良，有一天外出做客，在雄柱峰下看见一个已死去多时的乞丐，赤身裸体。这寡妇十分同情，就解下围巾给他遮羞，回家后又叫同村的男人去把他埋了。过了很多年，寡妇的儿子长大了，练得一身好武艺，进京应考。最后一关，比赛骑马射红心，他一箭射去，眼看射不中，却突然看见一个赤身裸体、只有围巾遮羞的汉子抓过他的箭就插到红心上去，一连三箭，箭箭如此。奇怪的是其他人都看不见这个情景。结果，他中了武状元。回到家乡，他说起这件怪事，人们想到他母亲为乞丐遮羞的事，都说那乞丐是雄柱峰变的，现在来报恩了，从此，男人们都把雄柱峰当成神灵。特别是旧时的那些乡勇、土匪，一到这一带都要拜一拜雄柱峰。把雄柱峰和背后那块俗称扁担寨的丹岩叠合起来，就巧妙地构成了一只昂首迈步、似要入海遨游的"金龟"，人称这个景观为"金龟入海"。相传这只金龟受天地之灵气、日月之精华，成了精怪，一到深夜就变成一个英俊的小伙子去迷惑人家的闺女，到天快亮时又变得无影无踪，连姑娘们自己也不知道是怎么回事就怀孕了。有个老妇出了个主意，吩咐女儿如果碰上了，就偷偷在他的衣角挂上一根线，让他不知不觉地拖着线团走。女儿照这样做了，第二天一早，顺着线找去，才发现是金龟作怪。真相大白后，附近几个村子里的人商议了一下，请道士上山作法，把这精怪镇住了。从此，这只金龟再也不会出来作怪了。

【猫儿山】

大家往十里平湖南端看，那就是引人注目、颇有名气的猫儿山，又名猫儿兽石。只见它孤峰突起，高耸入云，酷似蹲在山巅的巨猫，于十里开外都能清楚地看到那逼真的形象。你们看，这会儿巨猫昂首曲背，正襟危坐，虎视前方，连耳朵、胡须都隐约可见。真是怎么看怎么像，栩栩如生。猫儿山不仅是金湖景区的标志，也是整个泰宁旅游的标志。关于这只猫，当地有猫儿窥鱼、镇守妖鼠等传说。最普遍的说法是：盘古开天地时，人间本无鼠害，后来王母娘娘收服了一公一母两只老鼠精，罚在蟠桃园看管果树。过了好多年，王母娘娘看它们很老实，就奖赏它们一坛仙酒。谁知这两只老鼠喝醉了，到处乱跑，窜到太上老君炼丹处，把金丹给偷吃了。烈酒加雄丹，使这对老鼠胆大妄为，它们又跑到天灯阁偷喝了天油。待酒醒以后，它们发觉触犯了天条，闯下了大祸，自知性命难保，干脆下凡逃到人间。在人间它们开始生儿育女，没几年就生下成千上万的鼠子鼠孙。这些老鼠吃庄稼、啃家具，闹得天翻地覆，民不聊生。此事传到天庭，诸神纷纷请战，要求下凡捉拿妖鼠。可王母娘娘怕追究责任，就说这是天数，注定了人间要有这种灾难，众仙没必要去管。伏在玉帝脚下的那只金猫，见此情景不禁义愤填膺，而且也过腻了天庭的生活，便私自下凡，来到人间。金猫在天庭原是吃素的，一咬老鼠，觉得味道鲜美，不禁"妙、妙、妙"地叫了起来；而老鼠感到死期来临，不禁"死、死、死"地哀嚎。玉皇大帝发觉金猫私自下凡，大动肝火，便派托塔天王来收服金猫。金猫逃到山顶上，正要往下跳的时候，托塔李天王追赶到，从塔底飞出3把利剑，把金猫定在山顶上。

我们现在来到猫儿山脚下，远看像巨猫的山峰，近看却一分为三，像雄鹰展翅。其实，猫儿山就是由3座山峰组成的。这3座山峰，像被天斧劈开，形成直刺苍天的3把利剑，因此名为三剑峰。这3座山峰又好像3个仙女，对着湖面梳妆打扮，所以又称为"仙女梳妆"。

【结束语】

金湖游览就要结束了。从整体上来看，我们可以发现，金湖体现了一种原始的自然美，给人以返璞归真的感觉，难怪当代著名学者蔡尚思到这里游览后赞叹金湖为"天下第一湖山"。

希望各位游客朋友有机会再来金湖游览，也希望我有机会再为各位导游。谢谢大家！

（八）龙岩古田会议会址

【导览线路】景区入口通道—古田会议会址门前—古田会议会址

【景区入口通道】

各位远道而来的朋友，大家好！欢迎来到古田镇，我是今天的导游小张，非常荣幸能带领大家一起到古田会议会址，追寻伟人足迹，重温革命历史。

古田会议会址，位于福建省龙岩市上杭县东北部的古田镇。这原本只是闽西的一座古老小镇，却因两次会议，一举成为我军发展进程中具有重大意义的历史坐标。1929年12月28日，红四军党的第九次代表大会在古田召开，即我党历史上著名的古田会议。会上重申了党对红军实行绝对领导，确立了

"思想建党、政治建军"原则。从此，中国革命从胜利走向新的胜利。这是中国共产党建设史的一次创举，也使古田镇一跃成为中国近代史上重要的革命圣地。

2014年10月30日，全军政治工作会议在古田镇召开，旨在研究解决新的历史条件下党从思想上政治上建设军队的重大问题。该会对中国军队的政治思想和改革又是一次具有里程碑意义的历史性会议，因此被称为"新古田会议"。

历史的车轮滚滚向前，古田会议永放光芒。思想建党、政治建军的原则在此确立，新型人民军队在此定型。现在，就让我们一同怀着敬仰和思考，走进这座白墙青瓦建筑群。

【古田会议会址门前】

眼前这座客家宗祠建筑，就是当年古田会议会址所在地。这里原来是廖氏宗祠，始建于清道光二十八年（1848年）。民国初年，为推行新学，该祠改为和声小学。大门前的这副对联"学术仿西欧开弟子新智识，文章宗北郭振先生旧家风"，就体现了古田人民既学习西洋文明又不放弃传统文化的办学思想。1929年红四军进驻古田之后，将和声小学改名为"曙光小学"。瞧，至今会址外墙还保留着红军宣传员刷写的标语"保护学校"。1929年12月28日至29日，古田会议在此胜利召开。1961年3月，国务院公布古田会议会址为第一批全国重点文物保护单位；1986年8月，古田会址被列为福建省十佳景区之一；2015年10月，上杭古田旅游区成为国家AAAAA级旅游景区，也是福建省首个AAAAA级红色旅游景区。

【古田会议会址】

请大家继续往里走。这是一座四合院式建筑，一共包括前后两厅和左右两厢房。我们先进入前厅，这里就是当时的古田会议会场，大厅中的4根柱子，上面分别贴着标语"中国共产党万岁""反对机会主义""反对盲动主义""反对逃跑主义"，左边的主席台上有2张合在一起的四方桌和1张长凳，桌上摆着1把大壶和4个小茶碗，靠墙架着1块黑板，黑板上方中央排列着石印的马克思和列宁像，再上方布置的是长条的红色会标"中国共产党红军第九次代表大会"。主席台靠外墙上还挂着1只欧式壁钟。会场布置简朴、热烈、庄重。

会场地板烤火的痕迹仍依稀可见，大家可以想象当时会议情景：1929年的12月，屋外瑞雪纷飞，寒风凛冽；屋内气氛热烈，议决中国命运。

为什么说这次会议非常重要呢？这要从1927年10月的秋收起义说起。当年毛泽东率领秋收起义部队来到井冈山，次年，朱德、陈毅率领的南昌起义部队来到井冈山与毛泽东会师，一起开辟了举世闻名的井冈山革命根据地。到1929年，红四军挺进闽西地区，先后取得长汀、上杭、连成、永定、龙岩等县，建立了20多个县的红色政权。此时红四军已经成为国内具有很大政治影响的革命军队了。随着革命队伍的不断壮大，领导人之间在军队建设问题上产生了不同看法，军内存在单纯军事观点、流寇思想、军阀主义残余等非无产阶级思想。红四军第八次党代会后，红四军出击东江失败，部队思想混乱、士气低迷，面临严峻考验。为了早日结束红四军内部存在的矛盾，达到思想上的一致，中央政治局进行了激烈的讨论，起草了著名的"九月来信"。"九月来信"既肯定了红四军两年来斗争的基本经验和毛泽东建党建军的正确主张，又指出了红四军在斗争中存在的问题和朱毛之间各自不足之处，对红四军内部争论的主要问题做出了原则性结论，并且维护了毛泽东、朱德的领导地位，为增强红四军党内和军内的团结，起了推动作用，为"开好古田会议奠定了基础"。

当年12月28日至29日，红四军党的第九次代表大会，也就是古田会议，在古田召开。出席会议的有红四军各级党代表、士兵代表和地方党组织的代表、妇女代表等120多人。会上，毛泽东根据中央来信的精神和红四军具体情况作政治报告，朱德作军事报告，陈毅传达中央批示信并作反对枪毙逃兵的报告。会上通过了由毛泽东起草的《中国共产党红军第四军第九次代表大会决议案》（后称《古田会议决议》），选举产生了新的中共红四军前敌委员会，毛泽东当选为书记。

《古田会议决议》是中国共产党和红军建设的纲领性文件，它对党和军队的建设发挥了重大的作用，解决了党和军队建设的根本原则问题。古田会议规定了进行党内教育的10种材料和18种方法，特别是提出用开展党内教育和批评与自我批评等思想政治工作方法，来解决党内矛盾，克服党内各种错误倾向。这次会议标志着一切从中国革命的实际出发，实事求是思想路线的初步形成。

古田会议总结了从南昌起义以来两年多时间里红军建设的丰富经验，批判了红军党内存在的单纯军事观点、非组织观点、极端民主化等各种非无产阶级思想，强调了马列主义和党的正确路线教育全党全军的重要性，重申了党对军队绝对领导等原则，坚持以无产阶级思想建设党和人民军队，解决了如何把一支以农民为主要成分的军队建设为共产党领导下的新型人民军队的问题，是我党我军建设史上的里程碑。

古田会议最大的历史贡献，就是第一次以党的决议的形式，充分肯定了自三湾改编以来毛泽东同志的建军主张，把党对军队绝对领导这一新的军事领导制度理论化、制度化、规范化，实现了中国历史上军权由个人掌控向无产阶级政党掌握的蜕变。

大家随我往右边走，会址左右两侧厢房是当时毛泽东和朱德的临时办公室。办公室里一桌两凳，条件艰苦，革命前辈们衣着单薄，冒着严寒，一边烤火一边满怀激情地讨论中国革命的前进方向，带领中华人民共和国迎来曙光。

会址右侧前面还有1口水井和1个池塘，过去因池塘生长着中午开花的"午时莲"，所以又叫莲花池。毛泽东最喜欢在莲花池边散步、休息和思考问题。而会址背后的远山，当地人亲切地称它为"主席山"，因其酷似毛泽东仰卧的头像而得名，远远望去那后梳的头发、宽广的前额、高耸的鼻梁、饱满的下颌，无不惟妙惟肖，栩栩如生，仿佛伟人仍然在这里静静地思考、求索。

【结束语】

今年是中华人民共和国成立75周年，也是古田会议召开95周年。古田会议永放光芒，星星之火，燎原中国。它激励我们一定要传承好红色基因，把先辈们用鲜血和生命铸就的优良传统一代代传下去。

各位游客，古田会议旧址参观就到此结束了，再次感谢大家对我工作的支持和配合，欢迎再来，祝旅途愉快。

（九）永定土楼

【导览线路】洪坑土楼群—高北土楼群—南溪土楼群—初溪土楼群—中川古村落

尊敬的各位来宾，欢迎大家来到世界文化遗产地——福建土楼永定景区。我是导游小张，今天很荣幸能给大家提供服务，希望大家乘兴而来，满意而归。

外地来的朋友也许会问，到底什么是土楼呢？土楼是来自中原的客家先民，南迁到福建山区，为抵御野兽和外敌入侵，结合当地的自然环境，建造出的极具防御功能的夯土民居建筑。土楼以历史悠久、规模宏大、造型奇异、风格独特而闻名于世，被誉为"神话般的山区建筑"。分布在闽西南一带的客家土楼，是东方血统伦理关系和聚族而居传统文化的历史见证，体现了世界上独一无二的大型生土夯筑的建筑艺术成就，具有普遍而杰出的价值，在2008年被联合国教科文组织以"福建土楼"的统称，列入《世界遗产名录》。被列入名录的福建土楼一共"六群四楼"，主要包括龙岩市永定区的"三群两楼"，初溪土楼群、洪坑土楼群、高北土楼群及衍香楼、振福楼，南靖县的"两群两楼"，田螺坑土楼群、河坑土楼群及怀远楼、和贵楼，还有华安县的大地土楼群。其中福建土楼（永定—南靖）旅游景区在2011年被评为国家AAAAA级旅游景区。

我们今天要去的景区——福建土楼永定景区位于福建省龙岩市永定区境内，永定于明代中期（1478年）建县，历史上由于境内连年发生农民起义，故取名永定，意为"永远平定"，2014年撤县改区。这里是著名革命老区、原中央苏区核心区，是客家故里、著名侨乡，底蕴深厚、名人辈出，被列入中国旅游百强县。在我们永定这片2200多平方千米的土地上，分布着2万多座土楼，占福建土楼70%以上。其中，永定最经典的土楼群落要数永定土楼五朵金花，它们分别是：规模最大的圆形土楼之王——宛如牡丹的承启楼，最富丽堂皇——宛如芙蓉的振成楼，最秀美——宛如玫瑰的振福楼，最生态——如山茶花般的初溪土楼群和被誉为"土楼长城"，像杜鹃花一样热情的南溪土楼沟。

现在就让我们一起去探访永定土楼这五朵金花。我们的第一站，就是土楼王子振成楼所在的土楼群——洪坑土楼群。

福建土楼永定景区·洪坑景区
【导览线路】 振成楼—如升楼—福裕楼—奎聚楼—庆成楼

洪坑土楼群，因为是土楼王子振成楼所在地，又被称为王子景区。洪坑土楼群位于永定县湖坑镇东北面的洪坑村。13世纪（宋末元初）林氏先人在此开基，最早建造的土楼已经坍塌，现存土楼多为明清时期建造。这个村的土楼历史悠久且保存相对完好，具有极高文化价值和欣赏价值，其中有大名鼎鼎的土楼王子——振成楼、府第式建筑——福裕楼、宫殿式建筑奎聚楼，它们都是全国重点文物保护单位。前方不远处，就是振成楼了。

【振成楼】

各位来宾，大家眼前的这座土楼就是振成楼。振成楼始建于1912年，由当地的大户人家林氏家族兴建。振成楼的选址与设计者是洪坑村林氏第二十一代林逊之，他是清末秀才，参加过辛亥革命，1912年在汀州府被选为全国众议院议员。他多才多艺，精通书法，并潜心研究《易经》，从中得到启发，按八卦太极图形式进行立体布局和设计振成楼。

振成楼坐北朝南，依山傍水。左右各有一座起伏绵延、逶迤曲折的大山，楼的正面，地势开阔平坦，远望有矮山，恰似文案。振成楼的选址吻合了风水学中"左有青龙，右有白虎，前有朱雀，后有玄武"之说，所以被认为是风水宝地。

当时建造土楼不是一件容易的事情，耗资巨大，费时费力。这座土楼占地5000多平方米，费时5年建成，耗资8万大洋。大家也许会问，林氏家族为何能建得起土楼呢？

这要从当时当地的历史背景说起。明朝万历年间，烟草从国外引进。由于永定的气候和土壤很适宜种植烟草，所以当时的永定烟草，优质又高产。在乾隆年间，永定生产的晒烟烟丝被皇帝御赐为"烟魁"，列为"贡品"。此后直到民国初期，一向驰名海内外，每年有几十万箱条丝烟销往大江南北和南洋列国，不仅给永定人带来了走南闯北、大开眼界的机会，而且还给他们带来了滚滚财源。要制条丝烟，就要有质量过硬的切烟刀。在太平天国时期，为避战乱，洪坑村林氏十九代林在亭率3个儿子林德山、林仲山、林仁山离家学习打烟刀的技艺，回到家乡后自行生产经营，经过多年的艰苦奋斗，所打制的烟刀畅销各地、十分红火，林家兄弟很快富甲一方。振成楼就是由林仁山的儿子林逊之设计并同他的堂兄弟们合力建成的。

振成楼外观看起来就像古代中国的官帽。楼外左右两边建有对称的半月形厢房，右边的厢房，过去是教书读书、培养人才的地方；左边的厢房，过去是"打烟刀"的作坊，烟刀就是来切烟丝的工具。

接下来，请大家仰看大门上方的"振成楼"3个大字，楼名是为纪念上祖福成公、丕振公，从中各取一字命名，并将"振成"两字嵌入对联作联首，"振纲立纪，成德达材"，意即不论是国是家，都要遵纲守纪，才能造就有德有才之人。

振成楼，以富丽堂皇、内部空间设计精致多变而著称，有"最富丽堂皇的圆楼"之称，其局部建筑风格及大门、内墙、祖堂、花墙等所用的颜色，大胆采用了西方建筑美学所强调的多样统一原则，达到了极高的审美境界，堪称中西合璧的生土民居建筑杰作。我们进入振成楼，可以看到振成楼由内外两环楼构成，外环楼是悬山顶抬梁架构的土木结构，内环则是西洋式建筑的砖木结构，形成了"外土内洋，中西结合"的独特风格，被誉为"东方建筑明珠"。

振成楼外环楼高16米，分4层，每层48间小房间，按八卦形设计，每卦6间，卦与卦之间设有防火隔墙，同时也设有拱形门通过。1楼梯为1个单元，有4道楼梯从一层通往四层。一层为厨房和餐厅，天井中有浴室和猪圈，二层为仓库，三、四层为卧室。内环楼同为八卦形设计，按天、地、人三才布局，各辟3道大门，寓意天时、地利、人和。平时主人都从左右边门出入，中门平常关闭，每逢过节、婚丧喜庆或迎接贵宾等重要日子才开。

进了大门，迎面是一副对联："干国家事，读圣贤书。"这是明代忠臣海瑞的自题联，教后代立志高远，有所作为。这副对联与"风声雨声读书声声入耳，家事国事天下事事关心"不仅有异曲同工之意，而且要求上进了一步，重在实践，重在行动，要去"干"，要去"读"。再看门楣上"里党观型"这四个字，还有一行小红字为"大总统题褒"，中间有"大总统印"篆字。"里党"是指四乡八邻的意思，"型"是指模型、模范。"里党观型"意思为：乡里邻居学习看齐的楷模。振成楼为什么能得到当时大总统的题词褒奖？因为楼主人林鸿超及其祖上做了不少好事，热心乡间公益事业，德高望重。当时的民国大总统黎元洪了解他的情况后，特题字褒奖。黎元洪为振成楼的题词还有"义形可风"和"义声载道"，等一会儿我们可以看到。

请看石柱上的两副对联。中间一副上联是"振乃家声好就孝弟一边做去"，意思是说，孝敬老人长辈，兄弟友爱协作，是兴家旺业的基础；所以要振起家声应当沿着"孝悌"这方面去做（乃：相当代词"那"；好：指宜，应当；弟：是"悌"的古代写法，敬爱兄长的意思）。下联是"成些事业业端从勤俭二字得来"，意思是勤和俭是任何时候做任何事业的成功基本要素之一，所以凡能成就些事业，都正是从勤和俭中得来（端：指正是）。另外一副的上联是"能不为息患挫志自不为安乐肆志"教育子孙不能因为"息患"（没有忧患）而松懈奋发向上的意志，更不能因为处在安乐境地而不顾一切肆意妄为，放纵情志导致衰亡。下联是"在官无傥来一金居家无浪费一金"讲的是对生活和金钱的态度。叮咛后代，若能显达为官，掌握一定的权力，不得放纵贪欲，谋取不义之财；若居家过日子，顺境时要想到逆境时，当家要懂得理财，不得轻易浪费分文（傥来：指偶然而来，非分获得）。楼主深谋远虑，强调居安思危，戒奢以俭，以长振家声。这些对联，今天看来，仍然具有很强的教育意义。

  振成楼内，镌刻和书写的永久性对联一共有12副，这在土楼中是少有的。这些联语有的宣扬儒家积极入世的思想，提出做人要为国为民，建功立业，忠孝两全，光宗耀祖；有的教导人们要勤俭廉洁，积德行善；有的也表达了楼主人在历经坎坷沉浮之后寄情山水、娴静超然的隐士情怀，从中不仅可以看出根在中原的客家人耕读传家、报效国家的精神追求，也可以体察到源远流长的中华优秀传统文化对山野偏隅之地的润泽。振成楼里先后走出了40多位大学生，大部分成了专家教授，还有一位是中国科学院院士，应该说是与楼内浓厚的文化氛围的陶冶和严谨的家训是密不可分的。其他的联语，我们等一会儿再逐一品赏。

  我们现在步入振成楼的中堂大厅，也称祖堂。祖堂是个多功能大厅，可以布置婚丧宴请，可以开会商讨族内事务，也可以当作戏台开展娱乐活动。大家看，祖堂的墙上汇集了众多名家墨宝。首先映入我们眼帘的是横批"承基衍庆""志洁行芳""义行可风""义声载道"，都是中华民国大总统黎元洪题给林鸿超先生家族的。墙上还悬挂着振成楼设计师林逊之夫妇的肖像。右侧这幅是他的父亲和叔叔。请看厅堂正中墙上的"言法行则，福果善根"8个大字，是林鸿超先生亲笔题写的，这是《金刚经》中的一句名言，上句的"法""则"同义，规范的意思。下句将福与善的关系，比作果实与根系的关系，"言法行则"的意思就是说话的规范就是行为的规范，怎么说就怎么做，强调言行必须一致，是儒家传统道德重要信条之一。楼主人将这些信条观念的格言，书写在厅堂中央，以谆谆训示子孙据此立身处世，确保家族永昌。旁边这副对联上联"从来人品恭能寿"指一个人立身行事，言行举止能谦恭有礼，自然容易成功，长久立于不败之地（恭是肃敬的意思，寿是长远之意）。下联"自古文章正乃奇"转而说文章，"奇"指有独特创造，"正"就是规律和法则，还包含思想正统在内。要怎么样才能"奇"呢？不能离开"正"去追求"奇"，认为要"正"才能"奇"。

大家再看右边墙上这副对联"带经耕绿野，爱竹啸名园"。"带经"这个词出自汉朝的倪宽、三国时魏国的常林、晋朝皇甫谧，他们三人都家境贫穷，但勤奋好学，到田里耕作也携带经书，以便工间休息诵读。后来，"带经"便成为一心勤学的典故。下句说的是品德的修养，因为"竹"常被视为虚心、节操坚定，能征服艰难挫折等优秀品质的象征。"爱竹啸名园"意思是爱慕劲竹，聚集在著名的园林里啸歌吟诗，描述的是士人君子在良师益友的熏陶下修养高尚品德。这个"带"字被称为"字王"，它字中有字，字能连句，据说可以分解出许多不同的汉字。比如"一带山水甲天下，少年努力争士才""举世无双，百代流芳"等字句都在其中，实在奥妙无穷。感兴趣的话，可以拍回去慢慢研究。这里众多楹联和题字匾额，处处透露着主人的远知卓见和对子孙后代的良苦用心。

后厅，又叫观音厅，是供奉观音菩萨的地方。客家人从中原南迁途中，饱经战乱和流寇灾害之苦，他们迫切找到救星，以摆脱苦难。于是救苦救难的观世音菩萨就成了客家人的精神寄托，大部分土楼都有专门供奉观世音菩萨的地方。

请大家随我从后厅拱门进入一个独立的单元，这是一个典型的院落。每个单元都设有两个澡堂（男女分开），还有家禽家畜圈等设施。门开，全楼连成一体；门关自成院落。这种设计，既考虑到个体家庭的私密性，又兼顾大家族的联系，这与现代公寓只注重个体个性发展空间，形成了鲜明的对比，也体现了土楼设计的科学性。因此说永定土楼这种聚族而居的环境所形成的文化是很独特的。

在当时的社会条件下，兵荒马乱。客家人为了生存，他们只能聚族而居，建起这样巨大的古堡。如遇外敌侵犯，只要关起门来，这么粗的门闩，这么厚的门板，一般的土枪土炮是难以攻打的。那用火攻怎么办呢？像振成楼一样的有钱人家大门板上钉铁皮，没钱人家在大门顶上设计灭火水槽，直通二楼。一旦敌人火攻，主人在二楼放水，将火浇灭。楼梯上还设有观察孔，可进行自卫还击。即使被围困，土楼内生活必需品一应俱全，养有家禽家畜，还有粮食、菜干等，完全可以满足楼内居民一年半载的生存需要。所以说，土楼在安全防卫方面考虑得十分周到，设施齐全，功能很强。

怎么抗震呢？据县志记载，1918年正月初三，永定发生6.7级强烈地震，倒塌了很多方形土楼，圆楼只有位于湖坑镇南中村的环极楼外墙被震开一条一尺多宽的裂缝，随着时间的推移，裂缝慢慢愈合复原。这不是神话，是科学。为什么呢？因为圆楼墙体的设计是随着高度的增加逐渐向内倾斜，底层厚度1.2米，到墙顶为0.9米，形成下大上小、向心力强的墙体，在夯筑时墙内放入竹片、杉木条，增加了墙身的拉力，大大提高了抗地震的能力，抗震效果十分明显。

另外，值得一提的是土楼的环保作用。土楼取之于泥土、砂石、竹木，所以土楼拆毁后回归自然，特别适宜环保，没有钢筋、水泥等现代建材的污染，大家看二楼走廊的栏杆，这些铁质栏杆是从上海由水路运到厦门，再雇人翻山越岭肩挑至洪坑。祖堂的两侧天井里，各凿有两个水井。这两口水井也就是八卦图中的阴阳二极，代表日和月。

好了，振成楼的讲解就到这里，请大家自由参观。

【如升楼】

眼前这座小巧玲珑的土楼，叫作如升楼，坐东朝西，门前这条溪叫洪川溪，溪对岸就是福裕楼，稍后我们也会过去参观。

如升楼是林氏族人于1901年兴建。传说楼主原先缺少住房，后得一梦：一轮红日下落此地，他认为此地建房好，便千方百计筹措资金，自己出工挑土用了三年时间才建成这座最小的圆楼。因楼小，外观形似客家人用竹筒做成的量米工具"米升"，故名"如升楼"。取名"如升楼"还有更深一层意思——如日东升，光明万年。

如升楼是单圈圆形土楼，土木结构，高3层，直径18.2米。每层16开间，内通廊式。底层为厨房、餐厅，不开窗；二层不开窗，设粮仓，三层为卧室。全楼只设一门，楼门、门厅与后厅（祖堂）同在中轴线上。楼内天井中有一口水井。虽楼内空间极小，但整座土楼家居聚凑，井然有序。

【福裕楼】

各位游客，接下来我们要去的土楼，既不是圆楼也不是方楼，他是府第式土楼，在当地也叫五凤楼。什么是五凤楼呢？大家看，眼前这座土楼，屋顶为九脊歇山顶式，屋脊飞檐为五层叠，犹如展翅飞翔的凤凰，错落有致，雄浑古拙，故名五凤楼。楼内也设厅堂，楼两侧为横楼，有的五凤楼内不设中堂，整座楼简化成"两堂两横式"，被称为缩简式的五凤楼。五凤楼是一个中轴对称的建筑组合，中轴线上分别是上堂、中堂和下堂。作为主体的上堂居于中轴最高地位，含有明确的主次意识，这是黄河流域的中原地区古老院落式布局的延续和发展。

福裕楼是五凤楼的杰出代表，此楼结构高低有序，主次分明，背山临水，与楼后的山坡走势浑然一体，更显恢宏威严。1880年开始兴建，耗资十多万银圆，经历三年时间才建成，占地面积7000余平方米，最盛时期楼内住27户200多人，现为全国重点文物保护单位。该楼由楼主三兄弟（林仲山、林仁山、林德山）的朋友汀州知府张星炳设计。楼前有三个大门，在主楼和横屋之间有小门相隔，外观连成一体、内则分为三大单元。楼名也是张星炳题写，该楼外形像三座山，隐含楼主三兄弟"三山"之意。

我们现在所处的位置，就是福裕楼的外门。这个外门与屋外的水流有一定的旋转角度，在风水学中，水代表财，外门斜对迎请水流，意思是财源滚滚流进来。外门横联：昭滋来许，对联：安堵岂云高百尺，爱庐唯幸避三弓。告诫家人要明白谦逊的道理。

进入外门，我们来到一块儿空地上，这块空地在客家叫作门坪。门坪是全楼居民公共活动场所，平时可以晾晒农作物和衣服，也可以作为重要节日或婚丧嫁娶活动的场所。大家看地上有些小孔，猜猜看是做什么用的呢？没错，这个小孔是用来插棍子，举办活动搭棚子用的，可见古人在建造房子的时候非常细致。

抬头看，福裕楼的大门上一副门联"福田心地，裕后光前"。这对藏头联，不仅表明楼名，还表达了楼主对生活的美好追求。请看楼牌的边框，上面刻有8条龙，5只蝙蝠，8条龙是为有别于皇家的9条龙，5只蝙蝠是五福临门的意思。在两边还有一个楼门，分别为两落横屋进出之处。

进入门厅，在我们的前面就是全楼的中心——中厅了。请看中厅这副对联："几百年人家无非积善，第一等好事还是读书"，充分显示了客家人善恶因果的思想信仰和耕读传家的价值理念。善有善报，恶有恶报，只有多做善事，才能得到好报，才会令家族长盛不衰。耕田可安身立命，读书可以知书达礼义，修身养性，以立高德。

【奎聚楼】

各位游客，不远处就是奎聚楼。奎聚楼坐北朝南，依山而建，是宫殿式结构的方楼。大家看，奎聚楼的建造与周围环境完美融合在一起，整个楼宇与背后的山脊连成一体，像猛虎下山，奎聚楼即虎头，楼前围墙上的两窗，像一对虎眼；楼西筑一黄屋，表示虎的右耳；楼东建一烟棚，表示虎的左耳；大门墙框涂上石灰，表示虎的白额。加上楼前自然隆起的两个小土丘，像老虎的两条前腿，远远看去，像一只威猛强劲的"白额吊睛虎"。

奎聚楼是洪坑村第十八世祖奎扬公修建的，约建于1834年，已有190年历史，占地6000多平方米，高约15米，用3年时间建成。一百多年里，楼里考取进士和官至七品以上的有4人，大学生有20多人，海外华侨有40多人，正如大门对联所言："奎星郎照文明盛，聚族于斯气象新"。楼主林奎扬原为士林中人，后官场失意，便做生意，发了财，据说家资百万，生了七个儿子，可他依然殷切期望儿孙能够文运亨通，英才辈出。

奎聚楼把方楼与五凤楼融为一体。它因地制宜，顺应前低后高的地势，分为3级，每级建一堂，这种高低有序的层次，不仅错落有致，而且给人庄重、高贵的感觉。主楼为方楼，土木结构，面阔33米，进深31米，底层墙厚1.5米，内通廊式。前半部分高3层后半部分高4层，前低后高，落差较大。前半部分的一二层不开窗，后半部分因靠近后山，一二三层不开窗，全楼只设一个大门出入。而楼中的雕刻、彩塑和绘画中的花鸟、人物、山水、台阁、故事都显得活灵活现，充满了浓郁的客家历史韵味。

【庆成楼】

庆成楼坐落在洪坑村东南部，振成楼的东南侧，建于1937年。正方形土楼，坐东北朝西南，占地约1100平方米。高3层，面阔7间，进深6间，中为天井，内通廊式，一、二层不开窗，全楼设4道楼梯，1个大门，1口水井，后厅为祖堂。

庆成楼内有"客家家训馆"，创立于2014年6月，为全国首家客家家训馆。家训馆分为室外氛围营造和室内展陈两部分。展厅按客家源流、家训家规、客家厅堂、楹联匾额、家训故事、客家私塾、客家俗语、家庭美德等10个部分进行展陈。

福建土楼永定景区·高北景区（土楼王承启楼）

【导览线路】侨福楼——承启楼——世泽楼

高北土楼群位于永定区东南的高头乡，是福建土楼世界文化遗产精华之一，也是永定土楼的代表作。被列入《世界遗产名录》的土楼有承启楼、五云楼、世泽楼、侨福楼4座土楼。其中最为盛名的是圆楼之王——承启楼，始建于明崇祯年间，三代人经过83年的努力才建成。紧邻承启楼的是方形的"世泽楼"，两楼相距不过十多米之遥，楼顶屋檐方圆结合，形成一线天式的景观极具观赏性。世泽楼再往前就是古老的五云楼，五云楼是一座方形土楼，该楼距今有近六百年的历史，是高北土楼群最古老的土楼。明嘉靖年间始建的"五云楼"，因楼内人口过于密集，于明崇祯年间开始建承启楼。20世纪50年代建"世泽楼"，后于20世纪60年代又建"侨福楼"等一批土楼，从而形成了今天的高北土楼群。

我们先去参观最近的这座土楼——侨福楼。

【侨福楼】

侨福楼始建于1962年，是楼主在海外的兄弟筹资兴建。每年建一层，三年建成。侨福楼是单圈圆楼，直径45米，高3层，内通廊式。中间为天井，底楼正对着大门中间有一个厅堂。祖堂建筑风格中西合璧，在后侧中轴线上，向内院突出，正面有4根西式圆形石柱。内院以花岗石铺地。中西合璧的设计让侨福楼成为20世纪的新型庄园和最新土楼的代表。这座楼因出了11个博士而闻名于世，又被称为博士楼。这正是客家人启发教育子女，向事业有成的前辈学习的典范。目前这里已经成为民宿。

【承启楼】

眼前这座土楼，就是圆楼之王——承启楼。为什么叫圆楼之王？有一句话这样形容它，"高四层，楼四圈，上上下下四百间；圆中圆，圈套圈，历经沧桑三百年"，承启楼造型奇特、规模宏大，1981年被收入《中国名胜词典》，号称"土楼王"，与北京天坛、敦煌莫高窟等中国名胜一起竞放异彩。同年又被列入《世界建筑史》，1986年，邮电部发行的一组中国民居系列邮票，其中福建土楼民居邮票就是以承启楼为图案。"土楼王"的美誉由此而来。

承启楼始建于明崇祯元年（1628年）到崇祯十五年（1642年），而后依次建造第二、三、四环，清康熙四十八年（1709年）才全面落成，历时81年，经三代江氏家族人的努力，终于完成了这部建筑传奇。相传在建造过程中，凡是夯墙时间均为晴天，直到下墙枋出水后，天才下雨，所以工程进展很顺利，承启楼人有感于老天相助，于是又把承启楼称作"天助楼"。

整个楼体占地面积5000多平方米，全楼由四座同心环形建筑组合而成，外环为主楼，高4层，直径73米，每层有72个房间，往里第二圈，有2层，每层40个房间，第三圈为单层，有32个房间，中心为祖堂，全楼共有400个房间，3个大门，2口水井。承启楼最多的时候住过80多户人家，800多人。承启楼里有一副堂联："一本所生，亲疏无多，何须待分你我；共楼居住，出入相见，最宜注重人伦"。所描绘的正是一楼人和睦相处、其乐融融的动人情景。

我们抬头看承启楼大门两侧的门帘"承前祖德勤和俭，启后子孙读与耕"，继承祖先勤俭美德，启示后代重视耕读，属于典型的客家家训文化。进入大门，我们可以看到承启楼的风格与振成楼类似，二者都是大型内通廊式圆形土楼。外环楼的四层，一、二层外墙不开窗户，只在内墙开一小窗。一层是灶房，二层是谷仓，三、四层都是卧室。

祖堂位于中央的内环，是楼内居民举行重大仪式的场所。祖堂内随处可见名家政客的题匾，最珍贵的莫过于眼前这个楠木寿屏了。这件稀世奇珍是清乾隆十九年（1754年），承启楼创建者江集成次子江建镛七旬寿辰时，朝中尚书、京城太学士们合赠的。寿屏由12扇楠木板连接而成，雕刻面积达15.03平方米。正面中间雕刻一幅特大的《郭子仪拜寿图》，上下两边分别为《二十四孝图》和《四季图》，雕刻着从三公九卿、文武百官到凡夫俗子、平民百姓，凡187个人物，个个栩栩如生。

承启楼按照《易经》八卦进行布局，外环、二环、三环均分为8个卦。外环卦与卦之间的分界线最为明显，底层的内通廊以开有拱门的青砖墙相隔，造型精巧，从上向下俯视承启楼，相当壮观，犹如一座城堡，一座家族之城。

【世泽楼】

从承启楼出来，抬头仰望，就会发现这"一线天"，这一圆一方，寓意着天圆地方，接下来我们一起去看一看这座方形土楼世泽楼。

世泽楼始建于清嘉庆年间（1796—1820年）。大门口地面有鹅卵石铺成的古代钱币模型，它象征着招财进宝。楼内一门、二井、三堂、四梯，设计合理，符合家族群居的特点。

外部楼体高四层，四层内通廊式，二、三层四面各有两间伸至回廊外，不能相通。二层以上不设厅堂，楼内侧每隔一间以生土墙承重，每两间之间以土坯砖相隔、承重。中厅已废，两侧为石木或土木结构单层厢房。后厅为祖堂，上方悬挂匾额"邦家之光"。

【结束语】

各位游客，我们的土楼参观就要结束了。来我们永定土楼，白天可以欣赏风格各异的土楼建筑，体验非遗民俗文化，夜晚可以体验景区沉浸式文旅夜游，观看天涯明月刀沉浸式剧场，现场感受土楼魅力。让我们一起期待晚上的精彩演出！

（十）南平武夷山

【导览线路】 五曲桥—武夷精舍—云窝—晒布岩——茶洞—天游峰—虎啸岩—一线天—九曲溪—武夷宫—大红袍景区—水帘洞

各位游客，大家好，欢迎来到武夷山！

武夷山位于福建省西北部，闽赣交界处，东南地区重要生态安全屏障，属典型的丹霞地貌，大自然亿万年的鬼斧神工，形成了奇峰峭拔、秀水潆洄、碧水丹峰、风光绝胜的美景，素有"碧水丹山""奇秀甲东南"之美誉，是首批国家重点风景名胜区之一。景区内有三十六峰、七十二洞、九十九岩及一百零八景点。不仅全年有景，四季不同，而且阴晴风雨，其山川景色变幻莫测，瑰丽多姿。郭沫若因此感慨："桂林山水甲天下，不如武夷一小丘。"郁达夫也出言不凡，在《游武夷》诗中赞道："山水若从奇处看，西湖毕竟小家容。"虽是文学家的夸张之言，但足见武夷山水的瑰丽。

武夷山分布着世界同纬度带现存最完整、最典型、面积最大的中亚热带原生性森林生态系统，拥有2527种植物物种，近5000种野生动物，是许多古代孑遗植物物种的避难所，其中许多为中国所特有，且在世界其他地区罕见。大自然赐予了武夷山独特和优越的自然环境，也吸引了历代高人雅士、文臣武将在山中或游览或隐居或讲学。文士的驻足在九曲溪两岸留下众多的文化遗存：有朱熹、游酢、熊禾、蔡元定等鸿儒大雅的书院遗址；有堪称中国古书法艺术宝库的历代摩崖石刻。

　　武夷山也是三教名山。自秦汉以来，武夷山就为羽流禅家栖息之地，留下了不少宫观、道院和庵堂故址。南唐时的武夷山已跻身于中国的名山大川之列，被称为道教的第十六洞天。它不仅被称为"道南理窟"，而且被誉为"闽邦邹鲁"，是中国东南部的一座文化名山。

　　"千年儒释道，万古山水茶。"武夷山有着山水风光之美，更有"岩骨花香"之韵的武夷岩茶，这里"岩岩有茶，非岩不茶"。"铁观音"盛产于此，驰名古今中外的"大红袍"，就产于"九龙窠"。

　　自然和人文的魅力在武夷山相辅相成，绽放光彩。1999年，武夷山作为自然与文化双重遗产被联合国教科文组织列入《世界遗产名录》。2021年3月22日，习近平总书记到武夷山考察时称赞，"武夷山有着无与伦比的生态人文资源，是中华民族的骄傲"。

【五曲大桥】

　　五曲大桥是通往天游峰的必经之路，也被称为"通天桥"。桥下为武夷山九曲溪国家级水产种质资源保护区，溪水澄碧清澈，鱼群汇集，悠游自在。五曲大桥也是九曲竹筏的必经之处，一艘艘竹筏在碧波上川流而下，有艄公吆喝，有竹筏破水声。这不就是诗人所说的"你在桥上看风景，看风景的人在桥下看你"的场景重现吗？

　　大桥左侧的山峰名叫文峰，临溪而立，巍然一石，相传魏王子骞沐浴于九曲溪后，在此更衣后飘然直上毗邻的天柱峰，升天而去。大家请看，岩壁上刻有"更衣台""玉皇大天尊"的摩崖石刻。道教典籍记载，"学仙者，当于天台注名，武夷换骨"，到九曲溪沐浴，在更衣台更衣，而后羽化登仙。"更衣台"是道教成仙的最后一站，"玉皇大天尊"是道教的最高领袖，为什么会刻在这么不起眼的地方呢？道教认为九是最大的阳数，代表至高无上，五是阳数的中间数，代表平衡持久，而五曲大桥位于九曲溪的第五曲，这个大桥的"九五"之位，也是"通天"之名的由来。这座桥饱含道家的文化深意，也是三教文化中的一个缩影。

【武夷精舍】

从北宋到清朝，九曲溪两岸有35处古书院遗址，其中最著名的便是隐屏峰下朱熹所创建的武夷精舍遗址。武夷精舍又称紫阳书院、武夷书院，是朱熹著书立说、倡道讲学之所。宋淳熙五年（1178年），朱熹与妹夫刘彦集、隐士刘甫共游武夷时，被旋绕环折的九曲溪和云气流动的隐屏峰所吸引，萌发了"眷焉此家山"的念想。经过数年的苦心经营筹措，朱熹亲自带领一众弟子荷锄挑担、垒石砌瓦，武夷精舍终于在宋淳熙十年（1183年）动工。精舍落成之后，朱熹怀着喜悦的心情，写了《精舍杂咏十二首》，并撰写诗序，以记其盛况，此后朱熹以"山中客"自称。建宁知府韩元吉写了《武夷精舍记》，著名历史学家袁枢写了贺诗，连大家熟知的陆游也寄来贺诗四首。朱熹逝世后，武夷精舍多有重修。南宋后期扩建，改称紫阳书院（紫阳为朱熹的别号）。元至正二十五年（1365年）毁于兵灾。明正统十三年（1448年），朱熹八世孙朱洵、朱澍出资重建，又称"朱文公祠"。明正德十三年（1518年）重修后称"武夷书院"。如今我们看到的这些建筑，是2001年按照清代董天工"武夷精舍图"以仿宋古建筑风格在原址重建的，占地1407平方米，建筑面积879平方米，包含了序厅、朱熹生平展厅、讲堂和遗址区等多个区域。

精舍古时多指书院。武夷精舍并不精致，相反还颇为简陋，为什么却被时人称为"武夷之巨观"呢？发出如此感叹，无疑是对朱熹及其学说的仰慕。钱穆先生高度评价了朱熹在中国理学史上的地位。他说："在中国历史上，前古有孔子，近古有朱子。此两人皆在中国学术思想史及中国文化史上发出莫大声光，留下莫大影响。旷观全史，恐无第三人堪与伦比。"学者蔡尚思感叹："东周出孔丘，南宋有朱熹。中国古文化，泰山与武夷！"中国历史上，能被尊称为"子"的人不多，老子、孔子、墨子这些都是春秋战国时期开宗立派的人物。而被称为朱子的朱熹，是孔孟以来儒学的集大成者，也是唯一并非孔子亲传弟子而能够享祀孔庙的人。南宋理学家张栻（1133—1180年）曾说："当今道在武夷。"在武夷精舍的这段时光，朱熹以儒学为本，融合释、道学说中的合理部分，理学思想更加完善、缜密。活跃于中华大地上的儒、释、道思想终于出现第一次有机融合，极具中华文明特色的哲学思想体系终于在武夷山下诞生，成为后世元、明、清三朝的官方思想体系。

创建武夷精舍时，朱熹已53岁，他有8年在此讲学，广收门徒，著书立说，聚众讲学，培养弟子"数百千人"，写成《易学启蒙》《小学》《孝经刊误》等一系列著作。他始创"四书学"，即把儒教创始人孔子、孟子和他的学生曾参、子思的经典论著《大学》《中庸》《论语》《孟子》汇成一个系列，加以权威性的阐述、诠释，名之为《四书章句集注》。《四书章句集注》成为明清以后科举取士的重要典籍。

在朱熹的影响下，四方学子接踵而来。朱熹之后，一批理学名家也相继在武夷精舍附近择地筑室，著述讲学。如刘爚的"云庄山房"，蔡沈的"南山书堂"，蔡沆的"咏雪堂"，徐几的"静可书堂"，熊禾的"洪源书堂"等。武夷山因此被称为"道南理窟"。

出于对朱熹的崇敬和仰慕，后人不仅重修了武夷精舍，还以此为依托，辟出一方"朱熹园"，莹莹绿地，幽幽树林。我们现在所处的位置就是朱熹园，眼前的这尊铜像正是朱熹的坐像。他左手半曲，五指张开，作讲课姿势，似与游人讲解他的理学思想，又似与眼前的山水对话，领悟理学的真谛。

穿过写有"武夷精舍"4个大字的牌坊，我们来到一座仿宋宫殿式的大门前。大门上悬挂的是康熙皇帝题写的匾额："学达性天"，主要表彰这些书院对于传承理学、培养人才的贡献。"学达性天"有着丰富的内涵，主要是指通过教育、做学问、"养性"，达到"性命合一"，达到"性"和"天"的统一。"学达"指的是书院的学理通达、练达、达观；"性天"则是指书院主张树人要性情天然，要因势利导培养人才，或者说要灌输给学生天人合一的哲学观念。这既是儒家所推崇的理想人格，也是中国教育几千年不变的目标。现在的理解可以更广泛些，"性"向内，"天"向外，分别是人文学科和自然科学。一流大学，就应该"学达性天"。

我们先看大门两侧的草书楹联，"接伊洛之渊源，开闽海之邹鲁"。"伊洛"本指伊河和洛水，是穿过洛阳城的两条河流，也代指洛阳城。这里指代的是"伊洛之学"，是程颢、程颐开创的理学学派。朱熹继承和发展了"二程"的学说，也吸取了北宋其他理学家的某些观点，完成了宋代理学集大成的历史使命。后人把创立和完成这一理学体系贡献最大的二程、朱熹连在一起，合称为"程朱理学"。这也是上联"接伊洛之渊源"的含义。下联"开闽海之邹鲁"中的"邹"是孟子故乡，"鲁"是孔子故乡，后以"邹鲁"指文化昌盛之地，意思是说朱熹在福建创建了新的文化中心，是对朱熹成就的褒扬。

　　大门中间的对联是北大历史学家张岱年教授创作并亲自书写的，"致广大而尽精微，网罗历代；尊德性而道问学，体用兼赅"。上联说的是朱熹融合了当时的各种思想潮流，特别是中国最有影响的儒、道、释三家的思想，专研深入，创建理学。下联的"尊德性而道问学"是说君子既要尊德性，又要研学问；"体用"两字更是中国哲学的一对范畴，指本体和作用。"体用兼赅"是说，理学的本体和作用都是完备的，没有理论上的缺失。

　　我们接着往里走，请看上方的匾额，"静中气象"。强调以静修身，以静养心，从静中能够看到万千气象，体察自然规律，领悟理学真谛。

　　我们来看外侧的这副楹联："集大成而绪千百年绝传之学，开愚蒙而立亿万世一定之规。"这副对联也是康熙所书。"集大成"用的是孔子的典故。曲阜孔庙有大成门、大成殿，是赞扬孔子的学问是集先贤先圣之大成，用在这里，同样是赞扬朱熹是继孔子之后的儒家集大成者。下联的"立亿万世一定之规"是说朱熹的理学思想成了后世必须学习和遵守的规范。朱子理学在元明清的中国、东亚和东南亚国家中占据统治地位达数个世纪，并在哲学和政治方面影响了世界很大一部分地区。

　　穿过几道门廊，就是精舍的讲堂，匾额上有四个大字——"理学正宗"。到底什么叫理学？广义的理学，泛指以讨论天道性命问题为中心的整个哲学思潮，包括各种不同学派。理学发端于那位写了《爱莲说》的周敦颐，因其原来居住在道州濂溪，世称濂溪先生，他的学说被称为"濂学"；程颐、程颢两兄弟师承周敦颐，又自有创造，因为他们家居洛阳，他们的学说被称为"洛学"；张载是二程的表叔，但曾虚心向二程学习，也创建了自己的学派，由于他家居关中，故他的学说被称为"关学"；张载曾与苏轼、苏辙是同科进士，他的"为天地立心，为生民立命，为往圣继绝学，为万世开太平"的"横渠四句"一直是后世传诵的名言；朱熹在吸取其他理学派思想的基础上，完成了理学集大成的历史使命，因他是福建人，因此他的理学思想又称为"闽学"。这四派合称为"濂洛关闽"四大学派，其实都算得上是正宗理学，只是朱熹做了最后的系统化的整理，从这个角度来说，也不愧是"理学正宗"。

进入武夷精舍的大殿，只见大殿正中的墙上有一幅《孔子行教图》，正中一个直立着的真人大小的朱熹讲学的蜡像，墙上有朱熹所书写的四个大字——忠、孝、廉、节。大殿正中匾额题词为："万世宗师"。与"万世师表"的孔子一样，"万世宗师"的朱熹也是一个著名的教育家。他长期从事讲学活动，精心编撰了《四书集注》等多种教材，培养了众多人才。朱熹认为人性分为"天命之性"和"气质之性"两种。"天命之性"是指人天生具备的善良本性，包括仁、义、礼、智等封建道德，是先天的善性所在，人人皆有；"气质之性"则是指人体形成之时，必禀此气，由于气精粗、厚薄、清浊、久暂的不同，就产生了善恶、贤愚、贫富、寿夭的不同和性格上的差异。它有善有恶，是名曰"气质之性"。上述二性并存于人身，这就是朱熹的人性二元论观点。那么，教育的作用就是保护和发扬人的"天命之性"，同时改变人的"气质之性"中不好的气质，使之成为善的气质。

1999年，武夷山被联合国教科文组织列为世界文化与自然双重遗产，其"文化"部分与朱子理学有着密不可分的关系。"问渠那得清如许，为有源头活水来"，朱熹笔下的这一名句，道出了中华文明生生不息的密码；"等闲识得东风面，万紫千红总是春"，则道出了中国人基于深厚底蕴的文化自信。武夷精舍是打开武夷山的另一种方式，也是研习朱子理学的一个别样窗口，是后人缅怀先哲之所，更是"继往圣，开来学"之传承高地，是我们今天从事文化传承的榜样。

【云窝】

云窝位于接笋峰西壁岩下，这里巨石倚立，背岩临水，地处武夷山风景区精华地带，为武夷首胜之区。云窝有大小洞穴十余处。清晓时，洞内的空气溢出洞外，与冷空气相遇而凝聚成雾，弥漫分散，如云朵从山窝中奔涌而出，故名云窝。云窝有上、下之分，铁象岩上，叫上云窝；岩下，叫下云窝。

云窝历来是古代文人墨客、名宦隐者潜居养心之所在。最著名的就是陈省。陈省，福建长乐人，字孔震，号幼溪，嘉靖年进士，官至兵部右侍郎，兼金都御史，人称他为少司马。明万历十一年（1583年），因与张居正政见不一受罢官的陈省，行走在回乡的路上，他虽然没了衣锦还乡的威仪，途中的武夷山水却让他情有独钟。于是陈省在武夷山的接笋峰下，五曲的上、下云窝之间筑室隐居，名曰"幼溪草庐"。这位本应统领千军万马的少司马，却解甲归隐云窝，到此独善其身，一隐就是十三年。十三年中，陈省建宾云堂、栖云阁、巢云楼、生云台、迟云亭、停云亭等16处亭台楼阁。可惜这些建筑都已被毁，只在岩石间留下了些许摩崖题刻，还能让人依稀记起昔日的繁华。陈省在云窝桃花酿酒、春水煎茶；自得其乐、宠辱不惊。他常凝神久思，领悟云的灵动。他觉得随风飘逸的云，时卷时舒，与人世间的芸芸众生相连，与大千世界事象相似，故而便有了"云窝""云窠""云路""云桥""云崖""云关""云台""留云""嘘云""卧云"等20多幅云系列的石刻诞生，是全国唯一以云为题材的摩崖石刻群。历经岁月风雨，这些"云"再也飘移不去，永远定格在长满青苔的岩壁上，与山水传奇共同营造出隽永的人文风景。

历代文人寄情于武夷山水，留下了精湛石刻和碑刻四百余处，大都是宋、明、清时代的遗墨。篆、隶、楷、行、草各种字体都有，蔚为壮观。

为恢复云窝这一武夷首胜之区的历史风貌，武夷山管理委员会在原来的故址上，重建了水月亭、石沼青莲亭、白云亭、望仙亭、仙奕亭等大小十多个竹、木、水泥结构的仿古建筑。这些亭子，有的建在壁立万仞的峰腰上；有的立在九曲溪畔；有的掩映在竹林丛中，亭中设有古色古香的木椅，可供大家歇脚休憩。

【晒布岩】

云窝有大小洞穴10余处，沿狭处一路前行，顿觉眼前豁然开朗，便是晒布岩所在。晒布岩立于六曲溪旁，是一座如刀切、似斧劈的巨大岩壁，直上直下，阔大平坦，高达500米，宽约1000米，宛如一扇巨大的屏风挺立于天地之间，被称为"亚洲第一巨石"。晒布岩石色微红，寸草不生，斧劈刀削，壮观耐看。隐居云窝的陈省晚年遍游武夷山水，在此留下摩崖石刻——壁立万仞，诉说着它的宏伟。

晒布岩半壁有几道深深的痕迹，如同红润的掌印，相传这是仙人留下的。在很久以前，九重天上的织妇女，每天都要背着锦囊，唱着歌儿去采集五彩云锦，配上一缕缕金丝银线，织成一匹匹绫罗绸缎，献给王母娘娘。一天清晨，负责挑担送布的赤脚大仙，挑着云锦来到武夷山，被神奇的碧水丹山迷住，便放下担子去游玩。等他听到天宫的击鼓声时，才想起锦担，此时绫罗绸缎已被晨露打湿，于是，他便把一匹匹锦晒在岩壁上，一直垂到六曲溪边。大仙用手将锦缎抚得平平整整，没想到阳光过于强烈，锦缎被晒化融进了光滑的岩壁里，就连大仙按云锦的手印也留在了岩壁上。

【茶洞】

茶洞位于五曲溪北、天游峰脚下，处于"峥嵘深锁"的峡谷之中，面积约2600平方米，东、南、北三面为仙游岩、玉华峰等岩峰所包围，唯西面一条岩谷通道形似洞口，通道内有仙浴潭、留云书屋诸胜。"茶洞"两字遒劲有力，韵味深长，就镌刻在仙浴潭附近的清隐岩壁上。

走进茶洞，眼前豁然开朗。洞内宽敞明亮，石壁上长满了青苔，给人一种古朴而幽静的感觉。洞顶有水滴不断滴落，发出悦耳的叮咚声，宛如一首自然的乐章。

相传武夷山第一棵岩茶就出于茶洞。武夷先人自古就把茶洞视为岩茶发源地，并当作圣地朝拜，足见茶洞在茶史上的显赫地位。各位游客，请看，茶洞内种满了茶树，一垄垄，一行行，排列得整整齐齐。嫩绿的茶叶在阳光的照射下，闪烁着晶莹的光泽。空气中弥漫着淡淡的茶香，让人心旷神怡。传说古时山中有一乐善好施、助人为乐的老人，名"半仙"。一日上崖采药不幸跌下山脚，昏迷中有仙人以茶叶喂之，并赠茶树几株。半仙醒后，疼痛即消，精神清爽。他见此处有天游、仙游、隐屏、接笋诸座高峰回绕，自成一方天地，山泉汩汩润土，少阳多阴，便把茶树种下，果然茶树茂盛，品质极佳。漫步在茶洞间，仿佛能听到古人喃喃地低语，感受到茶叶千年的高歌。

茶洞不仅是一个景点，更是武夷山茶文化的传承地。这里的茶农世代以种茶为生，他们对茶的热爱和执着，让人肃然起敬。茶洞也见证了武夷山茶文化的源远流长。

【天游峰】

从茶洞到天游峰一览台800多级石阶，比较陡峭，犹如一条通天之道，请大家小心慢行。

天游峰为武夷山第一胜地，海拔408.8米，是一块巨大的且没有一丝裂痕的沉积岩,据说是亚洲第一大整块岩石。它独出群峰,云雾弥漫,山巅四周有诸名峰拱卫,三面有九曲溪环绕,武夷全景尽收眼底。由于山洞较多,形成很多云窝——孕育云雾的独特地形,缕缕云雾从洞口徐徐冒出,亦真亦幻,莫测无常。登峰巅,望云海,变幻莫测,宛如置身于蓬莱仙境,遨游于天宫琼阁,有时还可看到奇妙的"佛光",故名天游。

现在我们已到半山亭中,请大家稍作休息,补充水分。回望来路,豁然开朗,群山间辟出一条绿色的绸缎,曲折盘旋,绕峰而过,水中有竹筏点点,徐徐前行,碧水丹山,动静有宜。

我们到了上天游的一览亭,亭子濒临悬崖,高踞万仞之巅,是一座绝好的观赏台。从这里凭栏四望,云海茫茫,群峰悬浮,九曲蜿蜒,竹筏轻荡,武夷山山水尽收眼底,令人心胸开阔,陶然忘归。徐霞客点评说:"其不临溪而能尽九曲之胜,此峰固应第一也。"

天游峰顶有天游阁。原来宋明时所建的道观,早已屋废匾失。如今的仿古建筑,于1983年重修。飞檐翘角的楼阁,挂上了"遨游霄汉"的匾额。一楼供奉开山祖师彭祖及其两个儿子彭武、彭夷的塑像。按《史记》所载,彭祖是黄帝的八世孙,尧帝封他于大彭(今江苏徐州一带)建立大彭国。彭祖带彭武、彭夷二子开发武夷山有功,后人改称今名。

从天游阁往左侧小径,经胡麻涧下山。涧水从峰头直泻而下,如白练千寻,名为雪花泉,为山中一大奇观,北行可到天心等山北景区。涧旁的石壁上,有历代摩崖石刻数十处,琳琅满目,是从不闭展的书法展。一览台、武夷第一峰、无量寿佛、奇胜天台、福地洞天等摩崖石刻不仅点缀了武夷山美丽如画的风景,而且蕴含着中国传统文化深邃博大的思想内容。其中"第一山",是武显将军岭南徐庆超(1776—1834年)于道光壬辰(1832年)冬题写。意思是说天游峰即武夷第一胜地,理应号称"第一山"。这处刻着"汉奸汪精卫"五个大字,正值汪逆叛国投敌,举国愤慨,驻扎在武夷山的"军管区政治部"勒石示恨,以不朽青山永镇其人的耻辱,而"精"字故意少一点,暗寓是骂他不吃米长大的。

我们继续下山。请大家留意脚下,小心慢行。

【虎啸岩】

虎啸岩位于天游峰及二曲溪的南面,海拔510米,传说"虎啸"出自古时有仙，曾骑虎啸于岩上的典故。实际上因岩顶有巨洞，山风穿过发出怒吼，有如虎啸，因而得名。

我们已抵达虎啸岩下，抬头望岩，首先映入眼帘是岩壁上"虎溪灵洞"四个大字。北宋末、南宋初抗金名臣，民族英雄李纲（1083—1140年）游览虎啸岩，题诗："昔年雕虎啸幽岩，千里清风皱碧潭。"虎啸岩陡峭凌空，又泉石兼具，有"极目皆图画"的美称，是武夷山屈指可数的佳境之一。

虎啸岩的上山路从绝壁陡崖上开凿而出，这条栈道是1993年开凿的，被称为"好汉坡"，足见它的陡峭。

我们现在爬到了集云关。集云关位于虎啸岩峰腰，为上、下虎啸的分界。它处在谷口交叉处，三条峡谷涌来的风云都要经过。风云变幻时，云雾翻滚聚散，蔚为壮观，故名集云关。关隘处有一斜敞洞口的洞天，称为企仙台，是观赏云海的佳处。清代诗人沈宗敬（1669—1735年）在《虎啸八景·集云关》诗中赞曰："嗟彼出岫云，随风日来去。灵峰洞壑深，能使云常住。"

再往前走就是定命桥，位于虎啸岩之巅。岩顶有一条劈向涧底的岩罅，宽仅二三米，形如一曲大王峰的投龙洞。古人在此架设独木桥，石壁上镌刻"定命桥"，喻为考验世人渡过迷津通往佛界的仙桥。凭栏俯视，涧深莫测，涧水隆隆，令人耳聋目眩。风景区管理委员会为改善旅游环境，已建造一座水泥桥通过狭罅，并护持以栏杆。

我们现在准备下山。

我们现在到了天成禅院。天成禅院原为道士栖居的洞天仙府。明朝时，道盛、元镜禅师在下虎啸岩建虎啸庵，在此修行。天成禅院建在虎啸岩的悬崖下，这里千仞悬崖向外斜覆，形成一个巨大的洞府。清康熙四十六年（1707年），从浙江宁波天童寺来了一位名声显赫的泉声和尚，并进庵任住持，他在虎啸庵旧址重建寺院，改名天成禅院。因该寺以岩为顶，以洞为室，整座禅院不施片瓦，却能风雨不侵，故名天成禅院。1994年9月，由信徒捐资10万元在下虎啸原天成禅院旧址大殿后的岩壁上，雕刻一尊观音浮雕像。像高10米，莲花座高3米，总高13米。现虎啸岩的宾曦洞和天成禅院旧址时常有一些僧人驻足。但现在"天成禅院"只剩下这一堵残墙。

在天成禅寺殿堂的右壁，泉水从石隙喷出，洒落石上，蓄流为塘。泉水流淌之声轻快清脆,好像乳婴牙牙学语之音,所以得名"语儿泉"。石上镌有沈宗敬《虎啸八景·语儿泉》诗:"夜半听泉鸣,如与小儿语。语儿儿不知,滴滴皆成雨。"泉水甘洌,为冲泡武夷岩茶的一道名泉。

【一线天】

一线天,位于武夷群峰的南端,在九曲溪二曲南面的一个幽邃的峡谷中,是武夷山最奇的一个岩洞。峡谷里面一座巍然挺立的巨石,宛若城郭,长数百丈,高千仞,名"甫灵岩"。岩端倾斜而出,覆盖着三个毗邻的岩洞:左为灵岩洞,中为风洞,右为伏羲洞。

传说远古时代伏羲大帝来到武夷山一带巡查。他看见周围虽山清水秀,景色宜人,但百姓们却过着穷困的生活。于是,伏羲就决定留下来,教授百姓们生活技术。伏羲首先选了一个岩洞住下来,决定白天教百姓采麻搓绳,晚上教如何织网捕鱼猎鸟。可是,晚上时,洞内一片漆黑,洞外野兽出没,根本无法进行正常的工作。伏羲心想,如果能在山崖上凿出一扇窗,借着月光,晚上就可以织网了。于是,他来到玉帝那里,向其说明来意。玉帝很满意他的济世情怀,便把珍贵的玉斧借给了伏羲。伏羲拿着玉斧,来到武夷山顶,猛然劈下,只听得"轰……"几声巨响,那座山崖裂出一道缝隙。从此,伏羲把自己的计划付诸实施,百姓们学会了各种生存技巧,逐渐过上了丰衣足食的好日子。为了铭记伏羲的恩情,人们便把伏羲住过的洞称作"伏羲洞",把那座断成两处的山崖称作"一线天"。

"一线天"有左右之分。左边的灵岩洞也有一线天,只是比伏羲洞的一线天稍宽些。我们现在从右边伏羲洞入岩内,洞内昏暗潮湿,大家小心慢行。岩顶有裂隙100余丈,就像是利斧劈开一样,最窄处仅30厘米宽,大家只能侧身挤过,夹缝求生,路虽难走,但天光一线,宛如跨空碧虹,大自然的鬼斧神工,令人叹为观止。据科学分析认为,武夷山的红色岩层,是由砂岩、砾岩和页岩交间成层的,岩性比较松脆。在地壳抬升的过程中,岩层受到不均匀的压力的影响,就产生轻微的断裂,形成所谓的"节理"。这种垂直的节理,也就是微小的裂隙,在流水的长年累月地溶解和侵蚀下,就逐渐地扩大延长。而岩层底部质地松软的页岩,也就逐渐侵蚀而去,成为扁浅的岩洞。于是,三洞并列,一线见天的自然奇观就出现了。

我们终于出了一线天,一线天南面,与之相对立的,是楼阁岩。这是一座壁立如屏的石岩，半壁上有几处洞穴，相传这就是所谓的神仙楼阁。

【九曲溪】

武夷山之魂在于九曲溪，发源于武夷山自然保护区主峰——黄岗山西南麓的溪流，清澈清莹，经星村镇由西向东穿过武夷山风景区。盈盈一水，折为九曲，九曲十八弯，因此得名。它全长约10千米，面积8.5平方千米。水绕山行，曲曲含异趣，湾湾藏佳景。宋淳熙十一年（1184年）二月，朱熹与学子共游九曲溪，作《武夷棹歌》十首。《武夷棹歌》是朱熹诗歌的重要代表作，被视为武夷山水的绝唱，后人有许多吟唱武夷的诗作，却没能超越朱熹。郭沫若对此也评价说："九曲清流绕武夷，棹歌首唱自朱熹。"

九曲溪竹筏是必体验的轻松线路，可欣赏两岸的景色。古代文人游览武夷山的九曲溪，多数是从一曲至九曲逆流而上。现在我们所在的位置是九曲竹筏码头，我们将乘竹筏轻舟，从九曲到一曲顺流而下，弄一溪清水，看两岸景致，感受最真切的山水气息。

各位游客，竹筏已飘然前行在九曲溪九曲一带。右侧这座山峰高与天齐，叫齐云峰，为武夷山著名九十九岩之一，也是武夷山三十六峰的第一峰。齐云峰因山石陡峭，直插云霄而得名。齐云峰又像一束熊熊燃烧的火焰，因此，当地人称它为火焰山。据《武夷山志》记载，古时齐云峰，上有齐云亭，下有齐云庵，但因岁月沧桑，当年的齐云亭和齐云庵已荡然无存。如今，在齐云峰的半山腰，齐云庵遗址上，重建了一座造型精美的观音殿，观音殿里，珍藏着一尊十分罕见，目前全国最大的金丝楠木观音。这尊金丝楠木观音高8米，胸径3米，精美绝伦，栩栩如生。殿内还有上百米长的连体根雕，18尊观音像与根雕有机融合，堪称世上一绝。齐云峰是武夷山看日出、观云海、赏美景的最好地方。一年四季，春夏秋冬，日出日落，变化万千，成为闻名中外的摄影胜地。夜间从齐云峰顶俯瞰周边峰麓村庄，各家灯火与繁星辉映成趣，因此山下那一带也有了个很诗意的名字——"星村"。左侧这座山峰叫白云岩，又名灵峰，上有白云庵、白云洞、极乐国，由于这里的白云飘浮不定，极其灵动，因而得名，是观日出云海的绝佳地点。

筏过浅滩，拐个弯便进入八曲。八曲水天空阔，碧水中奇岩怪石似禽似兽，形态各异，有上水狮石、下水龟石、象鼻岩、骆驼峰、猫儿石、海蚌石等石景，被誉为"水上动物园"。各位请看溪北，一对连麓并立的山峰，形体相似，丰满圆耸，传说为王母失落的一对乳房，因而得名"双乳峰"。当雾锁峰腰时，朦朦胧胧有如两朵出水芙蓉，也许因"双乳"之名不雅，明代赵孔昭又将此峰更名"并莲峰"。并莲峰右侧，相传岩石能发出玉石碰撞的清脆声响，又说是山中涧水潺潺而流，叮咚作响，故名"环佩岩"。峰顶有座岩石，神似弓腰欲跃的猫儿，称猫儿石。石旁又有一块赭色岩石，民间称之为猪肝石。两石合称"猫吃猪肝"。

　　大家请看这块石头，前高后低，岩上草木丛生，藤萝缠绕，神似雄狮横卧滩前，面朝西向，昂首扬鬃，逆流奋进，俗称上水狮。上水狮岩麓的溪曲之中有两块坠石。两石重叠堆砌，下面一块形似半露水面的巨龟，浮甲探首欲出水面，头部中央还自然地镶嵌一块大小适度、颜色适宜的砾石，恰似龟的眼睛，俗称上水龟；上面一块则俯首临溪憨态可掬，俗称下水龟。竹筏过，大家再回头观景，只见下水龟长伸颈项，显饮溪之势，与上水龟的翘首溪面相映成趣，两龟嬉戏之状跃然溪中，"移舟换景"之妙愈加突出，俗称"回头望金龟"，此为八曲最奇趣的溪谷景观。溪南岸有一块狭长形岩体，临溪兀立，形似一只巨象饮水溪畔，名象鼻岩。象鼻岩附近又有一峰，似一只漫步溪边的双峰骆驼，叫骆驼峰。

　　竹筏已经行至八曲尽处的芙蓉滩，前方有两块坠石，一如一条鱼，水流击石，磕碰有声；一呈半圆形，形若海蛤，因形分别得名"鱼磕石""海蛤石"。

　　我们已到七曲。请看北岸，那是武夷山最高峰：三仰峰，海拔754米。因为层层叠起，昂首向东，高者为大仰，次者为中仰，再其次为小仰，故名三仰。峰顶的岩壁上镌刻着明代万历年间，林培所写的"武夷最高处"摩崖石刻。如果你在三仰峰峰顶四望武夷全景，座座山峰皆翘首向东，千山万壑尽皆匍匐脚下，会有种"会当凌绝顶，一览众山小"的意气。大家再看西北，那座山峰形似一只肚大顶尖的巨型酒壶，武夷山民誉之为神仙宴饮的酒壶，称之为"天壶峰"。岩体壁立，峰腰有个"天壶洞"。明代诗人杨仕倧赋诗云："壶里乾坤别，神仙自有家。岩高擎日月，地僻锁烟霞。铁笛一声响，碧桃千树花。风灯与泡沫，回首总堪嗟。"

　　竹筏到了六曲。六曲是九曲溪中最短的一曲，但其景色又最佳，被称为"不到天游武夷白游"的天游峰就在这里。六曲北岸苍屏峰下有水流迅疾的

"松鼠涧"。沿溪上行 500 米即可到达武夷洞天佳境的桃源洞，宋代陈石堂、吴正理等曾隐居在此，真是人杰地灵。

五曲是九曲中最为开阔的地方，这里有林木葱郁的平林洲，洲上有隐屏峰、接笋峰、玉华峰等名峰。隐屏峰下有著名的紫阳书院，是南宋理学家朱熹讲学处。隐屏峰的取名一则因其高峻峭拔，直上直下，方正如屏，常年隐在云雾缭绕之中；一则因从溪南晚对峰隔岸眺望，见其丹岩如楼阁挑出的玉宇琼楼，掩蔽在苍郁的翠屏之中，峭拔的峰岩宛若摩天屏障，把云窝、天游诸峰深深地隐藏在峰后，翠屏深锁隐洞天，从而得名。隐屏峰的西面有一石，高约 90 米，尖锐直上，形同立笋，石的半腰横裂三痕，仿佛是折断了又连接在一起，故名接笋峰。关于接笋峰的来历，还有一段有趣的传说。很早以前，接笋峰下有一座石堂寺，寺里住着一百个和尚，其中有个叫王广的小和尚，为人厚道老实，手脚勤快。其余的九十九个和尚又懒又馋，不守清规。在仙人的指点下，小和尚被引出寺外，又在仙人作法下，劈下三块大岩石，把石堂寺砸得稀烂。九十九个和尚全被压成了肉饼。为了让人们记住这个故事，三皇元君又用凤髓鸾胶将那劈下的三块大岩石又重胶接上，于是成了今天令人望而生畏的接笋峰。

现在行程过半，我们到了四曲的卧龙潭。关于这个深潭的来历，有着一段惊心动魄的传说。相传很早以前，这潭里曾潜伏着一条恶龙，它时常带领 8 条小龙张牙舞爪，追逐嬉戏，搅得天昏地暗，溪水泛滥。有一天，一位仙人途经此地，见恶龙作怪，便拔出宝剑，将 8 条恶龙斩死在潭中，唯有一条小龙摇尾乞怜，哀哀求情，愿意改邪归正，仙人便留下了它，命它在此护佑武夷山。从此，这潭便有了"卧龙潭"之称。电视剧《西游记》中小白龙腾出水面的镜头就是在此拍摄的。

各位游客，请看溪南那片依山傍水的平地，那是始建于元代大德六年（1302 年）的皇家御茶园的遗址。御茶园是元明两代官府督制贡茶的地方，曾经盛极一时，有"焙局"、仁风门、拜发亭、清神堂、思敬亭、培芳亭、燕嘉亭、宣寂亭、浮光亭、碧云桥、通仙井等。在通仙井旁还筑起高台，名曰"喊山台"，每年惊蛰所有地方官员和茶农汇集台前，杀猪宰羊，鸣锣击鼓，祷告上苍，齐喊："茶发芽""茶发芽"。但因上缴贡茶逐年增加，茶农不堪重负，御茶园也终在明嘉靖年间停办。

1980年御茶园得以重整，征集了历代有代表性的珍贵名枞216种，第一批剪枝扦插无性繁殖的大红袍母树也栽种在这里，成就了武夷岩茶的前世今生。现在的御茶园故址已设置茶叶科研机构，新辟单丛、提丛、名丛几大块梯形茶园。大家如有空可以前去观赏茶园、品饮岩茶、欣赏茶艺和茶歌舞，感受岩茶的悠悠古韵。

在你的两侧，有两座巍巍巨岩，东边的叫藏峰，西边的名为仙钓台。"巨岩、幽洞、深潭"被称为大藏峰的三绝，有机会的，一定要去探探。而仙钓台则形如其名，像一个仙翁在溪边垂钓。这里仙钓台与大藏峰皆有古闽人的虹桥板与架壑船棺，且大藏峰船棺数为山中之最。经考古工作者考察，这种形制奇特的棺枢，是古时候聚居于此的古越族人葬俗遗物，船棺外形分为两类：一类为两头翘起如船形，另一类为方形其状如盒，俗称"函"，用来支架船棺或架设栈道的木板唤作"虹桥板"。武夷架壑船棺是国内外发现年代最早的悬棺遗址，棺中的棉布残片是中国迄今发现最早的棉纺织品实物。因而，武夷山被考古学家认为是悬棺葬俗的发祥地，其实物是研究我国先秦历史和已消逝的古闽族文化的极为珍贵的资料。在3000多年前生产力十分低下的情况下，武夷山的先民们是怎样把一具具船棺吊上悬崖绝壁间的洞穴里进行安葬，目前尚无定论。不过，根据目前学界认为最可能的方法是采用原始的吊装技术，将悬棺提升到一定高度进行安放。而武夷山白岩船棺上，也确曾发现绳索捆绑的痕迹。鉴于当时较低的生产力水平，尚无齿轮这样的工具，要吊装沉重的船棺到极高的位置也十分困难。古人具体如何操作、使用何种工具和手段，都需要进一步累积证据才能得出结论。但无疑，当时先民们所拥有的因地制宜的智慧是今人难以想象的。而武夷古崖墓群也被列入世界文化遗产范围里。

竹筏已到三曲。三曲最出名的就是小藏峰，也叫仙船岩，海拔326.5米，相对高度142米。"峰名小藏藏何物？万仞悬崖架两船。""两船"指的是悬架在小藏峰东壁的两只3800多年前古越人的架壑船棺。其实，武夷山风景区除此之外，还有几处遗存船棺的地方。但小藏峰的"架壑船棺"以凌空悬挂的惊险之势而闻名。半在隙内，半悬于空，历风雨不毁，令人叹为观止。北壁有石穴，世传武夷十三仙蜕骨藏其中，名飞仙岩。

武夷三十六峰中最迷人的玉女峰就在二曲，因其酷似亭亭玉立少女而得名。玉女峰突兀挺拔数十丈。峰顶花卉参簇，恰似山花插鬓；岩壁秀润光洁，宛如玉石雕就；乘坐竹筏从水上望去，俨然是一位秀美绝伦的少女。"插花临水一奇峰，玉骨冰肌处女容。"这就是玉女峰风采神韵的真实写照。东侧的圆石如镜，像玉女梳妆台，壁间"镜台"二字，是武夷山最大的摩崖石刻。玉女峰南边有武夷山"一线天"。

我们现在进入一曲。一曲在武夷宫前，晴川一带，是九曲溪的最下游，景色畅旷豁达。一曲的溪北有高峰耸立，那便是入九曲所见的第一峰——大王峰。大王峰又称纱帽岩、天柱峰，因山形如宦者纱帽，独具王者威仪而得名。海拔530米，上丰下敛，气势磅礴，远远望去，宛如擎天巨柱，在武夷三十六峰中，素有"仙壑王"之称。大王峰与二曲的玉女峰隔溪相望，像一对脉脉含情的恋人。铁板嶂横亘其间，好像故意从中作梗。传说玉女驾云出游，被武夷山美景所迷，下凡与大王相亲相爱。玉皇大怒，下令捉拿，铁板鬼便施展妖法将他俩点化成石，分隔在九曲溪两岸。大王峰的左侧有幔亭峰，在峭壁上刻有"幔亭"二字。而幔亭峰就是神话故事中武夷君宴请乡人的所在，也就是"幔亭招宴"的所在地。

我们现在到了水光石，不仅风光绝美秀丽，而且石刻琳琅满目，其中明万历理学家李材题刻的"修身为本"尤为引人瞩目。"自天子以至于庶人，一是皆以修身为本"（《大学》），"修身为本"就是一个最根本的儒学精神。历代无论皇帝还是名臣贤士都以此为人生信条。文天祥的"人生自古谁无死，留取丹心照汗青"、范仲淹的"先天下之忧而忧，后天下之乐而乐"、林则徐的"苟利国家生死以，岂因祸福避趋之"、张载的"为天地立心，为生民立命，为往圣继绝学，为万世开太平"……石刻杰作中还刻有明代抗倭名将戚继光途经武夷时的题词："大丈夫既南靖岛蛮，便当北平胡虏。黄冠布袍，再期游此。"

乘一叶竹筏，览山川之形胜，穷峰峦之美景，是属于九曲溪独有的浪漫。山色美景间的摩崖石刻，承载着厚重的历史岁月，或赋予天然之意趣，或气势恢宏，或为名家手笔，为秀美的自然风景增加了深厚的人文内涵。我们似乎还可以感受文人墨客畅游名山大川的千古逸兴和雅趣。

九曲漂流到此结束，谢谢大家。

【武夷宫】

武夷宫，位于九曲溪筏游的终点晴川，又名会仙观、冲佑观、万年宫，是历代帝王祭祀武夷神君的地方，是武夷山最古老的一座宫殿。有游客在问，武夷君是谁？武夷君又称武夷王、武夷显道真君，是中国民间信奉的神仙之一，属于中国福建武夷山的山神、乡土神。据说在秦朝的时候，有位神仙飞临武夷山，自称武夷君，受玉帝委派，统率全国诸地仙，为地仙之首。

武夷宫前临溪流，背倚秀峰，沃野碧川。武夷宫初建时，并不在今址上，而是筑屋于一曲的洲渚上，称天宝殿。唐末王审知（862—925年），大兴土木扩建，改名为武夷观。南唐保大二年（944年），元宗李璟为其弟李良佐"辞荣入道"，移建今址，改建为会仙观；宋真宗咸平二年（999年），御书赐额"冲佑"；北宋大中祥符二年（1009年）诏宏广观基，增修殿宫，建筑面积达11000多平方米；自乾兴至熙宁末，皇帝遣使降香，赠送金龙玉简者凡二十。冲佑观为宋代六大名观之一，到南宋时，已扩建成为规模巨大的宫观建筑群，前有牌坊，坊额为"渐入佳境"，汉祀亭，弄卓台，后有宾云亭，玉皇阁，法堂，东西两廊，廊外有道院、祠堂和仓库等。《武夷山志》有诗为证："浓荫万树藏深殿，翠扫诸峰半入楼。"整个冲佑观都被深藏在绿树重荫之中，藏而不露，露则生辉，曾有"名山巨构"之誉。历代皇家对冲佑观均有朝廷赐田，多达10000多亩。据《武夷山志》记载：北宋元符元年（1098年），汴京大旱，朝廷派使者到武夷山冲佑观祈雨获应，汴京春风化雨，旱情解除，朝廷大喜，户部一次赐给钱币80万，冲佑观声名日播。武夷宫在宋代改名为冲佑观后，长期成为朝廷安置闲官散职的好去处，许多宦途失意而又有较高声望地位的朝官都以种种理由到冲佑观任提举。从徽宗至宁宗嘉定年间，先后有25位著名人物到武夷山冲佑观任职，包括林大中、辛弃疾、陆游、彭龟年、张栻、傅自得、朱熹、叶适、吕祖谦等。这些人大都为当世名儒，秉性刚直清廉，具有民族气节，道德文章值得后世钦仰，遂使这座历史悠久的宫观成为传播理学的重要场所。

可惜的是，有1000多年历史年代悠久的武夷宫，虽历代都曾修葺，但经不住数次火焚和兵灾，后仅留下几间空房。在旅游和文化部门支持下，武夷宫主殿又重新修复。春秋馆是在昔日宋代建筑原址上重建的，方形院落，四周亭廊上用图文介绍了武夷山重大历史事件、名人、民俗风情。万年宫现在是朱熹纪念馆，宫内有两株桂树，千枝交错，龙盘蛇曲，被称为"桂花王"，相传是朱熹所种，距今已有 800 多年了。虽历岁月沧桑，仍枝繁叶茂，每年中秋前后花满枝头，飘香幽远。

武夷神君殿是 2022 年新建的，供奉中华茶神武夷君。2021 年 12 月，联合国教科文组织授予了武夷君"中华茶神"称号。将"中华茶神武夷君"作为茶文化象征，是基于武夷山是乌龙茶和红茶的发源地，茶历史文化源远流长，在武夷山世遗文化中占据着重要位置。

【大红袍景区】

大红袍景区位于武夷山景区著名大峡谷"九龙窠"内。这是一条深长谷地，谷地深切，两侧九座危峰高耸，峰脊高低起伏。大红袍景区的名字源于景区内的大红袍母树。

各位游客，现在我们看到的这条小溪，叫"章堂涧"。章堂涧是山北景区最大的一条幽谷，长约 75 千米，绕玉柱峰而下，收流香涧之水，连接着水帘洞与慧苑坑两大山场，涧水两岸林木苍翠，岩面开阔，养分充足，矿物质含量丰富，山场气候灵秀独特。

我们现在走的这条路叫岩骨花香漫游道，穿行于武夷山核心产茶区，被戏称为武夷山茶区内最贵的一条道路。这条漫游道起于水帘洞，沿章堂涧而下，终于天心岩九龙窠，全程 2.8 千米，风景、人文俱佳。此时正值春季采茶时节，真的是一路飘满茶香。

我们现在到了武夷山慧苑坑双燕峰丹霞嶂，两侧是巨大的岩崖绝壁，崖下是当地农户开垦出来的茶园，一排排整齐而又茂盛的茶树布满整个崖底，只留下狭窄的行走过道。道路右侧的这座巨型条状岩石，上半壁犹如被红霞染过的赤壁，所以称其为"丹霞嶂"。请大家顺我手指的方向看，条状岩峦崖壁上有一些用木头搭建的木构架，一半嵌于崖体的空隙处，一半则裸露在崖壁外，这种用古法榫卯连接的木制建筑就是古崖居遗构，当地人称"天车架"。所谓"天车"，是悬空而置的绞盘车的意思；架，就是纵横交错的木构建筑。构建天车架时用天车（一种旧式轱辘）从岩底茶园位置开始起吊木料至岩腰狭洞之内，然后在岩腰狭洞内依势架设木楼。由于洞穴绝临峭壁，无路可走，唯一的交通工具就是借助这些天车架，把人和物资运入洞内。相传宋代就有山民穴居于天车架，但没有考古的物证。从留下的物证和史料记载，天车架最后一次使用，是清朝咸丰年间，为了躲避太平天国军队的烧杀抢掠，当地的一些富豪、地主和农民纷纷在武夷山各处天险构筑避难所，天车架是其中之一。后据专家考证，这些洞穴外窄内宽，三面岩体包围，一面临空。洞内可同时容纳300多人居住。

我们继续前行。现在大家看到的这座形似雄鹰展翅欲飞的巨岩，称鹰嘴岩。鹰嘴岩一端向前突出，尖曲如鹰嘴，光秃秃的岩顶生长着一株遒劲的古老刺柏。从岩顶直削而下的岩壁白里透红，而微微拱起的岩脊却是一片苍黑，宛若雄鹰之翼。

过双悟石桥，左转，流香涧便现于眼前。武夷山风景区内的溪泉涧水，均由西往东流，奔向峡口，汇于崇阳溪。唯独这条山涧，自三仰峰北谷中发源，流势趋向西北，倒流回山，故名"倒水坑"。明朝诗人徐熥，游览经过流香涧，见此涧峰岩两壁长满幽兰、香草，清风吹过，落英缤纷，香气扑鼻，故改其名为"流香涧"。在流香涧，丹崖壁立，青藤垂蔓，山涧流泉宛如天籁之音，奏响大自然的乐章。山风穿峡而过，使人清凉透体，心旷神怡，大有"一入清凉境，三伏炎全消"的感受。山兰的幽香与石蒲的清新交织在一起，令人仿佛进入尘世之外的一方净土。流香涧高度落差大，高低错落，地形起伏，峰峦叠嶂，地貌上山地多平地少，加上这一带溪流河畔的砂土地很大程度上为茶树提供了良好的家园。同时，流香涧常年云雾缭绕，沟壑纵横的地形使得阳光在这个茶区里分布得很融洽，极有利于茶树的生长。土壤中丰富的矿物质被茶叶所吸收，空气中高密度的负氧离子也造就了独特品质的茶。武夷百年老枞水仙，在这片幽静的峡谷中厚积薄发。

出流香涧东行，沿茶园间的石径翻过好汉坡的小山岗，即进入九龙窠，这里有驰名中外的大红袍母树。大家请看，6株古朴苍郁的茶树生长在九龙窠高岩峭壁上，枝繁叶茂，已有300余年的历史。母树早已被列为重点保护对象，它最后一次采摘所得的绝版茶叶，于2007年被国家博物馆收藏。据资料记载，这方位于九龙窠的"大红袍"摩崖石刻为1943年时任县长吴石仙书写，由天心村石匠所刻。大红袍生长的地方海拔600多米，溪涧飞流，云雾缭绕，这里日照短，多反射光，昼夜温差大，岩顶终年有细泉浸润。这种特殊的自然环境，造就了"大红袍"的特异品质。它的根系深入风化岩石土壤中，汲取着山水的精华。每一片叶子都承载着岁月的沉淀和生命的力量。

关于"大红袍"名称的来源，有好几种说法。目前比较主流的说法如下：明朝洪武十八年（1385年），举子丁显上京赴考，路过武夷山时突然得病，腹痛难忍，巧遇天心永乐禅寺一和尚，和尚取其所藏茶叶泡与他喝，病痛即止。考中状元之后，前来致谢和尚，问及茶叶出处，得知后脱下大红袍，披树谢恩。后状元返京，遇皇后得病难愈，献茶叶，皇后饮后身体渐复。皇帝大喜，把茶叶列为御贡，因而得名大红袍。

武夷山大红袍，以精湛的工艺特制而成。成品茶香气浓郁，滋味醇厚，有明显岩韵特征，饮后齿颊留香，被誉为"武夷茶王"。如今市面上的大红袍，多是依据各家理解拼配而成的商品大红袍。虽然未必与崖壁上的那几株味道一致，却各有其风味特色，让茶客以更低的价格品尝到地道的"岩骨花香"之美。

我们从九龙窠前停车场往上走，这座山岩叫天心岩，我们眼前这座古刹是武夷山最大的佛教寺院——天心永乐禅寺。始建于唐代贞元年间（790年），距今已有1200余年历史。其间高僧名师迭出，梵音钟鼓远播四方。早在唐朝，天心寺就开始种茶制茶，明清时期，天心寺的茶僧经过反复试验研制出一套完整的乌龙茶制作工艺。清代陆廷灿《续茶经》引用《随见录》中的说法："武夷造茶，其岩茶以僧家最为得法。"天心永乐禅寺的茶香，千百年来也引来众多爱茶的文人墨客与僧侣慕名前来常住，明代文学家徐柳不但崇佛而且嗜茶，写下洋洋洒洒的《天心禅茶疏》，盛赞扣冰古佛和禅悦大师融茶于禅的茶禅之缘。

【水帘洞】

从大红袍景区离开，拾级而上，一路可达水帘洞。这是武夷山岩之上的巨大洞穴，其高度与宽度都有100多米，是水平岩层中较软岩层受流水侵蚀凹陷而成。水帘洞为武夷山著名的七十二洞之一，洞内敞亮可容千人，依崖散建数座不施片瓦的庙宇，被誉为"山中最佳之景"。进入景点处，有一线小飞瀑自霞滨岩顶飞泻而下，称为小水帘洞，拾级而上，即抵水帘洞。洞顶危岩斜覆，洞穴深藏于收敛的岩腰之内，洞口斜向大敞，洞顶凉爽遮阳。两股飞泉倾泻自百余米的斜覆岩顶，宛若两条游龙喷射龙涎，飘洒山间，又像两道珠帘，从长空垂向人间，故又称珠帘洞。水大时如水管涌出，汹涌澎湃，水小时如白色玉带，随风飘洒。古人赞之："赤壁千寻晴疑雨，明珠万颗画垂帘。"

水帘洞掩映着题刻纵横的丹崖。其中有朱熹的"问渠那得清如许，为有源头活水来"的篆体字，有明代题刻"水帘洞"以及楹联石刻"古今晴檐终日雨，春秋花月一联珠"。

水帘洞不仅以风景取胜，又是武夷山道教圣地，古来道观多择此构建，为山中著名的洞天仙府，又称唐曜洞天。洞室轩宇明亮，洞底岩叠数层，呈长条形，设有石桌石凳，供人休憩。全洞面积约100平方米，洞沿设石栏护卫，凭栏可尽赏洞外飘洒飞散的水帘。透过明亮的水晶珠幔，还可观赏山中盆景式茶园胜景。

【结束语】

千载儒释道、万古山水茶。武夷山的清溪九曲，流淌千年，碧波荡漾，朱熹在响声岩刻下的"逝者如斯"四字，历久弥新。在武夷山，青山不只是眼前的翠绿，还是内心世界的倒影。武夷山，不仅是自然的鬼斧神工，更是心中的灵韵生动。

好了，关于武夷山的介绍就到这里。感谢大家的聆听。"武夷占尽人间美，愿乘长风我再来！"欢迎大家有机会再来武夷山。

（十一）宁德白水洋

【导览线路】 浅水广场—中洋—上洋—下洋鸳鸯大洞房—马鞍山—洞窟

各位游客朋友，大家好！旅途一路辛苦了，非常高兴能和大家一起游览第三批国家重点风景名胜区鸳鸯溪的龙头景区"天下绝景，宇宙之谜"——白水洋。首先对各位贵宾的到来表示热烈欢迎，我姓林，大家称呼我小林或林导都行。白水洋优美的自然山水风光一定能给大家留下难忘的印象。

白水洋是鸳鸯溪风景名胜区中的标志性景区，位于福建省东北部，南连省会福州，北接浙江温州，西邻武夷山，东与台湾省隔海相望。距离屏南县城关35千米，是福建省十大"旅游品牌"之一。宁德市境内还有国家重点风景名胜区太姥山、明代永乐皇帝赐名"天下第一山"的支提山、华东第一瀑九龙际瀑布群、中华奇观鲤鱼溪、日本高僧空海入唐登陆地赤岸、陈靖姑祖庙临水宫、举世无双的天然良港三都澳等，是中外游客向往的生态旅游观光、休闲、度假胜地。鸳鸯溪全长18千米，是以野生鸳鸯、猕猴和稀有植物为特色，融溪、瀑、峰、岩、洞、潭、雾等山水为一体的自然景观。鸳鸯溪风景区总面积为78.8平方千米，是我国目前唯一鸳鸯鸟保护区。鸳鸯系国家二类保护动物，属于鸟纲鸭科，雄鸟羽色绚丽，最内两枚三级飞羽扩大成扇形而竖立，眼棕色，外围有蓝白色环，嘴红棕色，是公认的一种美丽的水鸟。鸳鸯是候鸟，它春去秋来，与燕子刚好相反。鸳鸯历来被作为爱情幸福、夫妻恩爱的象征。各位游客，到了白水洋就进入鸳鸯溪风景名胜区了，在这里我们可以学鸳鸯爱，吃鸳鸯果，唱鸳鸯歌，睡鸳鸯床，做鸳鸯梦。

好了，现在我们的车已经进入白水洋景区的停车场了，请大家带好贵重物品，记住我们车牌号，这里人多车多，千万别上错车。下面我们改乘景区电瓶车，大约行驶5千米路程。

现在我们已经到达白水洋景区接待站了，大家抬头往右手方向看，入口处有"金狮迎宾"代表白水洋景区及全体工作人员对远方朋友的光临表示热烈的欢迎。看那金狮正向我们翩翩舞来，硕大的脑袋抖着长须，顶上相传安置有吉祥之塔，尖尖的，给人类辟邪祈福，原来那尖顶就是个报警的烽火台。随后的狮身伏腰翘臀，动感十足。金狮也成了为我们引路的"向导"了。

【浅水广场】

现在大家看到的浅水广场，就是"天下绝景、宇宙之谜"的白水洋，它是由古代火山沉积岩组成。这里最有特色的是"十里水上长街"和百米天然冲浪滑道。"十里长街"是由3块平坦的万米巨石组成，最大一块近4万平方米。这3块平坦的万米巨石，经专家证实系目前世界上"唯一的浅水广场"，故被称为"天下绝景"。时任福建省省长卢展工视察白水洋时赞叹是"宇宙之谜"，很多游客都慕名而来观赏绝景。

【中洋】

白水洋分上洋、中洋和下洋，现在我们脚下的是中洋。总长200多米，宽150米，面积3万多平方米，平坦如砥。溪水从石面轻轻流过，水深没踝。浅水广场的3块巨石旁矗立着3座大山峰，交汇处豁然开朗，人置身其中的心情也随之激荡，到过这里的人都赞不绝口，在全国确实是独一无二的，堪称"天下绝景"。特别是在盛夏，一个个都情不自禁地争先恐后下水潇洒走一回。白水洋散步以穿防滑袜子最适宜，走在水里一点不滑，现在专家们正在设计"白水洋"牌红军草鞋，可用稻草和麻绳等材料编织草鞋，替换袜子，既可降低成本，保护环境，又可编入鸳鸯图案并且将自己穿过的红军草鞋带回家珍藏。您只要入水便有一股凉气从脚底直通心脾，浸泡在富含矿物质的天然清水中进行脚底按摩，这种保健功能比什么效果都好。浅水广场既提供观赏又能够健身，屏南县委、县政府自1992年起每年夏季都在这里召开一届世界上独有的民间水上运动会，开幕式上，有身穿运动服的学生表演团体操，屏南传统武术队表演武术，还有农民舞龙表演，只见水上蛟龙摇头摆尾，时而翻腾时而起伏，脚下溅起朵朵水花，中华之龙在水上"跳舞"恐怕只有在白水洋了！如遇到重大节庆，还能看到屏南独具特色的舞香火龙，夜晚看去像一条白龙横空出世，闪闪烁烁，紫烟缭绕，宛如活龙横卧当街，开路乐队以两个人抬着古铜锣前行，三轮车载着大面鼓，乐手操着唢呐、三弦、二胡、月琴随后，场面宏大，蔚为壮观。香火龙构造独特，用棕绳、竹木、稻草扎成内架，棕角、红须、白齿、绿眼，每个鳞片上插着特制的又长又大的香火，全身共有数万余炷，由一位德高望重的老人举起第一支竹尾火把，接着点数十支火把，最后点燃龙身上的每炷香。冥冥夜色中，只见3声炮响，一条火龙在浅水广场闪烁，可想而知那场面有多么宏伟壮观！当然，水上运动会最为精彩的还是60米跑比赛和"鸳鸯板"比赛项目了。裁判员一声哨响，运动员在白水洋中央临时围栏隔成的跑道里，拼搏冲刺，目前60米跑的纪录保持者还是一位姑娘，成绩是13.5秒，这成绩可作为吉尼斯世界纪录（因奥运会还没有该项目）。"鸳鸯板"是几对"鸳鸯"将双脚套在不同的两块板上，靠着团队精神和伙伴的协调一致的步伐在水面上推进，稍有别扭大家就会全都摔在水上，弄湿全身，但也很刺激。运动会上还有走龙舟、水上拔河、水上开飞机等项目，比赛"公开、公平、公正"，同时也充满"友谊第一，比赛第二"的气氛。每届运动会，万余人云集白水洋，从情人谷往下看，花花点点，犹如繁星在天河闪烁，场面十分壮观。

【上洋】

现在我们已来到上洋。上洋洋尾稍倾，似一条天然的冲浪滑道，它宽60多米，长近百米。烈日当空，穿上游泳衣的勇敢者，顺势躺在石面上，任由溪水托摸推搡，缓缓向下冲去。溪间冲浪与海里及人工冲浪感受是不同的，不能麻痹大意，快乐冲浪的同时注意安全哦！白水洋河床乃当年的火山沉积岩，是大自然生命的表征，是鬼斧神工所创造的杰作。大家有没有注意到上洋与中洋连接处有个断层，形成一条弧形的高 8 米多、宽 50 多米的弧瀑。弧瀑活像一条挂在白水洋姑娘粉颈上的白金项链，让白水洋越发显得青春靓丽。是上天赐予了白水洋这样的独特佳景！

【下洋鸳鸯大洞房】

不知不觉我们已经来到了下洋，这里虽没有中洋、上洋宽阔，但水面平如镜面，风景格外优美，是名副其实的"情人谷"。洋中突兀拔起一座巨岩，头顶尖尖似仙人遗笋，从另一侧面看形同乌纱，故有县令加冕晋爵之说。凸岩两岸是悬崖峭壁，在平展的河床上筑起一道道门户，裸岩顶上披着层层绿荫，像个生态型鸳鸯大洞房。加上右边燕潭微波荡漾，情人谷浅滩清香阵阵，仿佛让人坠入爱河之中。

【马鞍山】

下洋左峰是马鞍山，秀丽之中增添了雄健。情人谷是白水洋的主峰，峰顶耸立 5 座紧挨的巨岩，犹如 5 位老仙站在那里施法，共驱邪魔，裸岩石柱参天，阳光从石缝间洒下，将数道金光直射向白水洋，尤其从逆光方向望，白水洋一片银白，波光粼粼，细纹突闪，给人以梦幻般感觉。沿步游道而上，只见挺竹绿树环绕着一个村庄，出村不远可从山背转入情人谷，前后还有"八仙桌"。所谓"八仙桌"是五老首峰的悬空石，石面有 20 多平方米。传说五老常常在此对弈，演习兵法，故又称棋盘石。站在棋盘石上，就像站在高空机翼上，也像坐在飘飞的魔毯里，让人惊悚。幸好"八仙桌"旁有两位石将军保护，扶在它身上颤颤巍巍往下俯瞰，宽阔的白水洋尽收眼底，洋尾的溪水变成无数游龙，洋面行走的游客如群蚁蠕动，薄薄的溪水似乎只是抹在画面上的一层油彩，晶晶亮亮的，平添了飘飘欲仙之感。如果您运气好，兴许还能在这里看到佛光呢！

【洞窟】

沿下洋溪岸走 1 千米多，左侧有个洞窟，它宽 10 余米，深 8 米，中间石龛上立着齐天大圣神位，上刻"王封上洞齐天大圣宫殿"，这个齐天大圣宫殿修建于清同治十年（1871 年），以《西游记》里孙悟空"变庙"为蓝本，洞前立着石柱旗杆。洞窟中颇具特色，虽然规模不算很大，但朝拜者络绎不绝，香火十分兴旺。

【结束语】

各位游客，白水洋有看不尽的风光，很适合游客们静下心来好好住上几天，细细感受它给人们带来的独特美感，是天下有情人踏破铁鞋都难以寻觅的名副其实的"爱侣胜地"。朋友们，由于时间关系，我们白水洋的旅程到此结束。今天，我们主要游览了白水洋的上洋、中洋、下洋和齐天大圣洞等景点，非常感谢各位朋友的支持和配合，真诚希望大家对我的工作多提宝贵意见，也希望各位游客再次观光闽东，衷心地祝福各位朋友身体健康、工作顺利、心想事成，谢谢！在即将离别之际，我为大家献上一首朗诵诗《白水洋》。

东半球，太平洋，西半球，大西洋，
南半球，印度洋，北半球，北冰洋。
东洋西洋南北洋，屏南有个白水洋，
天下绝景人罕见，宇宙之谜不寻常。
巨型岩石作河床，岩石上面是汪洋，
上洋中洋和下洋，老天与人捉迷藏。
石步道，木长廊，金狮迎宾献吉祥，
水边座座黄金屋，岩顶层层鸳鸯房。
烟波水街十里长，游人穿袜任徜徉，
烈日当空似火炉，走进水里如冰凉。
中洋西面白茫茫，万众云集彩旗扬，
水上运动独此有，龙腾狮跃健儿忙。
跌宕多姿瀑布群，溪流曲似九回肠，
疏松夹水奏笙簧，绝壁岚光百鸟翔。
山间花美蝶飞舞，楼馆菜香佛跳墙，
河鲜海鲜笋菇菌，山珍海味任君尝。
五老峰上迎朝阳，鸳鸯溪边送夕阳，
景区处处皆宝藏，定会飞出金凤凰。
游遍东西南北洋，莫忘福建白水洋，
游罢福建白水洋，心里定会喜洋洋。

（十二）宁德太姥山

各位朋友、各位嘉宾，欢迎大家到太姥山观光旅游。

太姥山是1988年经国务院批准列为国家重点风景名胜区的，2010年列为世界地质公园，2013年10月被评为国家AAAAA级旅游景区，它位于闽东的福鼎市内，距福州250千米，距浙江温州160千米，与福建的武夷、浙江的雁荡，形成鼎足之势。它坐落在东海之滨，三面临海，一面背山，既是山的海岸，又是海的山城，水光山色，互为衬托，构成它"山海大观"的景观特色。相传东海诸仙常聚会于此，故又有"海上仙都"的美誉。

大凡名山，都有它自己独特的景致。太姥山以花岗岩峰林岩洞为特色：融山、海、川、岛和人文景观为一体，包容了太姥山岳、滨海晴川、福瑶列岛、杨家溪漂流、东狮山剪纸等几大块景区和宗教、文化、艺术等旅游项目，观赏面积92.02平方千米，保护面积200平方千米。山岳拥有峰险、石奇、洞幽、瀑急、云谲等特点。海上更有礁岩奇特、岛屿秀丽、沙滩洁净等众多自然景观和古刹、石刻等丰富的人文景观，以及水上漂流、高山民间剪纸艺术等旅游内容，在国内名山中实属罕见。

线路一：母子峰

【导览线路】母子峰—石塔—国兴寺—萨公岭—蹲猴观海—金猫扑鼠—仙人锯板

有道是：海上求妈祖、山中拜太姥。福建莆田的妈祖娘娘，是海上女神；而太姥娘娘，则是山中女神。太姥山旧称"太母山"，到了汉代为了尊母为圣，改"母"为"姥"。下面我们去看太姥山的标志性景观"母子峰"。关于太姥娘娘，有几种传说：一说是尧帝奉母庆都泛舟海上，突遇海雾，迷失方向，待日出雾散之时，忽见东海之滨出现一座仙山，遂移舟靠岸，徒步上山游览，帝母庆都留恋山中风光，乐不思归，从此便栖居半云洞中，修持得道，世称太母娘娘。二说是尧帝感念母亲生前的养育之恩，千里寻母来到此山，见一老妇容貌酷似其母，认为是母亲的化身，便封她为太母。三说是尧帝时，有一老母在才山居住，为人乐善好施，常以手植之绿雪芽茶叶作为治疗麻疹特效药，救活很多病孩，深得群众爱戴。老母辞世后，人们感戴她恩德，奉为神明，春秋二祭，称她为太母，后改才山为太母山。至汉武帝时，命大臣东方朔授封天下名山，太母山被册封为天下三十六名山之首，并改名为太姥山。据王烈《蟠桃记》描述:"太姥,尧时人,种蓝为业,家于路旁,往来者不吝给之,有道士尝就求浆,母饮以醪,道士奇之。乃授以九转丹砂之法。服之,于七月七日乘九龟龙马而仙去。后人改'母'为'姥',因名太姥山。"四说是古时候帝王派一位钦天监乔装成阴阳先生,四处察访,终于在硖门王渡村里查到了一位"身怀王胎"的妇人住处,不久,这钦天监带领一批官兵将王渡村团团包围。值万分危急之时,神明授以簸箕,内盛土石,教她速往东北方奔逃,每走十步,则往背后扔土石一粒。妇人遵嘱,抛土石、化高山,阻拦官兵追捕。才到一个村庄,忽然肚子隐隐作痛,一会儿诞下一个小生命,妇人急忙将簸箕内的土石全都倾倒在脚前,只听轰隆一声巨响,面前涌现出一座高山。她立即抱起孩子奋力爬上山顶,待官兵也追赶到山顶时,她已抱着孩子羽化仙去,留下的只是母子俩的"活化石",人呼太姥娘娘,此山便名太姥山。

不管怎么个说法,在东南沿海一带的老渔民、老船工的心目中,太姥娘娘就是儿女子孙的保护神,是救苦救难的菩萨,每逢狂风巨浪袭来,生活上遇上苦难不测,海上的船员只要朝太姥山顶礼膜拜,儿女子孙们只要在心中默默地呼唤母亲,就能够很快消灾避难,转危为安。

总之,太姥娘娘是一位充满神话色彩的伟大的母亲形象,是炎黄儿女心目中的圣母。

【母子峰】

各位朋友、各位嘉宾,现在请大家看看前面这座山峰,它就是著名的"母子峰",也是太姥山的标志性景观,是一位伟大的母亲无畏任何艰难风险,誓死护卫着自己的亲生骨肉的"活化石",也是太姥山所蕴含着的丰厚的母亲文化的最形象生动的天然塑像。要是在风清月夜之时,驻足峰下,如果心诚,你还会听见一位母亲对她的孩子说:"孩子,别怕,妈妈在这呐。"

【石塔】

现在大家再转过身来,观看这边的石塔。这石塔八角七层实心结构,始建于唐乾符四年(877年),距今有1100多年,称为"楞枷宝塔"。据《太姥山志》记载:"顶上藏金炉,纵隙窥之,隐见其盖,拨以竹枝,铮铮作金响。"金炉早已不知失落何处,这座塔在清朝期间倒塌。1984年从山坡下拾得遗石,重新恢复原状,现为省级文物保护单位。这座塔选址非常讲究,无论你处在什么角度，都能见到它。

好，大家将视线往右前方望去，是否感觉到这组山峰，有些像云南石林？林立的山峰，拔地顶天，前拥后赶，高低错落且秩序井然，称为十八罗汉岩，又名"罗汉赶斋"。人们用"有文无理，有骨无肉，有筋无脉，有体无衣"概括它的特点，10多位光头和尚躯干前倾，疾走如飞，或手柱掸杖，或双手合十，袈裟被风刮起，衣袂飘然，风尘仆仆，确实是在"赶"：这些释迦牟尼的弟子，半睁半闭着法眼，不顾一切艰难险阻，跨山越海，让人兴叹不已。

【国兴寺】

各位朋友、各位嘉宾，国兴寺到了。国兴寺又名兴国寺，据传唐开元十五年（727年）都督辛子言入闽赴任，船经东海，突然遇到风浪，因太姥娘娘示梦得救，大为感激，于是绘图呈奏。唐明皇李隆基仲秋之夜置图花萼楼，敕建国兴寺，由辛子言奉旨督建，到乾符四年（877年）工毕。唐刺史林嵩曾在乾符六年（879年）所写的游记中记道，此寺拥有三进殿堂，不但气魄宏大，而且"宫殿瑰丽，壁嶂柱础，尽是玄晶"。遗憾的是，该寺在宋淳祐甲辰年（1244年）被大火烧毁，目前所看到的建筑是后来重建的，原建筑有360根石柱，现遗址上还竖着7根，并存有许多唐代石雕，具有很高的艺术价值和历史价值。古人曾有诗云："古刹卓超群，时迁不得闻，只留青石柱，三百六凌云。"国兴寺遗址目前正在进行挖掘、整理，把360根石柱重新竖起，形成全国绝无仅有的石柱林景观。

【萨公岭】

大家脚下的石径，便是萨公岭。萨公即当年民国海军元老、爱国将领萨镇冰老人。1929年他游览了太姥山，有感于太姥山风景奇绝而道路崎岖、陡险，便亲自募集经费，倡建这条石径，故称之为"萨公岭"。

现在大家留意这里的一首古诗："太姥无俗石，个个似神工；随人意所识，万象在胸中。上天有穿洞，入地多幽窿；胜景无穷致，游人思来重。"这首诗写于1938年，是福鼎县县长陈廷祯巡视太姥山时所留下的题咏诗刻。这首诗诗意通俗易懂，形象地描绘出太姥山石与洞的特点。"峰奇洞更奇"，为太姥山的一大特色，太姥山的岩洞，极为丰富，花岗岩岩体崩塌、滚落、堆砌，构成纵横交错的岩洞。它们大洞套小洞，小洞藏大洞，洞中有洞，洞洞相连。有的向上扩展，直逼天际，称通天洞；有的向下延伸，直抵海面，叫通海洞。真可谓"可上九天揽月，可下五洋捉鳖"。

前面有"迎仙峰"恭候我们多时了，大家继续往上走吧！

现在，我们所处的景点是迎仙峰，也称迎仙台。不是说太姥山是"海上仙都"吗？这迎仙台自然是为众仙所设，昔日东海诸仙常在此聚会。

好，大家把视线向这边移去，是不是有两个自得其乐的老翁正安然自若地盘坐在岩头上下棋呢？这便是"仙翁对弈"。

【蹲猴观海】

大家再向左边方向望去，瞧那块欲滑而下的石头，像不像一只嬉闹的猴子？这就是"蹲猴观海"的景观；往东方向瞧去，会发现"小鼠归洞""海狮望月""仙人晒靴"等众多小景。

【金猫扑鼠】

往前行，我们便可欣赏到"金猫扑鼠"。前方这根笔直的石峰，在另一个角度上便是天柱峰，这里我们看它顶部的大小各异的两块岩石。大的，弓腰前扑，咄咄逼人，酷似一只威猛机灵的猫儿；小的，腰细尾长，如同一只走投无路、吱吱哀鸣的老鼠。

看罢"金猫扑鼠"，我们一同往左侧望去，有一突兀的石岩，酷似一个人正背向我们而立，这是"兜鍪峰"。"兜鍪"者"武士盔"也，因此又称之为"将军岩"。大家到过厦门，观赏过鼓浪屿日光岩上的郑成功雕塑，而这位头戴金盔、身披银甲的将军，像不像他？因此，有人叫它"郑王塑像"。说实在的，这尊天然的造型，与日光岩上郑成功的雕塑相比，毫不逊色。

【仙人锯板】

"仙人锯板落人间，片片撑空未可攀；我欲借渠成广厦，好教寒士尽欢颜。"这里提到的"仙人锯板"又在何处？就是指这块突兀而起的巨大石屏。相传，当年尧帝巡视东海，被茫茫的海雾遮住航道，正当左右为难、进退维谷时，见远处射出五色光束，尧帝命舟顺光抵岸后，得知是太姥娘娘搭救。为答谢救命之恩，遂令在山中建盖庙宇。无奈太姥山峰岩林立，山道崎岖，建寺很不容易。于是尧帝请来了王母娘娘，让她挑选数名能干的仙匠下凡相助。几天时间，仙匠们腾云驾雾，各显神通，将各种石料运到山上，仅剩下"石板"没有着落。二位仙匠急忙折回山间，选中这块岩石，用紫藤绑着岩体，开始锯板。一会儿工夫就锯下两块好板。正想锯第三块时，远际的云端里传来众仙"哈哈哈"的笑声，原来不知何时，众仙已准备好了很多的板材，两位仙匠一听，便放心地追逐众仙而去，撂下"板材"不管。如果大家稍加注意，便会发现岩体上还留存极为明显的藤蔓斑痕，而第三块上面有一条很粗很粗的墨线，板皮内好像有一只硕大的甲鱼，从上往下爬。这景观若是在夕阳西下时观看，更为奇妙。

沿着仙人锯板左侧的石阶，慢慢往上走，一会儿就到小石门。大家站在门口，凭借各自丰富的想象能力，很轻易地就会找到诸如石象、犀牛钻洞、蟹螯、石鹦鹉、单乳峰、金犬、龟蛇相会等多处小景。想象想象，不想不像，越想越像，大家可以去应验一下。

穿过小石门，大家回头向东望去，注意观察一下，这块岩石像什么？对，石兔，有的称之为"玉兔听潮"，瞧它两只长耳，静静地，仿佛在留神倾听远处东海上阵阵的惊涛拍岸之声。

线路二：美人洞

【导游线路】将军洞—天柱峰—云标亭

美人洞游览区，位于山岳景区海拔600多米处，这一带景观主要以洞称奇，洞道曲折复杂，洞内流水潺潺，神秘莫测，是探险搜奇好去处。

现在，我们一起进入美人洞，也称葫芦洞，因洞形极像倒挂的葫芦而得名。洞内先窄后宽，抵达葫芦肚时，四周皆是悬崖峭壁，可容纳数百人。过去这里建有葫芦阁，现已无存。旧址上，还能寻找到一些残碎的唐砖宋瓦。相传，在宋朝曾有无恶不作的和尚，在此为非作歹，将朝山进香的良家美女，骗入地下密室，关在葫芦洞内，残酷摧残。后来百姓得知，攻上山来，烧毁葫芦阁，至今在绝壁上尚可发现石门臼。葫芦洞因当时关过美女，故俗称"美人洞"。若在夏日游览，洞内凉风习习，是避暑消夏的理想之地，同时还可见洞中空谷兰花盛开，暗香浮动，时有时无，令人心旷神怡。

【将军洞】

接下来，我们便要进入将军洞的主干道。将军洞因其顶上有3块巨石，分别形似将军剑、将军帽和将军鞋而得名。又因洞中有洞，洞洞相连，人们便称它为"将军十八洞"。据粗略统计，整个洞群由10多个洞组成。洞道长977米，主干道786米，有4个洞口通道，洞内有13个天井，7个厅堂，可供游人娱乐和休息。钻入洞里，有几缕光线从洞隙透射进来，由于洞内气流作用，奇妙的光与色，顿时把大家带入幻觉般的世界。走到"流水湾"，借助幽暗的光线，可见7字形的石桥下，有一道晶莹剔透的泉水轻缓流出，叮咚之声回响于洞中，宛如古筝和鸣。接着又是一处160米长伸手不见五指的黑洞，洞内有特殊的景观，《太姥山志》载："声特异因名之曰漱玉。"要是春天雨季入洞，泉水为瀑，砰然轰鸣，惊心动魄。随螺形洞径向上走出，时而是夹壁直立，石径通天，如一线奇光；时而又有两块巨石悬空欲坠，构成三线洞天。整个岩洞崎岖难行，忽上忽下，忽左忽右；或见晴天丽日，或见古藤垂挂，或觉寒风习习，或感暖气融融。更奇妙的是，有一处，伸开双手，一边暖，一边凉。洞中还长有红楠、木荷、翠竹、杜鹃等各种花木。这个"将军十八洞"一进一出需要2个多小时，游人还要以各种动作行走，时爬、时蹲、时侧、时躐，简直是在做一套特殊的健身操，伴随一路欢声笑语，其乐无穷，所以有人称之为"洞中乐园"，也有人美其名曰"天下第一洞"。

　　钻完将军洞，各位沿石径向上登去，见深巷顶端，有两块岩石如一对情人，相互亲吻着，这就是亲嘴岩。大家不妨眯上眼睛，望着岩石摇摇头，瞧！他们吻得多么热烈，多么投入。

　　走出将军洞主道，往左侧方向走去，便到达隐真峰。隐真峰又称观海台，大家站在这里，前方就是茫茫海域，脚下是秦屿镇。晚上，站在这里，望四周奇峰耸立，见底下星光闪烁，渔光点点，宛如身在天街。

【天柱峰】

　　好，各位沿原路走回，向右侧方向攀登，一会儿就会观赏到"天柱峰"。四周乱石叠叠，仅有它拔地而起，矗立云霄，如东海龙宫里的玉柱，像猴王孙悟空的"定海神针"，支撑于天地之间，杞人还怕天塌下来吗？

　　看完天柱峰，大家可以走向大盘石。大盘石有200多平方米，可容数百人，可欣赏到观音坐莲、雄鹰啄日、莲花峰、棋盘石、鹦鹉岩、云标石等众多景致。

　　欣赏后，大家可以从天柱峰旁侧洞道，沿小竹径走出，抵达玉兔观潮景点，以便欣赏一片瓦或七星洞景区。现在大家先往云标亭方向走。

【云标亭】

云标亭，建于1993年，属六角重檐仿木结构，亭石来自浙江温岭的云白石，亭名取自云标石。

线路三：一线天

【导游线路】 蓝溪涧——一线天——白马洞——太姥升天石——石墓——一片瓦寺——七星洞——九鲤朝天峰

各位朋友，我们现在要游览的便是一片瓦游览区。该区位于太姥山西南部，一片瓦则是一块巨石，覆盖岩洞如梵宇之瓦。据说，当年太姥娘娘就是从这里修行得道升天而去，至今尚留着太姥娘娘塔。

【蓝溪涧】

现在，我们一道进入"蓝溪涧"。蓝溪涧，其实是一处玲珑别致的洞道，因洞中有股泉，泉由岩壁溢出，傍着洞道、低吟徜徉注入蓝溪而得名。据《太姥山志》记载，该溪水"每岁八月，水色变蓝"。相传，当年太姥娘娘在山中种蓝草之时，衣裙被草汁所染，于是便将衣服浸泡溪中，慢慢地揉着、洗着，清清溪水也渐渐地变得碧蓝、澄绿。从此，每逢八月，山下的百姓，就用这里流淌的溪水来染衣洗绸。大家如若不信，待来年八月，带件白衬衫再到此试试。

【一线天】

游完蓝溪涧，我们就要欣赏太姥山"一线天"奇观了。各位朋友或许到过很多的名山大川，欣赏过各式各样的一线天，不过太姥山的一线天绝对是与众不同的。这里的一线天洞，长达60多米，高40多米，两块高耸云天的石壁从中裂开一罅，放进一线阳光。狭窄的洞壁，只能容许一人侧身贴壁慢慢行进，但这里的岩壁，似乎能伸能缩，无论胖瘦都能恰好通过。洞中窄径坎坷不平，行者眼不能下视，只能靠脚探路，贴壁侧身，屏息而行。半途中有一石如斧，与石壁形成一夹缝，行人需侧身趴在石上，提气收腹，用两手臂力，来个"俯卧撑"动作慢慢挪动身体才能通过；出洞时，又有"卡脖子石"挡道，使得行人必须蹲下身子，让脖子对准石尖才能通过，一路上，时侧、时蹲、时爬、时挤、时俯、时仰……调动全身本领，历尽摸爬滚打，做好一套完整的"太姥健身操"，才能复见丽日蓝天。

"古穹何年辟？中间别有天。窦穿云影细，漏入曙光偏。危石常疑坠，悬崖似欲连。丹邱何处是，玉仗倚山边。"这首明朝姜芳的诗，道尽一线天的奇特、险峻。故此，有人说，到了太姥山，不钻一线天，景观丢了一大边。当然，这样说未免太夸张了。不过，一线天的神奇诡秘倒也从此可见一斑。

各位朋友。一线天出来，感觉如何？人生之路何尝不是这样？从曲折到坦途，从黑暗到光明，在坚持中走向成功！

【白马洞】

走出一线天，我们便要来到白马洞。白马洞洞道宽敞，光线明朗，可供大家歇息攀谈，因为洞壁夹峙着重重叠叠的岩石，恰似群星欲坠，故又有"落星洞"之称。白马洞由传说中的白马精而来，相传很久以前，有一匹白马在此修炼，与太姥娘娘作对，后来被仙人制服，安于洞中修身养性，终于得道仙去。

【太姥升天石】

钻出白马洞，便觉天地开阔，心旷神怡。我们一道站在这平石上，向西望去，中央拔地而起的孤峭岩柱，便是太姥升天石。传说太姥娘娘在七月七日就是从这里乘九色龙马羽化升天。

首先，大家的目光先注视岩柱最高处的小小石头，颇像古代的"三寸金莲"；再顺着岩壁而下，便会发现一只乌龟正在使劲地往上爬似的，这就是太姥绝景——金龟爬壁；再将视线转移左侧，看看仰天报啼的"金鸡报晓"。这3处景观天造地设，构成了这么一个传说。相传，太姥娘娘日日夜夜、年年月月在此静修，就在她升天时刻，这只天鸡仰天啼鸣，忽见天门渐开，太姥娘娘便乘九色龙马，腾云驾雾而去。这时跟随太姥娘娘修行多年的金龟也想尾随跟去，无奈修行未到期限，就升了这么一段便惊慌失措地从石壁跌落而下。龟爪下滑的痕迹，至今仍深深留在岩壁，非常清晰。再说，积善成德的太姥娘娘看在金龟成年背米驮盐的份儿上，便脱下自己的一只绣花鞋搁置顶上，告诉金龟如果得道，这绣花鞋将化作飞船载它上天。这只金龟至今未能得道，只好仰头望鞋兴叹。

金龟何以未能得道升天？说来还有一段故事，传说这只金龟已修炼多年，早成人形，取名为木果和尚。在太姥娘娘升天前夕，前来接应的仙童化作美女，夜来投宿。木果和尚看到夜黑难行，便让出房间给女子住下。到了半夜，忽听房中传来女子的哀叫，求他入房相救，但夜半三更，一个和尚怎能进入女子房间？木果和尚左右为难，于是叩门问女子何事，这女子说是白天喝了一些生水，现肚子剧痛难忍。木果和尚欲摸黑往外去请郎中，女子却说不必，只要进房给她搓按腹部即可，在家中也常常这样。这成何体统？木果和尚迟疑未决，而此时房内女子哀声渐弱，人命关天，木果和尚顾不得许多便进房为女子按摩。第二天，这女子晨起梳妆，将一支金钗遗落桌上，走后，木果和尚便拾起藏入袖中，整理一番，尾随太姥娘娘而去，也就在升天之时，只听云端里传来一句："木果和尚，你修行有限，过了美女关，却过不了钱财关，再去修炼吧。"仅是这么一句，木果和尚大吃一惊，伸手触摸金钗，已变成一枝枯草，吓得原形毕露，跌落下来，留下今天的"金龟爬壁"。看到金龟跌落，满腹坏水的蟾蜍，却高兴地蹦蹦跳跳，笑歪了嘴巴，留下一只歪嘴青蛙的形象。这时路过此地的猪八戒，也傻乎乎努着猪嘴憨态可掬地看着金龟跌落。这一切恰好被细心的黑猫发觉，于是顺手抓起相机，将这一组奇特、难得的镜头拍摄下来。大家瞧，这不就是八戒岩和黑猫警长岩？

【石墓】

好了，各位，现在沿着这条石径往下走，去拜谒"太姥娘娘"。太姥娘娘的石墓建于唐朝，在民国甲申年（1944年）修葺，墓上碑文有唐玄宗的题额"尧封太姥娘娘舍利塔"9字，至今尚存。据《太姥山志》记载，太姥娘娘七月七日曾在此羽化仙去，所以，每年的这一天，便有众多香客来此朝拜，以祈求太姥娘娘的保佑。

往右侧方向看去，岩壁上有"鸿雪洞""天然其琢""法轮常转"3处石刻。鸿雪洞深达800多米，进洞首先迎接我们的便是一口清澈见底的"丹井"。相传是太姥娘娘炼丹用的。当时这里有一猴一虎，一心想成仙，拜太姥娘娘为师，帮她掘井、烧火炼丹、把守洞口等。丹炼成后，太姥娘娘便酬谢它们一粒，因为虎猴各有功绩，只好将仙丹放在井台，用石头敲成两半，结果大部分仙丹都掉到水里，它们只吃到一些粉末。不料，这些丹末吞入肚内，虎毛变黑，猴毛变白。据说至今还有人偶尔看到黑虎白猴出没，但它们从不伤人。这口井，自仙丹落下后，就成了神泉，四季不涸不竭，且清醇解渴，各位若是喝下一口保证精神倍爽。如果将硬币轻放水面，久久不会下沉，好比杭州的虎跑泉。

这里，我顺便给大家介绍一下鸿雪洞顶上一株粗如碗状、太姥山土生土长的老岩茶——绿雪芽。绿雪芽是福鼎白琳功夫茶的始祖，早在唐代陆羽的《茶经》就说道"永嘉东南三百里有白茶山"，永嘉就是今天的温州，而白茶山则指太姥山。周工亮的《闽小记》记述："太姥有绿雪芽茶。绿雪芽，今呼白毫，香色俱佳，而尤以鸿雪洞产者为最。性寒凉，功同犀角，为麻疹圣药。远售外国，价与金埒。"相传，这株岩茶为当年太姥娘娘所栽，并用洞口丹井浇灌长大，但在"文化大革命"浩劫中，也难逃劫难，茶树主干被人砍伐，制作茶碗，只需热水一泡，便有醇香轻飘的茶味。现在这株岩茶，逢春又枝叶横逸，茂密旺盛。1992年，为纪念中国茶叶出口日本800周年，日本人不远万里来到太姥山，接梯搭架，才拍下这株名茶的录像。遗憾的是，我们未能一睹它的芳容。好，大家继续往前走，抵达一片瓦寺后再来品尝绿雪芽茶。

【一片瓦寺】

各位，现在我们已到达一片瓦寺。一片瓦古称半云洞，因有一石如瓦，平伸数平方，状似龟壳，覆盖整个岩洞。洞中建寺称岩洞庵，俗称"一片瓦寺"。该寺始建于明万历甲辰年（1604年），洞与房巧妙结合，浑然一体。今天，大家不妨走入大殿向太姥娘娘祈福，卜一卜自己的未来。"闻道郑渔仲，品泉蓝水崖。可曾到此洞，一试绿雪芽？"大家可以在这里休息片刻，一起来品尝太姥山的绿雪芽。

现在，请大家继续游览太姥山的"通天洞"。通天洞原名白猿洞，它上可通达海拔800多米的"九鲤朝天"，游人又称之为通天洞，寓意可上九天揽月。该洞洞中崖壁如削，陡若云梯，全长400多米。游览通天洞需要花费一定气力，希望各位朋友发扬互助友爱精神，对年老体弱者多加关照。

【七星洞】

走过了一片瓦游览区，接下来我们要去七星洞。七星洞游览区介于葫芦洞与白云寺之间，集峰、岩、洞于一体。一洞穿连数峰，一峰含有数洞，峰、岩、洞无序分布，形成繁复精彩的自然景观。

各位还记得前面我们到过"云标亭"吗？云标者，指峰岩插入云表也。云标石也叫"母子石"，因这2块大小岩石，活像一对母子，遥遥对视。与我们前面看到的作为太姥山标志性景观的"母子峰"相映成趣，是太姥山母亲文化的又一自然再现。谁要是有兴趣，不妨踏夜而来，据说能看到这"孝顺的孩子"由于感念母亲的养育之恩而情不自禁地投入"母亲"的怀抱里，一到天亮，又会依依不舍地注目道别。这样分而合，合而又分，导致这裂体始终呈现出崭新的痕迹。

各位再继续往前走，看这只富有灵性且又调皮的"美猴"。瞧它，不知是有佳期幽会，还是应邀赴宴，拿着镜子，有模有样地端照自己的尊容，我们称它为"玉猴照镜"。

前面就是"别有洞天"。首先，我们一起进入三伏腰洞。三伏腰洞，因随洞形的发展，钻洞时须一而再，再而三，连续伏腰3次而得名。这里，古人还称之为"接官亭"，文官到此下轿，武官到此下马，进山朝拜，必先于此三鞠躬，方可通过，无论尊卑贵贱，过此没有不低头的，可谓是"官民到此最平等"。走过三伏腰，大家可以站直身体舒一口气，看看这处镇海塔。按史志记载，该塔下有一洞直通海面，叫通海洞。明朝时有沙弥下洞祈雨，不慎跌落，3个月后浮尸观井洋，迄至清朝，进洞者失踪多人，故有一知县把这个洞口堵死，并在洞前立了个石碑，上书"镇海塔"。通海洞是否名副其实呢？没人证实，曾经有人进洞探查过，出来后大体说法是：看到石桥、泉井，远处还有亭台楼榭，很是神奇、美丽。由于洞深复杂，生怕迷路，所以不敢深探。地质专家通过仪器测定，认为该洞沿东西方向垂直断裂发育，与沿海有着直接的关系，古时候很有通海的可能。

现在，请大家静立片刻，细细倾听前方传来"叮叮、咚咚"如木琴弹奏的悦耳声音，原来它来自五六层楼高的洞顶滴水。大小落差不同的水滴，经轻风吹拂，洒落在结构不同的石面上，便发出这般轻拂古筝、慢拨琵琶的美妙声音，故而人们称之为滴水奏乐岩。奇怪的是，滴水奏乐岩属一块岩石，上面没有聚水盆，但它四季不涸，终年滴水不断，这种现象，何以解释？因此这里成为一处难解之谜。"入洞腰三折，悬崖夹径长。半天壶滴漏，尺地井成方。未雨草常润，落花泉带香。最宜消夏客，煮茗对风尝。"

各位朋友，现在可以从洞内走出，看看外面的世界是否很精彩。首先映入我们眼帘的是"沙弥拜月"。大家看这位和尚双手合十立于峰头，似乎对着茫茫的天际，默默地祈祷着。大家视线再往右侧转移，便会发现"大圣穿衣"的景致。无论"沙弥拜月",还是"大圣穿衣",他们面对西方净土,表现着自己的虔诚与肃敬。"西天门"就在我们的前面,这两扇陡峭岩壁,纵然分开,天然成门,"谁谓无天门,天门此地开。青冥通帝座,暮霭瞰蓬莱"。大家站在西天门内往东南方向望去,有一条石径直逼深处,就是我们前面介绍的通天洞的洞道,其实通天洞又蕴含着通往西天的含义。由于旁侧有可爱、形象逼真的猿猴,正沿着峭壁慢慢爬下,所以通天洞又有"白猿洞"的别称。

大家继续向前,这便是太姥山著名的七星洞。七星洞长约40多米,平均宽度为95厘米,是一条南北走向的行弄,石弄顶上镶嵌着7块摇摇欲坠的圆石,抬头望去,仿佛7颗星星缀在幽邃的天空,故而得名。站在洞口往里头看,似乎这些石块自己会闪烁发亮。要是夕阳西下或山中浓雾笼罩,四周一片灰暗时,这七星愈发光亮,所以又有人称它为"七星灯"或"北斗朝天"。据说,渔民出海捕捞,遇上海雾弥天,只要面朝太姥山遥拜,心中默默地念叨:"母亲啊母亲,孩儿需要你",便会立即看到这里7颗星光芒闪耀,为其指道归航。

现在,我们一道攀登紫烟岭,去欣赏九鲤朝天的奇景,领略太姥山的山海奇观。"长啸天地宽,连声应空谷。"大家站在回音廊处,对着前面群峰,只要一声短呼,就会折回清晰可辨的三起回音,故称作三声应。大家不妨试一试。

大家是否发现,这位和尚身披袈裟,面向东海,右手捧着一卷经书,左手放在背后,神态庄严。他的对面有一个小和尚,双手紧锁胸前,击叩木鱼,二者构成"二佛谈经"的景观。要是在薄雾缥缈时光,仿佛整个太姥山浮在云间,变成一座香烟袅袅的大佛坛,二佛高居云间灵台,面对或立或坐的众多信徒,宣讲经义,声盈长天。据说,东方朔封太姥为天下第一名山后,前来听经的僧佛,站满了各座山峰,木鱼叩击声经回音谷回荡,越传越远。

【九鲤朝天峰】

好,大家将二佛谈经与整组山峰组合起来欣赏,便成为太姥山最为引人注目的峰峦景观——九鲤朝天峰。"九"这个数字,在古汉语里不是个实数,而是泛言其多,各位欣赏此景时,必须将整座山峰连成一体。相传,一位东海游仙，从太姥山上空经过，见下面峰峦连绵起伏，若海水汹涌澎湃，误以为底下就是茫茫东海，便顺手投下数尾神鲤，以繁衍后代，造福人间。神鲤朝天冲跃，留下这组绝妙的景观。每当曙色初开或云雾缭绕的时候，这群硕大的鲤鱼，昂首冲天，欢愉地腾跃嬉戏溅起噼噼啪啪的击水声，那出岫的白云是它们喷吐的泡沫，升谷的云雾便是它们拍击的水花，可谓"脱渊竞作朝天势，翘首龙门欲破空"。

前面说过，太姥山有着"山海大观"的美誉，我们现在所处的位置，面对这组深沉垂直的群峰，它的背后便是蔚蓝深碧的大海、曲折的海岸线、星罗棋布的岛屿、起伏绵延的山峦和变化多姿且富有韵律的梯田，山峰与近海，互为衬托，一明一暗，对比强烈，构成一幅"山海大观"图。大家若能继续向上攀登，直达海拔917.3米的摩霄顶峰，站在那里，东望茫茫汪洋，西眺绵绵苍山，一派山从海中出、水在天际流的景象，就会如诗如画地展现在眼前。

【结束语】

好了，各位游客朋友，今天的太姥山之旅到此就告一段落了，欢迎各位给我留下宝贵的意见，有机会欢迎再次来太姥山做客，再见！

（十三）平潭石牌洋

海中奇景、天下奇观。各位远道而来的朋友们，欢迎来到平潭石牌洋景区，我是导游小张，今天由我带领大家一起领略石牌洋景区的神奇地质景观。

平潭位于福建东南部，古称海坛，简称岚。由126座岛屿组成，陆域总面积392.92平方千米，海域面积6064平方千米，是福建第一大岛，全国第五大岛。平潭是由一亿年前东南沿海的大规模岩浆运动、海平面上升等自然活动而形成的岛屿。特殊的地理区位特征使得平潭岩石多且风大，还是中国沿海潮差最大的地区之一，也因此形成了石牌洋海坛天神、仙人井享誉岛内外海蚀地貌景观，有着"海蚀地貌甲天下"之美誉。据民间普查统计，全岛还有47处奇石怪石景观。石牌洋作为平潭旧十景之首，广泛见诸明清书籍和文人诗赋，如林淑贞的"共说前朝帝子舟，双帆偶趁此句留。料因浊世风波险，一泊于今缆不收"。

石牌洋景区则位于苏澳镇看澳村，距离城关有一定的距离，大家一会儿就可以亲身领略它的独特魅力。石牌洋景区以其奇特的海蚀地貌而闻名,那两块巨大的花岗岩海蚀柱,屹立在大海之中,仿佛是大自然的杰作,充满着无尽的神奇与梦幻。这里的景色壮阔而震撼,让人不禁感叹大自然的鬼斧神工。待会儿,大家可以尽情地拍照留念,感受这份来自海洋与大地的馈赠。让我们怀着期待与兴奋,一起开启在石牌洋景区的奇妙之旅吧!

当我们踏上这片土地,便仿佛走进了一个充满独特魅力的世界。请大家注意看道路两旁的房子,这些房子都是由石头建成的,它们犹如一个个坚不可摧的碉堡,雕琢平整,固若金汤。因为我们平潭自古就是强风区,当地的石头资源又非常丰富,于是老百姓就地取材,用石头建房子,于是流传一句话这样形容"平潭岛,光长石头不长草,风沙满地跑,房屋像碉堡"。石头建成的房子,窗户都设计得非常小,这样既能冬暖夏凉,又能抵御风沙。以前的平潭老百姓,深受风沙之苦。平潭石头厝是对石砌墙体建筑的特殊称谓,当地居民就地取材以条石、毛石、青石等块状石料作为墙体的主要材料,以木材作为楼板建造出极具地域特色的石头厝。它不仅是风情浓郁的独特民居也是海岛祖先生存智慧的结晶,更是海岛居住文化的"活化石"。介绍说,平潭岛的石厝不仅是中国也是世界上独一无二的彩色城堡。这些年随着平潭的开放开发,石头厝也成为海岛旅游、乡村振兴的新名片,北港村、猫头墘、东美村等地都成了欣赏平潭石头厝的热门打卡点。

然而,如今的平潭却有着别样的景象。平潭综合实验区化风为宝,风能被巧妙利用。大家现在看到的巨型风车就是长江澳风力发电场。平潭长江澳二期风电场工程是亚洲单机最大的、风机叶片最长的风电场,单机容量为2千瓦,总装机容量为10万千瓦,工程总投资为10亿元,年发电量约为2.5亿千瓦时。整个风电场规模宏大,湛蓝的海面上,洁白的风车高高耸立在蓝天白云中,形成平潭岛一道亮丽的风景线。这些风车不仅为我们提供了清洁的能源,也成了平潭独特的景观标志,吸引着众多游客前来观赏。

接下来,我们将坐船前往石牌洋景区。随着船缓缓驶离岸边,我们的心情也逐渐变得兴奋起来。往前远远望去,就能看到一个圆盘状的大礁石,托着一高一低两块碑型海蚀柱。整个礁石像一艘大船,两块巨石像两面鼓起的双帆,似乎正在乘风破浪前进。这便是平潭最著名的自然景观——石牌洋,又称为"半洋石帆"和"双帆石"。高的这根海蚀柱高达33米,胸宽9

米，厚 8 米，据说是世界上最大的单体花岗岩球状风化海蚀柱；矮的这根高 17 米，胸宽 15 米，厚 8 米。两根海蚀柱离我们越来越近，巨大的石帆耸立眼前，像一艘巨轮的风帆，浑然天成，令人震撼。明代旅行家陈第用"海中孤岛，上有二石，宛如碑碣，卓立中流，天下奇观"五句话来概括当时的感受。这寥寥 20 字，透露着作者对半洋石帆奇观的由衷赞美。也许从那时起，"天下奇观"就成了石牌洋的美称。

　　关于平潭石牌洋的来历，平潭民间有个广泛流传的传说故事——"哑巴皇帝"。传说很久以前，海坛岛十分荒凉贫困。有一年秋天，风卷沙飞，一夜之间，淹没了芦洋埔许多村庄。天亮了，人们从沙堆里挖出一个十来岁的男孩，摸口，还有点儿热气，可是孩子的父母都悲惨地死了，哥嫂外出做工才幸免于难。这孩子是个哑巴，没有名号。因为自幼喜欢剪纸人纸马当军队，自己俨然像个带兵出征的帝王，所以人们叫他"哑巴皇帝"。父母死后的第二年，久旱无雨，兄嫂辛苦耕种一年，只收成两三担番薯干，还不够一家三个月的口粮。财主王猪头照样来收租讨债，硬把这几担薯干全部抢走了。哑巴的哥哥拼命抓住粮袋不放，被王猪头的文明棍当头一击，昏倒在地，受了重伤，不几天就含恨去世。嫂嫂哭得死去活来。哑巴皇帝看在眼里，恨在心上。他明白了：风沙可恨，财主可恨，皇帝的王法更可恨！不久，有一天蓬莱大仙云游到这里，见这哑童可怜，就送给他三张纸，对他说：第一张纸剪一座房，第二张纸剪一小粮仓，第三张纸剪成衣服，这样，一家人有住、有吃、有穿，什么都不愁了。仙人特别嘱咐如果被别人看见了法术就不灵。哑童拉着仙人，用手比着自己的嘴巴。大仙笑着说："等你剪完这三张纸，自然会开口说话了。"蓬莱大仙走了，哑童拿起剪子想着：要是照大仙指点，自己一家人可以过上好日子，可是乡亲们活不下去怎么办？风沙怎么制服？皇帝恶霸谁来除？想到这里，他决定用第一张纸剪出一座大山挡住风沙。剪好了，他找了根草绳拴住纸里的山头，准备把山拉过来，挡在芦洋埔北面的大风口。此时，隔壁一位好心肠的老汉，端来一碗番薯汤给哑巴充饥。门"呀"的一声打开了，惊得哑巴急忙缩手，山头刚拉到北党村东边就停住不动了，这座山就是平潭的君山，和北党山东西对峙，两山之间的十里海滩，仍然形成一个大风口，秋冬两季，照样风沙为害。哑巴拿起第二张纸，剪了一副震天弓和一支穿云箭。又把剩下的纸剪成好多好多手执刀枪的纸兵，只是眼珠子没法剪。这时，他忽然想起昨日邻家大婶送的几块芝麻饼舍不得吃，何不就用芝麻子当眼睛，于是他从怀里掏出麻饼，把芝麻一粒一粒都扒下来，再粘在纸兵纸马的眼位上接着，他拿起第三张纸，剪了舂臼、簸箕和槌子，准备留给嫂嫂使用。仙家妙法果然灵验，剪完三张纸，哑巴开口说话："嫂嫂，明天五更时候叫醒我。"哑巴小叔能说话，嫂嫂又惊又喜，她不知道小叔五更时候要做什么事，怕错过了时间，才四更就起床，只见星光灿烂，以为天快亮了，赶忙唤醒小叔。

　　哑童兴冲冲地告诉嫂嫂："今天是我们报仇雪恨的日子，看我做法。"只见他引弓搭箭，向皇宫的方向射去，口里念道："震天弓，穿云箭，杀死皇帝真灵验！"那支神箭穿云破雾，一转眼就是几千里。可是天还未亮，这会儿皇帝还在寝宫里睡大觉哩。五更鼓响，皇帝早朝。当他登上金銮殿的御座时，忽见一支利箭插在座位正中，只听他"啊"地惊呼一声，差点瘫倒地上。左右侍臣急忙扶住。"有刺客！有刺客！"文武百官一听有刺客，也吓得六神无主，不知往哪儿藏身才好。宰相还算镇静，取下神箭，急忙呈上并上奏："陛下，此箭乃闽都海坛岛哑巴皇帝所射。""哑巴？"皇帝勃然大怒，即刻下令："把他抓来，碎尸万段！"

　　没有几天，官兵浩浩荡荡杀奔海坛岛芦洋埔来。哑巴皇帝闻讯，全无惧色。只见他掏出纸兵纸马，念起咒语，向空中撒去，立刻出现了一支雄赳赳的军队，挡住官兵的去路。两军相逢，一场厮杀。没料到哑巴皇帝的兵马全是瞎了眼的，原来粘作眼睛的芝麻子是炒熟的。哑巴皇帝一看情况不妙，立即拉着嫂嫂向海边跑去。掏出纸石臼和纸簸箕，口中念着："石臼变船，簸箕作篷！"，霎时间，他们面前出现一艘船，船上还有一大一小两片帆。叔嫂俩人上了船，哑巴皇帝对嫂嫂说："你快闭上眼睛，没叫你张开，千万莫开眼。"说完，便掏出纸槌子作舵，让石船向外海驶去。嫂嫂本来就胆小，只听耳边风呼呼响心跳得厉害。她好奇地睁眼一看，啊，狂涛巨浪扑面而来，石船几乎要沉入海底似的，她大喊一声："哎哟！"

　　这一喊不打紧，仙术触破了，石船立即下沉，叔嫂也随之葬身海里。那两片帆化作一高一低的两块巨石，底座是一大块船形的巨岩。后来，这里成了平潭岛十景之一——"半洋石帆"。

　　故事反映了较早时期劳动人民朴素的价值观，有对美好生活的向往与追求，也有对残酷暴政的反抗精神，具有强烈的人文思想和积极的社会意义，是平潭历史文化遗产中一笔宝贵的精神财富。哑巴皇帝的传说故事在福建地区具有广泛流传度，福建屏南、福州、平潭、建瓯、福清、古田、黄田、凤都、杉洋均流传不同版本的哑巴皇帝传说，其中以平潭版的传说最具海洋文化传奇色彩和广泛流传度。该传说故事在平潭民间口耳相传，代代传承以石牌洋景区所在地看澳村尤甚。20世纪末以来，以平潭哑巴皇帝传说故事为蓝本，已演绎出文化文艺作品、连环画、漫画、动画片、网络电影等。石牌洋哑巴皇帝传说作为平潭海洋特色民俗文化的代表作之一，无论是石牌洋双帆齐绝景观，还是哑巴皇帝传说赋予的石牌洋文化内涵，都阐释了历代平潭劳动人民在风口浪尖乘风破浪，敢拼四海的创业精神。

那么，这令人惊叹的奇观是如何形成的呢？据地质学家考证，它是世界上最大的花岗岩球状风化海蚀柱。住房和城乡建设部与中国科学院的专家称之为"垄断性的世界级旅游资源"。石牌洋早期是一个海底大山包，就像对面的山包一样，由于受地壳板块运动的影响不断抬升。山包内部石质不一样，脆弱的部分受到海浪的冲刷和自然的风化就慢慢地脱落下来，剩下的海蚀柱就是中间坚硬的核心部分。成型后，由于继续不断受到风化侵蚀，表面有岩层还在渐渐地脱落，因此石牌洋是在不断地消瘦之中。这是大自然漫长岁月的杰作，它见证了无数的变迁与沧桑。而现在我们所看到的是剥落出来的核心部分，这就是"天下奇观"的地质成因。据概括，奇观有三大奇：一是高石柱上有一根草，当地人称之为"灵芝草"，吃了会长生不老，那只上柱的神龟就是想上去采这棵灵芝草献给对面的那只母龟！二是这高石柱上有三片"瓦"片经历了多少次的十二级台风仍纹丝不动。其实那不是瓦片，而是风化后的残留物，状似瓦片。三是这矮石柱的底部虽然只有六分之一与礁盘接触，但是却稳如泰山，难以撼动。据地质学家推测，一两百年后，将成为一个地球上最大的风动石。

当我们凝视着这对半洋石帆，心中不禁涌起无尽的遐想。千百年后，这对半洋石帆又将何去何从，我们真的难以预测。大自然通过石碑洋给了我们遐想的空间，让我们感受到自身的渺小与宇宙的博大。我们可以游船看它，我们可以踩着岩石近距离地触摸它，天风海涛，每一次与它的接触，都仿佛是与大自然的一次深刻对话。

石牌洋同样是当地渔民的祭坛。据当地渔民讲，古时候在看澳村，渔民出海之前都会到石牌洋上祭拜，以求出海打渔时一帆风顺、满载而归。这不仅是一种传统习俗，更是渔民们对大海的敬畏和对美好生活的期盼。现在，我们的船即将靠近石牌洋。大家可以准备好相机，记录下这难得的瞬间。当我们踏上这片神奇的礁石，感受着海风的吹拂，听着海浪的声音，仿佛与历史和自然融为一体。在石牌洋周围，还有许多值得我们探索的地方。周围的海域里生活着各种丰富的海洋生物，我们偶尔还能看到鱼儿在海水中嬉戏。这里的生态环境保持着相对的原始和纯净，让我们能感受到大自然的生机与活力。当我们站在石牌洋旁边，仔细观察这些海蚀柱的纹理和形态。会发现它们的表面布满了岁月的痕迹，有的地方已经被侵蚀得十分光滑，而有的地方则依然保留着粗糙的质感。这些纹理仿佛在诉说着过去的故事，让我们对大自然的鬼斧神工有了更深刻的理解。

　　在石牌洋景区，我们还可以欣赏到美丽的海景。远处的海平面在阳光的照耀下闪烁着金色的光芒，与蓝天白云相映成趣。海面上偶尔会有船只驶过，留下一道道涟漪，为这片宁静的海域增添了几分动感。同时，我们也不能忽略周边的礁石和小岛。它们形态各异，有的像动物，有的像人物，充满了趣味和想象力。我们可以发挥自己的创造力，给这些礁石和小岛赋予各种各样的形象和故事。在游玩的过程中，大家一定要注意安全。这里的岩石比较湿滑，行走时要小心谨慎，避免滑倒受伤。同时，也要爱护这里的环境，不要随意丢弃垃圾，让我们共同保护这片美丽的自然景观。

　　在与半洋石帆相对应的看澳村海边，由于海水侵蚀和自然风化，岩壁花岗岩风化，形成一座光头凸肚的弥勒佛像。石像屈膝盘坐，身高12米，肩宽12米，头、身、手、足毕现，形象生动，状如半浮雕。围绕佛身有一条棕黄色的火成岩脉，就像献给佛像的一条金色"哈达"，也是自然巧合，妙趣天成。另外，那里还有许多天然海蚀景观，例如双龟接吻、青蛙等，也是值得一看。

　　好了，现在大家可以自由活动，尽情欣赏石牌洋的壮观景色。10分钟后，我们在石帆前面合影留念。希望大家在这里度过一段愉快而难忘的时光。

　　石牌洋不仅是平潭的标志性景观，也是福建乃至全国的重要自然遗产。它吸引着来自世界各地的游客前来观赏和探索，为平潭的旅游业发展作出了重要贡献。同时，它也提醒着我们要关注环境保护，让这些珍贵的自然景观得以延续。期待大家再次来到平潭，再次感受石牌洋的独特魅力。谢谢大家！

（十四）平潭坛南湾

【导览线路】坛南湾沙滩—南部生态廊道—田美澳沙滩—远垱澳景观廊—蓝眼泪

各位游客，大家好，欢迎大家来到美丽的坛南湾。我是大家的导游，非常荣幸能为大家提供导游服务！

坛南湾位于福建省平潭县海坛岛，海坛岛是福建省第一大岛，东临台湾海峡，与祖国宝岛台湾隔海相望，距离我国台湾省新竹港仅约126千米，是大陆离台湾最近的地方。而坛南湾位于海坛岛东南隅，这里的海岸蜿蜒曲折，长达408千米，其中有100多千米属于优质海滨沙滩，在海岛的北部、东部和南部，分别是长江澳、海坛湾和坛南湾三个海滨沙滩，这里沙质细白，海水湛蓝清澈，是天然绝佳的海滨浴场。又因其滩面平缓，细沙如银，有"白金海岸"之誉。如果到了夏季，还可以一睹"蓝眼泪"的风采。坛南湾港湾众多，湾内有远垱澳沙滩、田美澳沙滩、崎沙澳沙滩、观音澳沙滩、磹角底澳沙滩等13段，自平潭被提升为平潭综合实验区，重点推进六大区域建设，其中国际旅游发展区就包含了坛南湾。2017年12月22日，坛南湾与将军山、海坛古城组成的坛南湾—海坛古城旅游区获评国家AAAA级旅游景区，成为全区首个国家AAAA级旅游景区。现在让我们一起进入素有"东海银滩，白金海岸"之称的坛南湾，尽情享受阳光海浪和沙滩。

【坛南湾沙滩】

当我们漫步在坛南湾沙滩上，既惬意又浪漫，这里的蓝天、碧海、绿树、银沙，诗情画意，浑然天成。大家感受一下脚下的沙子，绵柔细腻，随意抓一把，粗细均匀，晶莹纯净，散落下去，手是不是还很干净？这是因为平潭岛的沙子，品质确实不一般。沙子的主要成分是二氧化硅，二氧化硅的成分越高，沙子越干净，这里的海沙中二氧化硅含量达到96%以上，泥土和其他杂质仅为2%左右。由于平潭沙质优良，1955年平潭沙厂生产的砂被称为标准砂，通称平潭标准砂，同时平潭标准砂厂被确定为标准砂定点生产厂，并命名为"中国标准砂厂"。

坛南湾的沙质，很适合沙浴。沙浴俗称沙疗法，将身体部分埋于沙中，通过沙温向人体传热，以达到治疗疾病的目的。在中国古代就有这种保健疗法，唐代著名医学家孙思邈在他的《千金要方》中对沙浴疗法做了详细的介绍。稍后大家也可以来体验一下沙疗，将身体埋入沙中，让太阳晒热沙子，数十分钟后，地下水汽透过沙子缓缓地传遍全身，浴后会感到全身松爽。

【南部生态廊道】

现在我们看到的是南部生态廊道。这是一条集旅游、观光、休闲于一体的生态旅游观光道，拥有优美的滨海风光，给人一种回归自然的亲切感。它的起始点位于平潭崎沙村，从村口步行至沙滩，你可以看见一条木栈道，蜿蜒曲折、起起伏伏，像一条长龙盘旋在海边，自北向南不断延伸。沿着木栈道前行，你会发现这里的沙滩洁白细腻，海水清澈见底，远处的海面上波光粼粼、帆影点点、海鸟飞翔，仿佛一幅淡雅的中国山水画，意境悠远。沿途还设置了六处观景平台，包含卧林枕海、岚岛风景线、观海听涛等，每处都可以看到不一样的风景。观景平台上保留了众多造型迥异的奇岩怪石，其中一处是金猪的造型，面朝大海，栩栩如生。在木栈道的中间位置，还有一株高高的木麻黄树，如同镶嵌在木栈道中的一株盆景，微风吹过，木麻黄针叶掉落在木栈道上，如同铺上了一层薄薄的地毯，清新自然之感随即扑面而来。如果走累了，你可以在休闲座椅上歇息，吹着海风，看夕阳西下，十分惬意。密林中生活，星空下入眠，这里还配套了多种网红民宿，如星空帐篷、天空之镜等，躺在其中，看满天星河，给自己的身心放个假。

南部生态廊道项目共分为三期，串联了坛南湾、将军山、山岐澳、建民沙堤等平潭南部景点。其中一期包含崎沙村至远垱澳（湾厝角）段的滨海游步道施工，全长 3.725 千米，包括游步道 2.931 千米、游步道联络路 0.794 千米。南部生态廊道的一大亮点是配套了丰富的旅游产品，让游客的脚步在这里慢下来。你可以乘坐帆船出海，体验水上运动的激情与魅力；也可以前往田美澳艺术驿站，感受平潭非遗文化的魅力。这是一个非常值得一去的地方，它不仅拥有美丽的自然风光，还能让你感受到浓厚的人文气息。在这里，你可以尽情享受大自然的美好，放松身心，释放压力。

【田美澳沙滩】

接下来我们来到田美澳沙滩。田美澳位于国家海洋局海岛研究中心附近，也是坛南湾游客集散的中心地带，田美澳是坛南湾景区众多澳口中风光最旖旎的地方之一。景区依托自然资源优势，在这里打造了田美澳艺术驿站，驿站的建筑风格融合了平潭石头厝的元素，保留了原有建筑基底，交错组合成新的建筑，颜色搭配上以白色和砖红色为主，浓浓古韵中又体现现代艺术感，这里被人奉为浪漫和艺术的栖息地。这里沙滩坡度平缓，安全性高，涨退潮的落差可以达到300—500米。沙滩白沙如银，沙子如面粉般柔软，沙子里的二氧化硅成分高达98%，滩面很少见泥和其他杂质，沙子还曾获得国家一类标准沙的称号，可用来制作玻璃。总之，田美澳沙滩是一个集自然风光、水上活动、休闲娱乐于一体的旅游胜地，无论你是喜欢大自然还是喜欢冒险，这里都能满足你的需求。

坛南湾三面环山，一面临海，周围是一片葱葱郁郁的木麻黄林，以木麻黄为主的"海岸卫士"，为沿海万亩农田筑起了一道坚不可摧的绿色长城，不但为保护平潭岛的生态环境作出了贡献，绵延的"绿色屏障"也成了滨海景观一道独特而又迷人的风景线。

各位游客请往这走，大家小心脚下。现在展现在大家面前的田美澳艺术家驿站将原田美澳鲍鱼场进行改造，改造建筑面积约660平方米，设置艺术品展示区以及休闲区等。整个建筑融合了平潭特色建筑"石头厝"的风格，既保留了原有建筑的白屋顶、石头墙，又增添现代特色，各类元素相互交织碰撞，充满另类的文化气息。这里业态以音乐餐吧和艺术展览为主，为游客带来不一样的沙滩艺术体验。

【远垱澳景观廊】

现在我们来到远垱澳，这里是坛南湾最美的一段沙滩。南面就是岩石巍峨耸立的将军山，这里海水清澈，十里平山风轻浪柔，波光晶莹潮生，既有夏威夷的浪漫，又有北戴河的瑰丽风采，是一处集度假休闲、疗养的国际旅游度假胜地，这里碧海蓝天成一色，银浪滚滚，阳光明媚，沙滩洁白是理想的度假胜地。一到潭南湾，您会惊叹于这片海洋的美丽遥控在这里，您可以尽情地欣赏海天一色的美景，感受阳光沙滩海浪带给您的惬意舒适。漫步在沙滩上，踩着细腻的沙子，感受海风的轻抚，让您的心灵得到彻底的放松。此外坛南湾周边拥有丰富的海洋生物资源，潜水浮潜等水上活动，让您有机会近距离地接触这些生机勃勃的岸线，北面有岬角相隔。

【蓝眼泪】

除了蓝天白云碧海绿树以外，在特定的月份里，我们还能看到一场惊艳美幻的"蓝眼泪"海洋奇观。蓝眼泪属于海洋"赤潮"现象的一种，可以形象地形容为"海洋花期"，主要由两种会发光的海洋浮游生物——"希氏弯喉海萤"和"夜光藻"引发。它们体内的发光腺在受到海浪拍打的刺激时会发出浅蓝色的光，所以当大量海萤和夜光藻爆发式聚集，就会形成一片绝美的荧光蓝海，就像大海流出的眼泪。4—5月出现夜光藻型蓝眼泪，由于夜光藻是冷水性藻类，当水温超过它的生存上限时，"蓝眼泪"就会自然消失，这种类型的蓝眼泪持续时间也比较短，一般是30秒左右，追泪人必须时刻准备着。7—8月是海萤蓝眼泪的爆发点。海萤本身体积比夜光藻更大，所以蓝眼泪的颗粒度会更清晰，亮度更高。而且海萤蓝眼泪存活时间能达到120秒，更容易捕捉。根据海洋环境条件的不同，每年"蓝眼泪"出现的时长也不同，短则1—2个星期，长则1—2个月。

蓝眼泪只在没有污染的海域才会出现，而且离开海水超过百秒生命也宣告终结。平潭蓝眼泪作为一种自然现象，是可以被实时预测的，虽然准确度不会太高，但能为我们提供大致方向，我们有个预报蓝眼泪观测点和概率的公众号——平潭蓝眼泪预报和平潭气象，实时发布蓝眼泪出现的地点和时间，为远道而来的追泪游客提供方便。追蓝眼泪其实会很辛苦，虽说日落之后，在没有其他光源的地方，蓝眼泪便会登场。但一般蓝眼泪的大规模爆发都在深夜（23点之后），而大部分"追泪人"在天黑之后就需要守在海边了。不过在看到蓝眼泪出现的那一刻，如梦如幻，你会觉得这一切都值了。

【结束语】

亲爱的游客朋友们，我们的平潭坛南湾之旅即将画上句号。坛南湾犹如一颗璀璨的明珠，镶嵌在这片美丽的土地上。那绵延的沙滩，宛如金色的丝带，柔软而温暖，承载着我们的欢乐与足迹。湛蓝的海水，似梦幻的画卷，波光粼粼中映照着天空的澄澈。海风轻拂，带来海洋的气息，也带来心灵的慰藉。在这里，我们与大自然亲密相拥，感受着它的雄浑与温柔。时光虽短，但坛南湾的美丽会永远留在我们心间。愿大家带着这份美好，在今后的人生路上继续前行，无论何时何地，都能回忆起这处海边的胜景。让我们挥手道别，期待下一次与坛南湾的相逢，与美好再次相遇。谢谢大家！

第六章
福建省专题讲解

一、建筑

(一) 振成楼

各位游客，大家好，今天我给大家介绍的是振成楼。

坐落在福建省龙岩市永定县湖坑镇洪坑村中南部，由林鸿超兄弟等人于1912年建造。

因奇特巧妙的建筑设计，科学完整的功能设置，中西建筑的完美结合，精雕细琢的制作功夫，丰富的文化内涵，振成楼因此被誉为"东方建筑明珠"。

富丽堂皇的振成楼，按八卦观念结构建造，卦与卦之间设防火墙，它像其他土楼一样坐北朝南，调节阴阳。每卦与内层一楼采用北方四合院格式。全楼的设施布局既有苏州园林的印迹，也有古希腊建筑的特点，堪称中西合璧的建筑奇葩。1995年它的建筑模型与北京天坛作为中国南北圆形建筑代表参加了美国洛杉矶世界建筑展览会，引起轰动。

很多游人认为早在90年前，在这深山密林之中能搞出这样具有排污等环保意识的土楼是不可思议的。该楼设计不但有抗地震、防风、防盗和防火之特点，更有冬暖夏凉之功效。

1985年，振成楼的建筑模型曾同北京的天坛模型一起送往美国洛杉矶参加国际建筑模型展览，以其独特的风格和别具一格的造型，被认为是客家人聪明智慧的结晶，是中华民族优秀的文化遗产。

（二）承启楼

各位游客，大家好，今天我给大家介绍的是承启楼。

承启楼位于龙岩市高头乡高北村，据传承启楼从明代崇祯年间破土奠基，到清代康熙四十八年（1709年）竣工。三代人经过81年的努力奋斗，终于建成这座巨大的江姓家族之城。相传在建造过程中，凡是夯墙时间均为晴天，直到下墙枋出水后，天才下雨，承启楼人有感于老天相助，所以又把承启楼称作"天助楼"。

全楼为三圈一中心。外圈4层，高16.4米，每层设72个房间；第二圈2层，每层设40个房间；第三圈为单层，设32个房间，中心为祖堂，全楼共有400个房间，3个大门，2口水井。全楼住着60余户，400余人。三环主楼层层叠套，中心位置耸立着一座祖堂。三环楼就像三员大将紧紧守护着祖堂。这就是土楼大王的威仪，庄重而又壮观。

承启楼以它高大、厚重、粗犷、雄伟的建筑风格和庭院院落端庄丽脱的造型艺术，融于如诗的山乡神韵，让无数参观者叹为观止，台湾小人国和深圳锦绣中华都有承启楼模型。1981年被收入《中国名胜词典》，号称"土楼王"，与北京天坛、敦煌莫高窟等中国名胜一起竞放异彩。

（三）田螺坑土楼群

各位游客，大家好，今天我给大家介绍的是田螺坑土楼群。

田螺坑土楼群位于福建省南靖县西部的书洋上坂村田螺坑自然村，为黄氏家族聚居地。田螺坑土楼群，距南靖县城60千米，它的精美建筑组合，构成人文与自然巧妙之成的绝景，给人强烈的观赏冲击，令人叹为观止，当地人戏称"四菜一汤"。

土楼不仅在建筑风格上特色鲜明，大多数土楼的命名也寓意隽永、意味深长。田螺坑土楼群的第一座土楼叫步云楼，就是那位于"梅花"花心位置的方形楼，始建于清嘉庆元年（1796年），高3层，每层26个房间，全楼有4部楼梯。取名步云，寓意子孙后代从此发迹，读书中举，仕途步步高升青云直上。果然，步云楼还在兴建，族人又有了财力，随即在它的右上方动工修建新一座圆楼，叫和昌楼，也是3层高，每层22个房间，设2部楼梯。1930年，步云楼的左上方又建起了振昌楼，还是3层高，每层26个房间。

1936年，瑞云楼又在步云楼的右下方拔地而起，仍然是3层，每层26个房间。最后一座文昌楼建于1966年，准确地说它是一座椭圆形楼，3层，每层有32个房间。

游土楼，住田螺坑，真正体验土楼人家的生活气息，领略不同时间、不同气候、不同光线下田螺坑各个角度的美景！

（四）福州华林寺大殿

各位游客，大家好！今天我给大家介绍的是福州华林寺大殿。

华林寺大殿建于964年。北方已是宋太祖乾德二年，闽越一带还在十国之一的吴越治下。就大殿的建筑特点，称之为五代建筑是名副其实的。这无疑是福州城中现存最有价值的历史古迹，自1958年发现以来，长江以南最古老木构建筑这一桂冠，至今无法撼动！

南方的早期木构数量虽少，却不乏杰作。宁波保国寺大殿和福州华林寺大殿堪称双璧。前者得其精，和《营造法式》关系密切，后者得其古，保留了晚唐、五代的古老做法。华林寺大殿在官式的基础上还融入了不少闽系建筑的地方特色。12世纪末日本佛寺建筑中流行的"大佛样"，就是传自南宋福建地方的建筑样式。

（五）林则徐墓

各位游客，大家好！今天我给大家介绍的是林则徐墓。

林则徐墓，在福州市省军区内，郊马鞍村金狮山麓，坐北向南偏东南57°，面对五凤山。平面呈如意形，其墓为三合土夯筑，五层墓埕，面宽14.6米，纵深37米。封土隆起，形如覆釜。封土后护坡正中饰一圆形的"寿"字，直径0.82米。

封土前竖立一块高1.08米、宽2.55米、厚0.16米的墓碑，上面刻有御赐的祭文和碑文。正中的供案桌上立长方形石碑牌，上镌楷书56字，写法属传统形式，读时先中行，继右行，随之左行，再回读右而后左，以此类推。

碑牌上所列官衔都是林则徐的，按当时"父以子贵"的规例，做父亲的死后也可以享用。供案左右的转角柱上镌有对联："百丈松楸驯鹿土，千秋佳节卧牛眠。"碑面阴刻："皇清诰封资政大夫、两淮盐政、前江苏按察使赐谷林公、配陈夫人，男少穆公、妇郑夫人，出继男雨人公、妇李孺人寿域。

道光丙戌年（1826年）仲夏吉旦立。"楷书，直下 11 行（读序自中、左、右），字径 12 厘米。

（六）马江海线炮台、烈士墓及昭忠祠

各位游客，大家好！今天我给大家介绍的是马江海线炮台、烈士墓及昭忠祠。

昭忠祠位于马尾马限山东南麓，掩映在山林榕荫间，一片肃然。祠前两尊铁铸的古炮卧伏在大门两侧。这是1884年中法马江海战后，从被毁坏的舰船上拆卸下来的历史文物。从祠西侧边门走出，便见追思亭。亭依山面塘，沿着池塘边的鹅卵石甬道通向陵墓。烈士陵长 34 米，宽 7.5 米。这是海战之后，两岸乡亲协同打捞的烈士遗体合葬处。墓后有条蜿蜒的登山古道，拾级而上，便是马江海战炮台遗址。山巅平台上，古炮台已修复一新。

清光绪十年（1884年），法国远东舰队闯入马尾港，福建水师仓促应战，死难水陆官兵达千余人。部分烈士遗体安葬在马限山麓沙滩上，并立碑纪念。昭忠祠正厅置烈士姓名、职务的碑石，两边回廊分立昭忠祠碑和记叙烈士战绩的碑刻。祠西有墓台，台高约 1 米，环台三面各设一座五层台阶，台正中有一座圆顶雕花四柱的石碑亭。墓西有一条登山石道，拾级而上，便是马限山炮台遗址、原英国福州领事馆分馆遗址和英国梅园监狱遗址等古迹。

（七）福清瑞岩弥勒造像

各位游客，大家好！今天给大家介绍的是福清瑞岩弥勒造像。

勒岩，别名瑞岩山，位于福清市海口镇牛宅村，距县城约 10 千米，古称"瑞岩丹洞"，是人文与自然景观兼胜的风景游览区。弥勒岩有嶙峋的岩峰或卧或悬，或离或合，幽姿万千，令人赞叹不已。弥勒岩山麓，有一高大石佛盘膝而坐，这就是闻名遐迩的弥勒石雕造像。

石佛像始凿于元至正元年（1341年），至明洪武元年（1368年）竣工，高 6.8 米，宽 8.9 米，由整块花岗岩就地琢成，天然妙相，袒胸露腹，两耳垂肩，笑态可掬，观者可以忘忧。

经国家文物局认定，该石佛为全国最大的立体石刻弥勒佛像，已纳入全国重点文物保护单位。

（八）闽侯县石山遗址

各位游客，大家好！今天我给大家介绍的是闽侯县石山遗址。

昙石山文化遗址位于闽侯县甘蔗镇昙石村，是中国东南地区最典型的新石器文化遗存之一，距今5000—4000年。昙石山文化是福建古文化的摇篮和先秦闽族的发源地。昙石山文化遗址目前仍有三分之二尚未挖掘，待全部建成后，其规模将超过半坡遗址、河姆渡遗址。昙石山文化遗址几乎是由当时人们丢弃的蛤蜊壳、贝壳、螺壳堆积起来的，有的地方厚3米左右，所以又称"贝丘遗址"。

中华第一灯，在125号墓葬中，出土时，陶灯放在墓主人头顶，类似北京十三陵定陵中的"长明灯"，四五千年前的昙石山人使用如此精美的陶灯，堪称"中华第一灯"。

（九）罗源陈太尉宫

各位游客，大家好！今天我给大家介绍的是罗源陈太尉宫。

陈太尉宫坐落于罗源县中房镇乾溪村，始建于五代后梁开平三年（909年），占地1155平方米，正殿建筑面积近400平方米，整个建筑未用一根钉子，具有极高的历史、艺术、科学研究价值，被国务院列为第五批全国重点文物保护单位。

作为全国重点文物保护单位，它原是陈苏祠堂。陈苏，河南固始人，唐末隐居罗源曹峰，教民农桑、礼教，死后被尊为神，封太尉。后陈苏祠堂改名为神宫，称陈太尉宫，经元、明、清三代扩建成3间殿堂，又续戏台、宫门，均是穿斗式构架。一宫之内，宋、元、明、清建筑并存，融汇组合一体，被文物专家誉为"古代建筑博物馆"。

（十）乌山崇妙保圣坚牢塔

各位游客，大家好！今天我要给大家介绍的是乌山崇妙保圣坚牢塔。

它是全国重点文物保护单位，也是福州市的三山两塔的重要标志之一。位于东麓，原名"崇妙保圣坚牢塔"。它的前身系唐贞元十五年（799年）所建"净光塔"。唐乾符六年（879年）被毁。闽永隆三年（941年），闽王王审知第七子王延曦准备在旧址上重建九层宝塔，方到七层，王延曦被臣属所杀，工程遂告结束。塔为八角七层，通高35米。

乌塔原名"崇妙保圣坚牢塔"，据史料记载，有着福州"比萨斜塔"的乌塔，当年在刚建好的时候就出现了轻微的倾斜，至清道光年间才被发现，当时塔身倾斜就比较严重了，20世纪50年代重修加固后，在20世纪90年代又经修缮。

（十一）福建船政建筑

各位游客，大家好！今天我要给大家介绍的是福建船政建筑。

马尾造船厂是福建最大的造船厂，也是中国近代第一家专业造船厂。至今尚存有船政轮机厂、绘事院、钟楼等船政建筑群。

马尾船政建筑群，历经了一百多年的时事变迁，马尾造船厂庞大的建筑群有的毁于战乱炮火，有的坍塌于风雨侵蚀之中，只有部分厂房和设施保存到了现在，它们成为中国工业源头的实物见证。其中最具代表性的是生产船用蒸汽机的轮机车间。随马尾造船厂宣传部的邢小姐来到一幢红砖砌墙的楼房前，这座法式风格建筑，就是现今中国工业最早的机器制造车间，也就是当年生产船用蒸汽机的轮机车间。

（十二）陈嘉庚墓

各位游客，大家好！今天我给大家介绍的是著名华侨陈嘉庚墓。

陈嘉庚墓位于厦门集美，集美不仅美，更有一位令人敬佩的华侨和一段令人回味的历史。集美位处厦门岛西面，20世纪50年代，一道高集海堤把厦门岛和集美连在了一起，后来又在这里建起了厦门岛第一座大桥——厦门大桥，现在厦门大桥、集美大桥、杏林大桥三桥飞架。集美很美，有阳光海水，更有一段关于陈嘉庚的历史。去集美，不能不提陈嘉庚，因为集美不仅是著名的爱国华侨领袖陈嘉庚的故乡，也倾注了陈嘉庚先生的毕生心血。去集美，就是去回味属于陈嘉庚的那段历史。集美现在是通票制，大概是20元，可以去陈嘉庚故居、陈嘉庚纪念馆和集美鳌园（陈嘉庚墓园）。事实上去集美是需要慢慢体会的，慢慢走在集美学村那古榕成荫的小街上，不经意间抬头看见那红砖翘角的典型闽南建筑，渴了喝一杯台湾奶茶，饿了来一碗厦门沙茶面，累了就在集美中学的石阶上坐坐，看看远处的大海和大桥！

（十三）胡里山炮台

各位游客，大家好！今天我要给大家介绍的是胡里山炮台。

胡里山炮台位于厦门岛东南海岬突出部，三面环海，景区系国家级文物保护单位、国家AAAA级旅游景区，始建于清光绪二十年（1894年）三月初八，竣工于1896年十一月初八，是中国洋务运动的产物，历史上被称为"八闽门户、天南锁钥"。

炮台上最有名的是1893年购自德国克虏伯兵工厂的一门28生（280毫米）克虏伯大炮，至今保存完好。该炮曾在1937年的抗日保卫战中击沉日军"箬竹"型13号舰，首开中国战区击沉日舰的辉煌战绩。

（十四）厦门青礁慈济宫

各位游客，大家好！今天我要给大家介绍的是厦门青礁慈济宫。

青礁慈济宫，又称东宫，位于厦门海沧镇青礁村崎山（岐山）东南麓（古属漳州府海澄县），四周地域辽阔，景色秀丽。该宫始建于南宋绍兴二十一年（1151年），奉祀北宋著名的民间医生吴夲。此宫分为五殿，飞檐交错。主殿有12根蟠龙大石柱，上刻蟠龙腾云、八仙游山及山川禽兽等，其中一对石柱如花瓶状，在福建的宫庙建筑中难得一见。宫内的大幅青石浮雕上刻着龙虎和隋唐故事，另两幅石屏上则雕绘哪吒闹海的故事，梁上木刻有狮象龙凤和奇花异卉，雕工精细，金碧辉煌。彩画中有一幅凤头、龙尾、龟身、四脚的神物，很是怪异。画着传说故事的油彩画和黑底描金画，虽历经沧桑，色彩依然鲜明。殿顶铺绿色琉璃瓦，四周环饰着彩陶缀成的各色人物和12条龙。

二层阁楼中的钟鼓楼，藻井为木拱结构，层层叠叠，玲珑轻巧。楼内大钟铸于清康熙三十六年（1697年）。宫中还保存着康熙、嘉庆、咸丰、光绪等朝代的重修碑记。

（十五）泉州洛阳桥

各位游客，大家好！今天我要给大家介绍的是福建泉州洛阳桥。

洛阳桥，是中国现存年代最早的跨海梁式大石桥。原名万安桥，北宋泉州太守蔡襄主持建桥工程，素有"海内第一桥"之誉，与赵州桥齐名，有"南洛阳，北赵州"之称。

桥长834米，宽7米，有31座桥墩，桥上现存亭2座，石将军2尊，石塔5座，碑亭有"西川甘露"碑刻和清道光间石刻"天下第一桥"横额。中亭傍有崖刻"万安桥"，"万古安澜"和12方碑刻，其中最引人注目的，是桥南接尾的"蔡忠惠公祠"。

这是北宋时为纪念蔡襄的功劳而建造的。祠中有两块大石碑，"洛阳潮声"历来是泉州的十景之一，游客伫立桥上，在松荫下看潮来直涌千寻雪，日落斜横百丈虹，另有一番情趣。

（十六）南安九日山摩崖石刻

各位游客，大家好！今天我要给大家介绍的是南安九日山摩崖石刻。

九日山摩崖石刻位于南安丰州九日山上。1988年1月列为全国重点文物保护单位。古人云："（九日山）山中无石不刻字。"东西两峰摩崖上，迄今留存北宋至清代的题刻75方（景迹题名15方，登临题诗11方，游览题名29方，修建记事7方，海交祈风及市舶司事13方）。以宋刻居多，内容有景迹题名、登临题诗、游览题名、修建纪事、海交祈风等，蔚为奇观，其中以13方宋代航海祈风碑刻最为著名，是研究泉州港海外交通的珍贵史料，也是中国人民与亚非人民友好往来的历史见证。此外，还有唐代高僧无等禅师"泉南佛国"题刻（现存题刻为元至正十年奉政大夫监郡偰玉立重刊），宋代蔡襄、朱熹等人遗墨。1991年联合国教科文组织"海上丝绸之路"考察团曾登山参观，留下20多国专家联合签署的登游纪事摩崖石刻一方。

（十七）南安郑成功墓

各位游客，大家好！今天我要给大家介绍的是南安郑成功墓。

郑成功是我国著名的民族英雄，去世后葬于台湾台南，后迁回故乡南安。1982年，郑成功墓入选第二批全国重点文物保护单位，如今它已成为海峡两岸同胞交流感情和合作的文化纽带。

在国道324线水头复线往南安水头康店村方向，有一条水泥路一直通往覆船山。覆船山又被称为橄榄山，郑成功陵墓就在山腰。墓园因山势而建，进入大门，便是一段二三十米宽、三四十米长的斜坡。靠近陵墓处是两层台阶，每层都有五六阶。斜坡和台阶全由长条石头铺成。

郑成功墓系三合土构筑，整座墓域占地997平方米。墓碑、墓道皆用花岗石雕砌而成，呈"风"字形。墓前有石质华表一对，高14米，直径52厘米，呈八角形，顶端雕狮一座。墓前两侧还有石板旗杆夹九对，左五右四，其中一板刻有"戊子年解元"五个字。

在离陵墓不远处，立着两块纪念石碑，一块是1963年福建省公布郑成功墓为省级文物保护单位的碑刻，另一块是1982年国务院将郑成功墓列为全国重点文物保护单位的保护碑。看护陵园的老人说，郑成功陵园的围墙，按照神圣祭坛的传统做法而建。为使人们身临其境时产生高渺的感觉，墙垣比正常的高度低。

（十八）泉州安平桥

各位游客，大家好！今天我要给大家介绍的是泉州安平桥。

安平桥因安海镇古称安平道，由此得名；又因桥长约5华里，俗称五里桥。安平桥是中国现存古代最长的石桥，是古代汉族桥梁建筑的杰作。位于中国福建省泉州市晋江安海镇和泉州市南安水头镇之间的海湾上。

安平桥属于中国古代连梁式石板平桥，始建于南宋绍兴八年（1138年），历时十四年完成。该桥是中古时代世界最长的梁式石桥，也是中国现存最长的海港大石桥，显示了古代汉族劳动人民的聪明才智和桥梁建造的辉煌成就。1961年安平桥成为国务院公布的第一批全国重点文物保护单位。

安平桥全长2255米，桥面宽3—3.8米，共361墩。桥墩用花岗岩条石横直交错叠砌而成，有3种不同形式：长方形、单边船形、双边船形。单边船形一端成尖状，另一端为方形，设于较缓的港道地方；双边船形墩，两端成尖状，便于排水，设在水流较急而较宽的主要港道。桥面用4—8条大石板铺架。石板长5—11米，宽0.6—1米，厚0.5—1米，重4—5吨，最大则重25吨。

（十九）惠安崇武古城

各位游客，大家好！今天我要给大家介绍的是惠安崇武古城。

崇武古城，地处惠安东南崇武半岛南端，濒临台湾海峡。始建于1387年，中国现存最完整的丁字形石砌古城，在万里海疆修筑的60多座卫所城堡中仍保存完好的一座。崇武古城，一处集海滨风光、历史文物、民俗风情、雕刻艺术于一体的，国家AAAA级旅游景区，被誉为天然影棚，南方北戴河。同时，崇武海岸，还被誉为"中国八大最美海岸线"之一。这里既有烽火狼烟的壮烈往事，也有勤劳勇敢的惠女文化。千百年来，这座以石头砌成的滨海古城，在阵阵涛声中，轻轻发出岁月碰撞的声音，任凭前来寻古的游人们静静聆听。

（二十）德化屈斗宫德化窑遗址

各位游客，大家好！今天我要给大家介绍的是德化屈斗宫德化窑遗址。

屈斗宫德化窑遗址位于德化县浔中镇宝美村破寨山西南坡上，面积45000平方米。德化是我国古代三大瓷都之一，又是重要的外销瓷产地。屈斗宫窑址于1976年发掘一条长57.1米、宽1.4—2.95米的17间窑室的鸡笼式窑基，出土宋元时期800多件烧制工具和6793件完、残瓷器。器型有碗、盘、碟、壶、罐、瓶、洗、盅、盒、杯、军持等10余种，其中有2件青白釉直道纹洗的底部刻画着穿长袍、戴缨冠、嘴上无胡须，有明显蒙古人特征的头像。在三足垫饼上有阴印元朝的花押和蒙古的八思巴文。它的发现，填补了德化窑的空白，对研究德化窑的烧造历史有非常重要的意义。在出土的大量宋元瓷器中，有不少是外销产品，如粉盒、执壶、盖壶、军持、小口瓶、莲瓣碗、墩子式碗、高足杯、飞凤碗、弦纹洗等类，都曾分别发现于日本、菲律宾、马来西亚、印度尼西亚和斯里兰卡等国家。屈斗宫窑基和器物的发现，为研究"海上丝瓷之路"和宋元时期中外经济文化交流提供极为宝贵的实物资料。现德化浔中、盖德、三班和南安东田南坑的宋至明窑址，也划属德化窑址。

东田南坑窑址在南安兰溪中游南支分派中段南岸，分布在东田镇南坑村大坝垵的大场仓、土垅后、仓坪圹、大宫后、顶南埔、枪仔岭等20多处，面积约20万平方米，堆积层厚1—5米不等，大多为宋、元窑址，少数延续到明，1977年发现。遗存有青瓷、白瓷、青白瓷。釉色晶莹润泽，釉层均匀浑厚。器型有碗、炉、洗、罐、杯、盆、壶、瓶、碟和器盖等。质地大多坚硬细腻，饰有莲瓣、斜直线、草叶、缠枝、弦、箆等纹。

（二十一）泉州天后宫

各位游客，大家好！今天我要给大家介绍的是泉州天后宫。

泉州天后宫位于泉州市区南门天后路一号，始建宋庆元二年（1196年），泉州是我国海外贸易最高峰——宋元时期的最大港口，妈祖因被引进至海外交通贸易繁盛的泉州港，成为泉州海神，并因漕运及海外交通的发展，成为全国性海神并远播海外，所建官庙宫址地处城南晋江之滨，现存建筑规模较大，保存较好，仍保留一些宋代构件和明清时代木构。

明清海禁，泉州港衰落，大批民众为了生计下南洋过台湾，妈祖信仰也随着商人和移民的足迹更为广泛地传播。在台湾，由泉州天后宫分灵而来的称"温陵妈"。

天后宫最早称天妃宫，元封天妃，清康熙年间，施琅收复台湾后奏请，特封天后，天妃宫改称泉州天后宫。

（二十二）泉州清净寺

各位游客，大家好！今天我要给大家介绍的是泉州清净寺。

清净寺又名艾苏哈卜大清真寺，位于泉州市区涂门街，是阿拉伯穆斯林在中国创建的现存最古老的伊斯兰教寺。始建于北宋大中祥符二年（1009年），时为回历400年。清净寺为国务院公布的第一批全国重点文物保护单位，与扬州仙鹤寺、广州怀圣寺、杭州凤凰寺合称中国伊斯兰教四大古寺。

泉州清净寺，从建造到现在，已有近千年的历史了，人民政府十分珍惜这一千年古迹，解放后曾经三度重修。它的建立和古代泉州海外交通、我国与亚非各国人民在历史上长期友好的和平往来，有着密不可分的关系，是中国和阿拉伯国家的友好与文化交流的历史见证，是泉州海外交流重要史迹之一。就其建筑艺术来说，它的壮丽雄伟，也充分显示我国古代劳动人民的高度智慧和才能。

清净寺虽建于北宋，实际上伊斯兰教传入泉州的历史远远不止千年。伊斯兰教的灵山圣墓就比清净寺还要古老得多，穆罕默德在世时，向穆斯林发出号召："求知要不远万里，即使远在中国。"因此在伊斯兰教创教初期，也就是618—626年穆罕默德嫡传门徒三贤四贤就从麦加迁移经海路来到泉州传教，死后葬于泉州东门外灵山圣墓。

（二十三）泉州伊斯兰教圣墓

各位游客，大家好。今天我给大家介绍的是泉州伊斯兰教圣墓。

泉州是一座历史文化名城，至今已经有1700多年的历史。它是我国古代海上丝绸之路的起点。早在宋元时期，泉州刺桐港就被誉为"东方第一大港"，海外交通非常繁荣，世界各国的商人、学者、传教士纷至沓来，因此给泉州留下了许多极为珍贵的宗教遗迹和伟大的西方建筑。

伊斯兰教圣墓位于泉州东郊灵山南麓，是全国重点文物保护单位。这里山清水秀，绿草如茵，是穆斯林向往的圣迹。7世纪，阿拉伯半岛原为多神教信仰地区，后来因受到犹太教和基督教的影响，逐渐向一神教过渡。后来汉志地区有人根据社会需要，反对崇拜偶像，因此创造出一种不太拘泥于教条与仪式的神教，即"哈尼夫教"。穆罕默德在"凡穆民皆兄弟"的"大一统"口号下，统一了阿拉伯半岛，建立了封建神权的国家，并且迅速地发展传教到周边地区，成为世界性宗教。

穆罕默德曾派四大门徒来中国朝贡，后留中国传教。这就是伊斯兰教传入中国的最早传说，而传到泉州更是传说纷纷。

（二十四）晋江摩尼草庵石刻

各位游客，大家好。今天我将为大家介绍的是晋江摩尼草庵石刻。

草庵石刻位于中国东南部福建省的晋江市，它是世界上现存最好的摩尼教遗址。这尊摩尼光佛像是中国仅存完整的摩尼佛石雕像，也是世界独一无二的摩尼雕像，草庵石刻的发现，对于研究摩尼教的面貌、发展及其在中国的流传等方面，具有重要的意义。

光佛高1.52米，宽0.83米。其石为白色花岗岩，佛像脸部则呈绿色，手部呈粉红色，服饰呈灰白色，天造地设。佛像长发披肩，脸方眉弯，耳大垂肩，颔下两撮长须下垂。身着广袖僧衣，无扣，有襟结下垂作蝶形，双手叠放在盘腿上，掌心向上。雕像背景刻波线状佛光，世称"摩尼光佛"在草庵遗址前方的20米处，曾经出土一块宋代完整的黑釉碗，碗内阴刻有"明教会"三字，这是当时泉州明教会活动情况的重要发现。宋末元初时烧制这种黑釉碗，说明罗山草庵摩尼教遗址的文字记载与黑釉"明教会"的瓷碗相印证。宋元时期，泉州的摩尼教活动比较公开，也非常活跃。据悉，摩尼教传入中国时又称"明教"。摩尼教于3世纪中叶在波斯创立。694年传入中国。明初，由于明太祖嫌其教义上逼国号，于是遣散教众，毁其宫，摩尼教从此一蹶不振，逐渐被其他宗教所融合。因此，泉州草庵摩尼教寺便成了仅存的珍贵史迹。

（二十五）南安蔡氏古民居建筑

各位游客，大家好，今天我将为大家介绍南安蔡氏古民居建筑。

蔡氏古民居，位于福建省南安市官桥镇漳里村，蔡氏古民居建筑群主要由蔡启昌及其子蔡资深于清同治年间至宣统三年（1911年）兴建。蔡氏古民居建筑群，座座屋脊高翘，雕梁画栋，门前墙砖浮雕，立体感强，窗棂镂花刻鸟，装饰巧妙华丽，门墙厅壁书画点缀，别有一番情趣，篆隶行楷，各具韵味，留下较多当时名流的书画。随处可见的木雕、泥塑、砖雕及石雕，工艺精美，多数采用透、浮、平雕等手法。

古民居精美的雕饰，不仅集中表现了闽南成熟的雕塑艺术，而且反映了受印度佛教、伊斯兰教及南洋文化和西方建筑艺术的影响，被誉为"闽南建筑的大观园"。从远处看，蔡氏古民居就像一把琵琶，一头大一头小，石埕上石板之间缝隙就像琵琶乐弦。据民间传说，蔡氏古民居建筑群的选址地点是一个九天仙女掉琵琶处，因此，蔡氏古民居建筑群就称为"琵琶"形村落。据称："在'琵琶穴'建房子，只要不断发出敲打石头的声音，就会财源滚滚。"蔡氏房屋建了40多年，凿石声声，生意也越来越红火。

（二十六）泉州文庙

各位游客，大家好。今天我将为大家介绍的是泉州文庙。

泉州府文庙是全国重点文物保护单位，是泉州市主要文化古迹之一。其建筑规模宏大，是集宋、元、明、清四朝代的建筑形式的孔庙建筑群；历史悠久，规制完整，气势宏大，文化内涵丰厚，是东南地区闻名遐迩的最大的文庙建筑群；布局匀称，建筑优美，造型独特，是宋代中原文化和闽南古建筑艺术的有机结合。

文庙位于市区繁华的商业区中心地段，鲤城区中山中路泮宫内。文庙内设有"泉州府文庙文物陈列馆""泉州历史名人纪念馆""泉州古代教育展览馆"。文庙始建于唐开元末年，北宋太平兴国初年移建孔庙于此，府文庙主体建筑大成殿为典型的宋代重檐庑殿式结构。面阔7间35.3米，进深5间22.7米，斗拱抬梁式木结构，以48根白石柱承托，正面有浮雕盘龙檐柱8根，风格古朴，在全国现存文庙中甚属罕见。"泉州历史名人纪念馆"设在文庙西庑，陈列有唐、五代、宋、元、明、清等朝代文化名人三十八位。这些人物从各个历史时期反映出泉州人文荟萃、人杰地灵，在政治、文化、经济、军事以及海外交通、国家统一等领域为社会以至世界作出重大贡献。

（二十七）漳州石牌坊

各位游客，大家好，今天我将为大家介绍的是漳州石牌坊。

漳州在历史上是著名的牌坊之乡，石牌坊数量众多，其中最具代表性的，是漳州市芗城区香港路北端双顶门的"尚书探花坊"和"三世宰贰坊"，两座均为明代石坊，均以青石和白石相间建造，为石质仿木结构。

"尚书探花坊"，是万历三十三年（1605年）漳州漳浦人林士章而赐建。林士章，字德斐，明世宗嘉靖年间殿试考中第三名，为人明辨是非，心胸宽阔，乐于助人，富有才学，后官至南京礼部尚书、国史副总裁，深得明神宗赏识和信任，故特赐建牌坊一座，以夸耀其才德。"三世宰贰坊"在"尚书探花"坊北28.5米处，系万历四十七年（1619年）南京蒋孟育及其父蒋玉山、祖父蒋相，为夸耀祖孙三代位居高官的荣耀而由明神宗赐建的。牌坊宽8.09米，高11米，也为三间五楼十二柱，其形制和结构基本上和"尚书探花坊"相同，但在具体结构上多有不同。"尚书探花坊"明间主楼平板枋上正背两面各以四根短柱支撑坊顶，而此坊则以圆雕四力士置于主楼顶部四角支撑坊顶。匾额下无透雕花板，仅两层字板，次间除最下层额枋上有一层透雕花板外，其他各层均为平板或浮雕花板，整座石牌坊的雕刻要相对比"尚书探花坊"简单得多。好了，各位游客，我今天的介绍到此就结束了，听了我的介绍大家是不是对漳州石牌坊很感兴趣呢，大家不妨亲自到福建漳州去一睹漳州石牌坊的风采，谢谢！

（二十八）东山关帝庙

各位游客，大家好，今天我将为大家介绍的是东山关帝庙。

东山关帝庙又叫武圣殿，始建于明朝洪武二十年（1387年），至今已有600多年的历史。站在庙前，大家看到的这座由六根石柱支撑起来的宫殿式楼亭，俗称"太子亭"。亭上那些造型生动、流光溢彩的雕塑，个个栩栩如生、惟妙惟肖。这就是独具闽南地方艺术特色的彩瓷剪贴雕了。在它的正面，雕着"八仙过海""八兽图"，背面则是唐宋故事中120位英雄人物形象，它们是由各种碎瓷片剪贴镶嵌而成的，经历常年风吹日晒，色彩依然鲜艳夺目。可以说是一座闽南民间瓷雕艺术的精品。现在，大家随我走进主殿，正中供奉的是关帝神像，两旁是他的四员大将，分别是周仓、关平、赵磊和王甫。在主殿的上方悬挂着一块"万世人极"匾，大家可别小瞧了这块牌匾，它可是清朝咸丰皇帝的御笔呢。除了彩瓷剪贴雕，关帝庙的石雕、金木雕也非常有名。古老的三雕融入了传统建筑，使关帝庙成为一座名副其实的"闽南艺术博物馆"，更充分体现了东山古代劳动人民的智慧与才干。1996年12月，东山关帝庙被国务院列为第四批全国重点文物保护单位。

（二十九）漳州文庙

各位游客，大家好，今天我将为大家介绍的是漳州文庙。

漳州文庙位于市区修文西路，是我国四大孔庙之一，也是漳州城内最大的古建筑群、全国重点文物保护单位。

漳州文庙坐北朝南，现有占地面积约6000平方米，总建筑面积2600平方米。漳州文庙坐北朝南，有着典型的儒学思想。早在原始时期，中华先民为了采光与避寒，就按坐北朝南的方向建筑房屋。尔后的风水学、伦理学也一致认为，坐北朝南乃是建筑的正统。从艺术学的角度来看，坐北朝南容易让人产生认同感与崇拜心理，深深加大了宗教建筑的威严。

原有古代建筑物，如明伦堂、泮池、棂星门等已毁，现大门以内中轴线上依次为戟门、丹墀、月台、大成殿，两旁为东西两庑及敬一亭等。戟门面阔9间，进深2间。东西两庑面阔各8间，进深各2间。

大成殿为明代木结构建筑，建于石台座上，面阔5间、进深6间（前一间为廊），重檐歇山顶。

漳州文庙历史悠久且意义重大，始建于宋庆历四年（1044年），儒学大家朱熹曾在此讲学，民族英雄郑成功也曾在此祭孔。南宋建炎年间（1127—1130年），孔子裔孙孔任率家人避兵入漳，相传子孙世代皆居住于文庙直至明代。

（三十）江东桥

各位游客，大家好，今天我将要为大家介绍江东桥。

江东桥原名虎渡桥，位于福建省九龙江北溪下游，漳州台商投资区角美镇江东农场西侧，是我国古代十大名桥之一。它与泉州的洛阳桥，晋江的安平桥，福清的龙江桥合称为古代"福建四大石桥"。近年又被《世界之最》列为世界最大的石梁桥。

这里两岸峻岭对峙，万壑并趋，江宽流急，波涛汹涌，驾舟渡江，进寸退尺，令人触目惊心。江东桥的石梁每条长22—23米、宽1.15—1.5米、厚1.3—1.6米，重达近200吨。这是桥梁建筑中的伟大创举，中外建桥史上的奇迹。我国桥梁专家茅以升在1962年4月3日《人民日报》发表的《中国石拱桥》一文中说："我国劳动人民在建筑技术上有很多创造，在起重吊装方面更有意想不到的办法，如福建漳州的江东桥，修建于八百年前，有的石梁一块就有二百来吨重，究竟是怎样安装上去的，至今还不完全知道。"英国剑桥大学博士李约瑟在《中国科学技术史》一书中也说："江东桥是一个有趣的历史性问题。"罗哲文主编的《中国古代建筑》书中提到："虎渡桥重达二百吨的石梁，工匠们如何把它们架上波涛汹涌的急流之上，至今仍然令人为之惊叹。"

（三十一）赵家堡—诒安堡

各位游客，大家好，今天我将为大家介绍的是赵家堡—诒安堡。

赵家堡，位于漳浦县湖西乡硕高山，是赵宋皇族后裔于明万历二十八年（1600年）建造，并世代聚居的城堡。据载，元初赵宋闽冲郡王赵若和从广东崖山之战中逃出，辗转到达漳浦，隐居于此，至明代，其十世孙赵范以进士历任磁州知州、浙江按察使司副使等职，致仕归，适逢沿海一带倭患猖獗，就按北宋故都布局立意，修建城堡防御，并以此寄托对祖先帝业的思慕。

赵家堡素有"五里三城"之称，其布局立意，处处仿照两宋故都。该城堡内外两道城墙，外城是条石砌基的三合土墙，高6米，宽2米，周长1082米，筑东西南北四个城门。东门横匾刻"东方钜障"，西门刻"丹鼎钟祥"，北门刻"硕高居胜"，南门封闭以表不再南逃之意。

诒安堡又称诒安城，是清初佐助朝廷收复台湾的一品功臣黄性震建造于康熙二十六年（1687年），位于漳浦县湖西乡城内村，距赵家堡十多分钟车程。诒安堡城墙周长1200米，高6.7米，厚2.2米，面积与赵家堡相同。只不过诒安堡平面呈锁形，赵家堡平面呈方形。很显然，诒安堡是仿赵家堡而建造的，因此两堡又有姐妹堡之称。

（三十二）莆田木兰陂

各位游客，大家好，今天我将为大家介绍的是莆田木兰陂。

当年木兰溪两岸的兴化平原，频遭上游冲下的洪水和下游漫上的海潮侵害。相传有一位长乐妇女钱四娘，目睹当地百姓受灾之苦，携来巨金动工截流筑堰。因水流湍急，建起来的陂堰很快被山洪冲垮。钱四娘悲愤至极，投入溪洪以身殉陂。北宋熙宁八年（1075年），侯官人李宏又捐资筑陂，他在和尚冯智日的帮助下，重新勘察地形水势，把陂址改择在水道宽、流水缓、溪床布有大块岩石的木兰陂今址，经过8年的苦心营建，终于大功告成。工程分枢纽和配套两大部分。枢纽工程为陂身，由溢流堰、进水闸、冲沙闸、导流堤等组成。堰坝用数万块千斤重的花岗石钩锁叠砌而成。这些石块互相衔接，极为牢固，经受900多年来无数次山洪的猛烈冲击，至今仍然完好无损。配套工程有大小沟渠数百条，总长400多千米，其中南干渠长约110千米，北干渠长约 200 千米，沿线建有陂门、涵洞 300 多处。整个工程兼具拦洪、蓄水、灌溉、航运、养鱼等功能。为了纪念建陂的历史名人，陂南原建有协应庙，也称李宏庙，现改为木兰陂纪念馆。

（三十三）莆田玄妙观三清殿

各位游客，大家好，今天我将为大家介绍的是莆田玄妙观三清殿。

莆田玄妙观三清殿，坐落于莆田市荔城区，是福建省现存最大的古代道教建筑，被专家誉为江南古建奇葩，现为全国重点文物保护单位。该殿宋代称天庆观，元明易名为玄妙观，清避康熙皇帝玄烨讳而改为元妙观。

整座道观原建筑规模宏大，布局对称严谨，主次分明。原总占地面积 16000 平方米，纵中轴线上依次为山门、三清殿、玉皇殿、九御殿、四官殿、文昌殿，与三清殿横向并列的东有五帝庙、东岳殿，西有五显庙、西岳殿、文昌祠；同玉皇殿横向并列的东有林忠烈祠，西为关帝庙和福神殿。今尚存山门、三清殿、东岳殿、西岳殿、文昌祠、五帝庙、五显庙及关帝庙大门等。木构殿堂建筑，结构以列柱上的阑额构成柱架，柱上用拱、明乳栿、明栿和柱枋等将柱架紧密联系起来，柱头华拱单挑，呈三抄三下昂，全用偷心造，其中第 3 对石柱较高，略呈下粗上细，柱础莲花覆盆式；补间铺作前后檐各一朵，平面略呈方形，尺度比例适宜。正殿东边为东岳殿，内柱为半浮雕盘龙石柱，皆不置柱础，前为拜亭、三门，以两廊连接成整体格局，正殿后并列后殿和偏殿。

（三十四）莆田释迦文佛塔

各位游客，大家好，今天我将为大家介绍的是莆田释迦文佛塔。

释迦文佛塔位于福建省莆田市城厢区广化寺东侧，俗称广化寺塔，为中国古代佛教建筑，建于南宋乾道元年（1165 年）。塔高约 30 米，五层八角形，石构。仿木楼阁式建筑，外形玲珑，古朴庄重。须弥座束腰间浮雕着观音菩萨。各层塔檐薄而长，轻巧美观。檐下两层迭涩，浮雕凤凰、双头羽人、飞仙及奇花异草等图案。塔内为八角空心室，宽敞明亮。塔旁普门庙，是唐朝御史黄滔所建"东峰书堂"故址。附近"郑三先生祠"，系纪念舍地建寺的名儒郑露三兄弟的，祠内有石额题"南山樾荫"四字，系民族英雄文天祥手迹。释迦文佛塔为辉绿岩构筑的仿木楼阁式建筑，高约 35 米。释迦文佛塔为五层八角的空心塔室结构。塔室内壁嵌有石阶，可登上塔顶。塔的外壁有各种浮雕，雕工精美，塔檐有仿木结构的装饰。塔身内外有宋、元、明历代题刻46处。此塔历经800余年，经受了莆田曾发生的八级以上大地震的考验，建筑技术高超、雕刻精细、造型生动，是研究古代建筑、石雕艺术以及宋代文化的珍贵实物资料，1988年1月公布为全国重点文物保护单位。

（三十五）仙游天中万寿塔

各位游客，大家好，今天我将为大家介绍的是仙游天中万寿塔。

天中万寿塔又称塔斗塔，也称青螺塔。天中万寿塔位于福建省莆田市仙游县枫亭镇塔斗山上，俗称塔斗塔，也称青螺塔，经有关专家光临鉴定属阿育王塔，为五代建筑风格。

相传古代有一修炼千年的螺精，从湄洲湾爬上枫江岸，欲上枫亭为非作歹，被仙人镇压在江边，成为一座螺峰、螺尾朝天，古塔就建在螺尾上，故而得名。天中万寿塔远望一山突起，山巅建塔，傲然凌空，伸手可摘星，故又名摘星塔。始创于五代末，坐北向南，塔为石构实心，四方形五层，以山作基，砌石而起，直插云霄。万寿塔表面几乎布满浮雕，其造型之奇特、艺术之精湛，均堪称一绝。第一层置于瓣莲花须弥座上，四转角各雕一尊力神，略作半蹲，用头着力顶住上层塔座，塔身四面则各雕双龙相戏图，其形态各不相同。它是我国最大的阿育王式实心石塔。而阿育王式塔是一种特殊形式的塔。天中万寿塔1985年10月公布为福建省文物保护单位。2001年6月25日，天中万寿塔作为宋代古建筑，被国务院批准列入第五批全国重点文物保护单位。

（三十六）武夷山城村汉城遗址

各位游客，大家好，今天我将为大家介绍的是城村汉城遗址。

武夷山城村汉城遗址位于武夷山市兴田镇城村西南1千米处，发现于1958年。已知有高胡南坪和胡北坪的宫殿建筑，以及下寺岗和马道岗，以高胡南坪建筑规模最大，是福建省已发现的古城址中保存较好的一座汉代古城址，也是我国江南地区比较完整的一座，为武夷山世界文化和自然遗产的三个组成部分之一，被列为武夷山世界遗产地的古汉城遗址保护区。1996年12月列为第四批全国重点文物保护单位。城村古城是闽越王立国后建设的。公元前202年，刘邦登上皇位，复立无诸为闽越国王。无诸成为西汉中央王朝首封的少数民族异姓诸侯。无诸死后，无诸的后代东越王余善最后刻"武帝"玺自立为帝，发兵反汉。汉武帝调遣四路大军围攻闽越国，汉武帝为了彻底消除后患，诏令大军焚毁闽越国的城池宫殿。城村古城及其宫殿于汉武帝元封元年（公元前110年）被汉武帝派遣的大军所毁。目前该景区内有新建的闽越王城博物馆和历史文化积淀丰厚、人文历史价值较高的闽越王城遗址，以及风貌古朴幽静、个性鲜明，素有"潭北名区"之誉的古老村落——城村。它已成为武夷山风景名胜区的一个重要景观。

（三十七）建阳建窑遗址

各位游客，大家好，今天我将为大家介绍的是建阳建窑遗址。

建窑遗址位于福建省建阳区水吉镇，是宋代福建烧造黑釉茶盏的著名窑场。窑址有芦花坪、牛皮仑、大路后山、营长乾等处，遗物分布面积约12万平方米。建窑创烧于晚唐五代，历宋、元、明、清四代，烧瓷历史长达千年，而且对福建地区和江南广大地区都有很大影响，以至在全国已发现的宋瓷窑址中，有三分之一以上都见到黑瓷。"建窑是宋代新兴的黑瓷窑之一"；其他较为权威的专家著述，也只有"宋代江南较为著名的黑瓷窑"之说，很少论及建窑烧瓷的起始和下限年代。根据20世纪90年代初对建窑遗址的考古发掘发现，在水吉镇芦花坪窑址黑瓷堆积层的下面有青瓷层存在，出土物都具有晚唐、五代时期特征，因此，"宋代新兴黑瓷窑"之说，显然有误，应予纠正。此外，还有油滴、鹧鸪斑、曜变等釉均是宋代黑釉瓷器的代表作。建窑黑釉瓷盏一度曾是贡品，受到宫廷青睐，并还流传到日本、韩国、东南亚等国家和地区，深受当地人民欢迎，在中外文化交流史中具有重要地位。

（三十八）顺昌宝山寺大殿

各位游客，大家好！今天我将为大家介绍的是顺昌宝山寺大殿。

顺昌宝山寺大殿位于福建省顺昌县大干镇上湖自然村宝山峰顶，为石构佛殿，南向。宝山，位于福建省顺昌县城西北部，主峰海拔1304米，北靠武夷山，东邻南平茫荡山，西与泰宁金湖、将乐玉华洞毗邻，总面积约30平方千米，森林覆盖率95.9%以上，有许多珍贵树种和国家保护的植物。奇峰、怪石、佛光、云海、日出，是宝山"五绝"；砂岩仿木石构古寺、千年银杏、万亩毛竹林，是宝山"三宝"。"五绝"及原始森林、奇花异草、珍禽走兽，尤其是成群山猴构成了宝山特有的自然景观，其中最著名的是"五石、三庵、三洞"，不仅奇险，而且独具风韵，是在建的省级风景名胜和我国历史神话名山，宝山寺更是全国重点文物保护单位，在文物界被称为全国罕见，福建仅有。

宝山寺大殿是福建仅见有明确修建纪年的石仿木构元代殿堂建筑，是中国南方宋元建筑形式及技术发展的实物例证。经专家学者多次考察论证，认定宝山寺为全国罕见的元代优秀建筑。1996年9月被列为省重点文物保护单位，2001年6月，宝山寺大殿被国务院公布为第五批全国重点文物保护单位。

（三十九）泰宁尚书第建筑群

各位游客，大家好，今天我将为大家介绍的是泰宁尚书第建筑群。

泰宁尚书第建筑群为明代民居建筑群——尚书第俗称"五福堂"，位于泰宁县城区胜利二街福堂巷，为明代天启年间协理京营戎政兵部尚书加少保兼太子太师李春烨的府第。尚书第建于天启三年至七年（1623—1627年），府第坐西朝东，南北长87米，东西宽60米，占地面积5220多平方米。匾额的枋檩柱头雕刻着各种精巧图案。尚书第门斗的石阶列一对抱鼓石，高2米，宽0.92米，鼓座雕着双狮戏球、云龙、花卉；门墩墙基刻有荷墀托、莲裙座、竹节衬柱等精美图案。尚书第有主宅5幢、辅房8栋，分5道门沿甬道一字排列，除厅堂、天井、回廊外，有房120余间，全为砖石木结构。五幢主体建筑各有三进，整个府第宏伟壮观，布局严谨合理，建筑艺术高超，富有艺术和科学价值，是福建省现存规模最大、保存最完整的明代民居建筑群。该建筑群中含有古代官居、民宅、祠堂、客厅、辅房、大庭院等多种功能建筑，保持了明、清以及民国至今的不同时期的建筑风格，浓缩了古代建筑的生活场景，而且建筑艺术精湛，是江南最典型、最完整的古代民居精品建筑群落之一，这在全国也是罕见的。

（四十）三明万寿岩遗址

各位游客，大家好，今天我将为大家介绍的是三明万寿岩遗址。

万寿岩遗址是第五批全国重点文物保护单位，位于福建省三明市岩前镇岩前村西北的石灰岩孤峰上，属旧石器时代遗址。万寿岩遗址是中国南方典型的洞穴类型旧石器时代遗址，是中国重要的史前人类活动遗址，为上石炭纪船山组灰岩构成，生成船帆洞、灵峰洞、龙津洞等多个溶洞。万寿岩内不仅有古人类活动遗址，还有丰富的历史人文和自然岩溶景观，是中国华东地区迄今发现最早的洞穴类型的旧石器时代早期文化遗址。它把古人类在福建的生活提前十几万年，为研究海峡两岸的远古文化同根同源关系提供了极为珍贵的可对比材料。出土文物除石器及多种哺乳动物化石外。万寿岩内不仅有古人类活动遗址，还有丰富的历史人文和自然岩溶景观，截至2015年，是中国华东地区发现最早的洞穴类型的旧石器时代早期文化遗址。遗址区发现了石制品近百件，包括石核、石片、砍砸器与刮削器等，同时还有多种哺乳动物化石。时代为距今20万年左右，为旧石器早期文化遗址。遗存发现于其中的灵峰洞和船帆洞。船帆洞内4万年前的人工石铺地面和排水沟槽为国内首次发现。

（四十一）永安安贞堡

各位游客，大家好！今天我将为大家介绍的是永安安贞堡。

永安安贞堡，为全国重点文物保护单位。位于永安市槐南乡洋头村，又名池贵城，为当地乡绅池占瑞于清光绪十一年（1885年）建造，历时14年完工。占地面积约1万平方米，建筑面积5800平方米，是福建省罕见的大型民居建筑。安贞堡是一座城堡式建筑，外观宏伟。堡前有一块面积为1200平方米的操场，外以矮墙围绕。堡正面两侧有凸出5米的角楼，用于防卫。堡内建筑分为二进，左右对称，穿斗与抬梁式结构相结合，随地势逐次升高。木建筑分为上下两层，每层有内走廊。全堡共设有房间350间，可容千余人居住。堡内装饰华丽，浮雕、彩塑众多，形象生动，栩栩如生。安贞堡有一处现象令人百思不得其解：建堡一百多年，堡内的任何一个角角落落里，从来不结蛛网。神秘的是，堡内有两幅壁画，是当初建堡时画的。一幅是"千蛛扫去"，画中一个仙童正拿扫帚拂去飘落的蜘蛛；一幅是"万蝠招来"，画中仙童手挥芭蕉叶将蝙蝠收入一个巨大的葫芦中。1991年，安贞堡被福建省列为第三批文物保护单位。2001年6月，被列为第五批全国重点文物保护单位。

（四十二）古田会议会址

各位游客，大家好，今天我将为大家介绍的是古田会议会址。

在一片开阔的田野上，坐落着一幢庄严肃穆的祠堂，后山坡上，森林茂密，古树参天。"古田会议永放光芒"八个红色大字在绿荫的衬托下，闪闪发光，那就是著名的古田会议会址。

在古田会议广场，左侧就是当年红军的阅兵场，场上设有司令台，1930年元旦，在此召开了别开生面的军民联欢会。往右看，那有一口饮水井和荷花池，这是当年毛泽东散步、休息、思考问题的地方。古田会址大门横匾上书写着"北郭风清"四个大字，大门两侧，刻着一副对联："学术仿西欧，开弟子新智识；文章宗北郭，振先生旧家风。"字里行间透露出祠堂主人学习、开放、振兴的意识，体现了古田人民既学习西洋文明又不放弃传统文化的办学思想。

进入红漆木门，就是当年古田会议会场旧址，大厅6列学生桌椅陈旧而整洁，左边主席台上摆着两张四方桌和一排长凳，墙上架着一块黑板。黑板上方中央挂着石印的马克思和列宁像，再上方挂着红色会标"中国共产党第四军第九次代表大会"，会场下厅的三合地板有好几处斑斑黑迹，这是当年古田会议召开期间，天气寒冷，衣裳单薄的红军代表们烤火取暖留下的痕迹。

（四十三）长汀苏维埃政府旧址

各位游客，大家好，今天我给大家介绍的是长汀苏维埃政府旧址。

长汀苏维埃政府旧址是全国保存最为完好的省级苏维埃政府旧址。2010年被列为国家AAAA级旅游景区。汀州试院始建于宋代，宋时这里是汀州龙山书院，元代为汀州卫署旧址，明清两代是汀州八县学子应试考秀才的考场。

各位游客，你们看正中的大厅是汀州试院的大堂，这两边复原的房屋就是原来的考试号房，大堂后面的房屋是学使和监考人员住宿的场所。这是汀州试院的大坪，你们看右边这两株郁郁葱葱、生机勃勃的柏树，是种植于唐代的古柏，据专家测定已有1200多年的历史了。这两株古柏树，树干粗大，需三人才能合抱，树高约12米，是长汀县极其珍贵的古树。

现在请各位到后面参观福建省苏维埃政府各部办公室旧址。请看，各个房间门外都挂有各部的牌子，中间大厅是福建省苏维埃政府机关召开会议的会议厅，别看这些简陋的房屋，当时这里可是福建苏区开展革命斗争的最高指挥中心。为支援革命战争、建设苏区、保卫苏区作出了不可磨灭的贡献。

（四十四）连城四堡书坊建筑群

各位游客，大家好，今天我给大家介绍的是连城四堡书坊建筑群。

四堡书坊建筑位于福建省连城县四堡乡，由雾阁、马屋两组建筑群构成。大部分为明清建筑。书坊是雕版印刷场所，称堂、楼或阁。现存林兰堂、翰宝楼、碧清堂、文海阁等80余座。这些书坊都以耐火砖砌筑，具有防火功能，俗称"风火屋"。四堡书坊建筑群是中国现存最完整的古代雕版印刷遗存。四堡书坊建筑群总体上前低后高，参差错落；青砖、白墙、黑瓦的外表给人以清新古朴的视觉感受，而分布于书坊建筑之间的街巷曲折又深邃，宁静中透着厚重的时空感。无论马屋还是雾阁的书坊建筑周边都有大片农田，一年四季呈现出秀丽的自然风光。四堡又是闽西最大面积的"水蜜桃之乡"，每年春季，如霞似锦的满山桃红把四堡装扮得像人间仙境。四堡有悠悠古廊桥——玉沙桥，有穿着酷似清宫女装的少女、老人，还有游龙、打银的习俗。书坊建筑群以及它们周围壮丽的自然风光、当地多彩的民族风情，一起构成四堡书坊建筑的强大吸引力。

二、宗教

（一）佛教

各位游客，大家好！今天我给大家介绍的是福建佛教。

佛教入闽在三国的吴晋之际，至梁代呈迅速发展之势。表现在信徒或舍宅为寺，或兴寺建塔；女性出家人及尼姑庵也相继出现。

五代，王潮、王审知兄弟统治福建45年，大建寺塔，大兴佛教，共添建寺院517座。中原随王氏来闽人士多受佛教影响，当时文人好结方外交。

宋代，佛教在闽达到全盛。表现在寺院大量发展，据《三山志》载，庆历年间，仅福州地区佛寺达1625座；大量刻经；士大夫与佛教关系密切。福州太守谢泌曾赋诗曰："湖田种稻重收谷，道路逢人半是僧。城里三山千簇寺，夜间七塔万枝灯。"这是南宋偏安东南，大批有佛教信仰的皇族、官僚、知识分子流入福建所致。

及明代，福建佛教归于平淡。至清代，有复兴之势。本省很多寺庙如福州涌泉寺、西禅寺、雪峰寺、黄檗寺在清代均修缮过。

民国时期，一批名僧尊宿在福建弘法，如虚云、圆瑛、弘一、太虚等。圆瑛法师曾任福州鼓山涌泉寺、雪峰崇圣寺、北峰林阳寺、泉州开元寺住持；太虚法师住持厦门南普陀寺，创闽南佛学院；弘一法师弘律于闽南影响深远。

（二）道教

各位游客，大家好，今天我给大家介绍的是道教。

道教是中国本土宗教，以"道"为最高信仰。祖天师张道陵正式创立教团组织，距今已有1800年历史。道教为多神崇拜，尊奉的神仙是将道教对"道"之信仰人格化体现。道教，是发源于古代本土中国春秋战国的方仙道，是一个崇拜诸多神明的多神教原生的宗教形式，主要宗旨是追求长生不死、得道成仙、济世救人。道教在古中国传统文化中占有重要地位，在现代世界也积极发展。至南北朝时道教宗教形式逐渐完善。老子李耳（太上老君）是唐室先祖，唐代尊封老子为大道元阙圣祖太上玄元皇帝。各洞神仙圣诞、得道之日，皆为道教节日。道教节日既传承上古华夏民俗，又与中国传统节日密切联系。

道教认为，道经是三清天尊——三洞教主为拯救宇宙众生，使用自然妙气书写的先哲圣典。四大基本经典《道德经》《黄帝阴符经》《周易参同契》《周易》。道教经典卷帙浩繁，包罗教理教义、教规教戒、修炼法术、斋醮科仪、传道弘道与风水推算等各方面内容。

根据法术原理，道教可以分为上层丹鼎派和下等符箓派，即全真道和正一道，这也是各种道派经过上千年的分化合流的结果。全真道建立了传戒和丛林制度，以含耻忍辱为内修真功，以传道济世度人为外修真行，功行两全，证圣成真，谓之"全真"。正一道正式形成于元朝大德八年（1304年），以扶乩巫蛊等迷信活动为主要谋生手段。正一道士中相当一部分有家室，不住宫观，吃荤饮酒，不守戒规。

（三）天主教

各位游客，大家好，今天我给大家介绍的是天主教。

天主教全称为天主教会，基督宗教三大宗派之一。明朝末年该教由罗马教会传入中国，当时信仰的神根据中国古籍中"至高莫若天、至尊莫若主"的语句译作"天主"，取意为"宇宙真主，主神主人亦主宇宙"；后来新教教派改译为"基督教"以后，成为其在中国因袭的会号，另作"旧教"。

天主教相信，耶稣为救赎人类，被钉十字架而死，故尊十字架为信仰的标记。教会以十字架为神圣的记号——圣号。天主教奉《圣经》为经典及最高权威，并作为教理的根源。天主教认为信徒的礼仪生活中应有三大新的宝库，即圣经、圣传、教会训导。

天主教信奉天主和耶稣基督，并尊玛丽亚为圣母。教义统一，基本教义信条有天主存在；天主永恒、无限、全知、全能、全善，他创造世界和人类，并赏善罚恶；圣父、圣子、圣神三位一体、道成肉身、圣子受难，复活升天，末日审判等。教会为耶稣基督所创立，是至一、至圣、至公、从宗徒传下来的教会，耶稣再把赦罪的权柄交给了教会。宣传诸圣相通功以及灵魂的永生。还说善人得享永福、恶人要受永苦等。

（四）伊斯兰教

各位游客，大家好，今天我给大家介绍的是福建的伊斯兰教。

福建伊斯兰教的传入比较特殊，穆斯林来源广泛、居住分散、汉化程度高，风俗民情同西北穆斯林有较大差异。

伊斯兰教于唐武德年间随阿拉伯、波斯穆斯林商贾从海路传入泉州，并于唐天宝十二年（753年）建起福建第一座清真寺——泉州麒麟寺。此后百余年间，福建伊斯兰教始终与对外贸易往来并兴共荣。宋代，海外贸易空前繁荣，大批穆斯林商人沿着海上丝绸之路接踵而至，伊斯兰教在泉州十分活跃，现存省内历史最久、规模最大的清净寺，就始建于宋真宗大中祥符二年（1009年）。

元代，泉州继续成为世界贸易大港，伊斯兰教在福建有了很大发展，福州、邵武先后修建起了清真寺，全省穆斯林达数十万之众，并设立了伊斯兰教公会；明初，泉州港开始没落，大批穆斯林商人从海路离开；清代，伊斯兰教远不如宋元时期兴盛。

目前福建约有穆斯林2000人，主要分布在泉州、厦门、福州、邵武4个城市及周边县区。有泉州市清净寺、厦门市清真寺、晋江市清真寺、福州市清真寺和邵武市清真寺5座清真寺。

福建泉州的伊斯兰教史迹全国罕见。著名的泉州清净寺是国内现存四大清真古寺之一，也是第一批全国重点文物保护单位，具有极高的文物价值。早期入闽传教的三贤、四贤在泉州归真后葬于泉州灵山，灵山三贤、四贤坟（即灵山圣墓）在国内外颇有影响。

（五）基督教

各位游客，大家好，今天我给大家介绍的是基督教。

基督教是一种信仰一神和天国的宗教，发源于中东以色列地区。在人类发展史上，基督教具有非常重要的地位，尤其中世纪的欧洲地区。近代以来，虽然经历了宗教改革、科学革命和工业革命的冲击，基督教仍然具有广泛的影响，在欧美地区被普遍信仰。基督徒相信人类具有原罪，而耶稣作为神唯一的儿子，通过牺牲自己成为人类的救主。基督教与伊斯兰教、佛教并列为当今三大世界性宗教，提倡的是上帝的爱，救赎人类的罪和灵魂体。

基督教（天主教会）因早期的宗教化需求，根据亚里士多德为首的古希腊文明，构建了一整套唯心主义哲学及科学理论体系，成为西方世界的学术权威，瓦解了罗马帝国的奴隶制社会，使欧洲在中世纪进入肉体上相对自由的封建制社会。

基督教是联合国安理会常任理事国的美国、俄罗斯、英国、法国最大的宗教。而历史上基督教主要分四个阶段官方传入中国，民间则可追溯至东汉。关于基督教主要节日包括圣诞节，原为罗马神话中太阳神阿波罗的生日，基督教国教化后改为纪念耶稣；复活节，纪念耶稣的复活，象征重生与希望；受难节，纪念耶稣被钉死于十字架上；升天节；圣灰节；还有天主教会和东正教会的圣神降临节、圣母升天节、命名日；北美洲的感恩节。

三、民俗

（一）畲族

各位游客，大家好，今天我给大家介绍的是畲族。

畲族是中国南方游耕民族，1000多年来，畲民不畏艰辛险阻，从原始居住地——广东省潮州市凤凰山四散迁徙到福建、浙江、江西、安徽等省份。

唐代，居住在福建、广东、江西三省交界地区的包括畲族先民在内的少数民族被泛称为"蛮""蛮僚""峒蛮"或"峒僚"。南宋末年，史书上开始出现"畲民"和"拳民"的族称。1956年国务院正式公布确认畲族是一个具有自己特点的单一的少数民族。从此，畲族成为法定的族称。

畲族民歌随处可见，以畲语歌唱的形式表达。每逢佳节喜庆之日便歌声飞扬，即使在山间田野劳动，探亲访友迎宾之时，也常常以歌对话。流传下来的山歌有1000多篇，计四五万行。畲族的演唱形式有独唱、对唱、齐唱等。其中无伴奏的山歌是畲族人最喜爱的一种民歌方式。"双音"是畲族人擅长的二声部重唱的唱法，又称"双条落"。勤劳淳朴的畲族妇女，不但是生产能手，也是编织刺绣的能工巧匠。她们手工艺品种类丰富，色彩斑斓，风格独特。畲族的编织工艺最受赞誉的是彩带和竹编。彩带即花腰带，又称合手巾带。

（二）高山族

各位游客，大家好，今天我给大家介绍的是高山族。

高山族是中国台湾地区南岛语系各族群的一个统称。高山族主要居住在中国台湾省，也有少数散居在福建、浙江省等沿海地区。

高山族以稻作农耕经济为主，以渔猎生产为辅。高山族的手工工艺主要有纺织、竹编、藤编、刳木、雕刻、削竹和制陶等。

高山族有自己的语言，属南岛语系印度尼西亚语族，大体可分为泰雅、邹、排湾三种语群。

高山族还保留有原始宗教的信仰和仪式。他们崇拜精灵，各地信仰的神不一，有天神、创造宇宙之神、自然神、司理神和其他精灵妖怪。受汉族移民和荷兰、西班牙殖民者的影响，高山族宗教信仰复杂。汉族带去了佛教，西方侵略者带去了基督教。这几种宗教都在高山族群众中生根，现在，高山族宗教生活中形成原始宗教信仰、佛教和基督教等交错并立的局面。

过去在高山族各支系中普遍存在着身体毁饰的习俗，如拔毛、凿齿、穿耳、束腹、文身等。20世纪40年代中期以后，这些习俗逐渐趋于衰退，但其残余影响还在。在与外人发生接触以前，他们以刀耕火种的技术种植粟（小米）、芋头、甘薯等农作物，或饲养猪、鸡、犬等家畜家禽，兼营打猎和捕鱼。

（三）客家文化

各位游客，大家好！今天我给大家介绍的是客家文化。

福建的客家人大部分是唐宋以后陆续从北方迁入的，主要分布在闽西的宁化、长汀、武平、上杭、永定、连城、明溪、清流以及闽南的平和、南靖、诏安等地。客家在家族制度、婚丧喜庆、生活习惯等方面都以中原汉人风俗为基础，吸收融合多处迁移地和闽西土著的习俗，形成独特的风俗。

闽西客家人的婚礼多在夜间举行。入夜，男家的迎亲队伍才抵达女家。女方把家中灯火全部吹灭，等男方进门用带来的灯火将女家灯火点亮，新娘才出门。出门前新娘要站在画有八卦太极图的米筛中，脱旧鞋换新鞋，象征辞故土创新业。接着，新娘由父亲背出家门，上车（轿）后娘家人把水泼到车上，表示"嫁出去的女，泼出去的水"，在夫家扎根。新娘上车时要放声痛哭，表示舍不得父母、有孝心、婚后有好运，称作"哭好命"。新娘要在天亮前赶到男家。路上还要避免和别的迎亲队伍相遇而冲喜，一旦遇上，两个新娘就要交换手帕以示友好。到男家后，新娘由一个多子有福气的妇女端着盛有柑橘的圆盘（寓甘甜、吉祥）牵引下车，跨过燃烧着木炭的火炉进门，以示带来兴旺。并用米筛遮其上方或踩在脚下，意为夫唱妇随；也有用雨伞遮住，慢步入门。新郎新娘进入厅堂拜堂，男家便开始宴请亲朋。宴席上母舅坐在首席上位，上菜时"食鸡，新郎新娘好夫妻""食猪心，全家结同心"等，母舅夹菜后众人才能动手。

客家人岁时节令繁多，一年有大小35个。大年初一，客家人先祭祀祖先，再到庙堂进香，在言行上有许多禁忌；初二起各家各户备上三牲、香烛上祖坟祭扫；初三是"穷日"，一般不出门；初五"开小正"，开始生产经营活动；初七，妇女们早出采集菠菜、芹菜、茴香、葱蒜、韭菜、芥菜、白菜7样菜，共煮而食，以求勤劳聪明、发财得利；十五，庆元宵，"开大正"，各行各业全面恢复正常。此外，还有五月初七木匠师傅纪念巧圣先师诞辰，五月十三经商者纪念关帝诞辰，七月初七供奉织女"七星娘"，八月十五中秋节妇女请菜篮神、扫帚神、桌神等，九月十三铁匠祭祀炉公先师，九月十四泥匠祭祀柯叶先师等。

客家人非常重视聚族而居的传统，大型的封闭式土楼集中地反映了他们同族而居的特点，一般土楼的平均居住人口有上百人之多。

客家食文化的突出特点是丰盛浓郁，节日时特别是过春节家家都少不了煮一大锅焖猪肉，类似的大锅菜还有酿豆腐、酸菜笋、红烧狗肉等。菜肴中多用笋，还研制了各式各样的干菜，如武平猪胆干、上杭萝卜干、永定菜干、连城番薯干、宁化老鼠干、长汀豆腐干、明溪肉脯干、清流辣椒干，合称闽西"八大干"。传统的民间宴席流行"八大碗""五大盘"，头碗菜一般都是酿豆腐。传说乾隆皇帝爱吃酿豆腐，所以这道菜被称为"皇帝菜"，身价倍增。

擂茶是客家的特殊饮品。其制作方法是将茶叶、曲、盐一同放入陶制的擂钵内，用樟、楠、枫、茶等树木制成的擂持擂制成茶泥，加上香料、食品，注入沸水盖好，几分钟后即可食用。擂茶清新爽口，茶叶郁香，既是饮料又可当饭。

（四）惠女风情

各位游客，大家好！今天我给大家介绍的是惠女风情。

闽南惠安东部沿海村镇如崇武、小岞等地的汉族妇女，以奇异的装束、长住娘家的风俗和吃苦耐劳的本色引人注目。

惠女的服饰穿戴鲜明艳丽，奇异独特。一年四季，她们头上总是裹着色彩鲜艳的花头巾，捂住双颊下颌，再戴上黄色圆形尖顶斗笠，用彩带扣紧下巴，斗笠沿下仅露出眼、鼻、口；上身穿着又窄又短的蓝青色或素色花大裾衫，袖短至前臂、束紧，肚脐以下腹部显露在外；下身常穿裤管宽大、裤裆很浅的蓝色或黑色长裤，裤头缀上长长的白裤腰，再系上精美的银裤带，光赤着脚板。人们戏称"封建头、民主肚、节约衫、浪费裤"。

惠东沿海一些乡村，仍保留婚后长住娘家的习俗。这种婚俗规定，妇女婚后三天就必须回娘家居住，一年中只有春节、清明节、中秋节能回夫家。春节住三天，清明和中秋白天来，晚上就要回娘家，不能在夫家过夜。而丈夫到妻子娘家过夜，要摸黑去，凌晨就要离开，人称"两头不见日光"。直到第一个孩子生下来以后，妻子才能住到丈夫家。违反这种习俗的，往往受到嘲讽孤立。这种习俗正在逐渐改变中。

惠安的青壮男人大都出外劳务，惠安女则挑起生产、家务的重担。在惠安，到处都可以看到衣饰穿戴整齐划一的妇女在挑担子、抬石头。

（五）春节

各位游客，大家好！今天我给大家介绍的是春节。

春节俗称"新年"，即农历初一，是中国最隆重的传统节日。除汉族外，蒙古、壮、布依、朝鲜、侗、瑶族都过此节。

春节起源于原始社会的腊祭，我国古代居民在岁尾年初之际，用一年的收获物来祭祀众神和祖先，并歌舞戏耍，举行各种娱乐活动，逐渐形成了新春佳节。

春节活动从腊月二十三过小年开始，经过除夕、春节，直到正月十五元宵节结束。春节活动因时因地而异，主要有以下内容：操办年货、做新衣、掸蹭、祭灶、祭祖、吃团圆饭、守岁、贴春联、挂年画等，节日期间人们还互相拜年，放爆竹，吃年糕、饺子、元宵，舞狮，扭秧歌，玩花灯等。

除夕，即年三十晚，家家团聚，吃团圆饭。闭门闭坐待旦，谓之守岁。

拜年是我国民间的传统习俗，是人们相互走访祝贺春节，表示辞旧迎新的一种形式。大年初一这天早上，福州地区多是吃太平面，以线面配鸭蛋，线面象征长寿，鸭蛋则是福州方言"压乱"的谐音。然后穿上新衣，走访，祝贺新年。

（六）元宵节

各位游客，大家好！今天我给大家介绍的是福建元宵节。

正月十五，为每年第一个望月，称为上元节，也称为元宵节，是春节活动的高潮和结束。元宵之夜有放灯、观灯、耍社火等娱乐活动。元宵耍灯起源于汉代，后来逐渐演变为民间的盛大节日，各地区各民族因地制宜，形成具有地方特色和民族风格的活动。

福建闹元宵最热闹的是泉州、福州等地。泉州花灯盛于南宋，从正月初三起，就开始结鳌山，搭灯棚，搞灯展，喧闹到元宵过后。花灯种类繁多，有宋代流传至今的百花灯、宝塔灯、如意灯、走马灯、龙灯、扇灯，还有嫦娥奔月灯、鲤鱼吐珠灯、仙女荷花灯、龙凤呈祥灯、双龙戏珠灯、年年有余灯及明代发明的料丝灯等。近年来还利用光学、力学、电学和化学原理，制作出气缸灯、车锁灯、龙虾灯、飞机灯、轮船灯、火箭灯、卫星灯等，并引进激光、电子等高新技术成果，使各类花灯向立体、活动、音响、折光等方向发展。福州灯节也始于宋，多集中在南后街、中亭街等地。南后街灯市多为纸扎花灯，一般用丝膜、玻璃丝、色纸、丝绢等制作。手提的有福橘灯、芋灯、菜头灯、莲花灯、珠灯、西瓜灯，肩扛的有关刀灯、龙抢灯以及飞机灯，地上拖的有猴骑绵羊灯、状元骑马灯、牧童骑牛灯，堂上挂的有绣球灯、走马灯等。其中福橘灯最受市民喜爱，因橘灯在福州方言里与"吉丁"谐音，喻纳吉添丁，无论赛神、祀祖、送灯都少不了。一种用真橘细心剥制而成的小橘灯，绚烂通明，更有特色。

（七）清明节

各位游客，大家好！今天我给大家介绍的是清明节。

清明节又称为聪明节、踏青节，流行于全国各地。除汉族、彝、壮、布依、满、侗、瑶、白等族皆过此节。节期在农历三月间，即公历4月5日前后。

清明原是二十四节气之一，后来演变为节日。清明节前两天为寒食节，所以人们常合称为清明寒食节。

清明节的民俗活动主要有扫墓、插柳、踏青、射柳、放风筝、荡秋千等。其中扫墓秦以前已有，唐代成为定俗，宋代得到沿袭，一直延续至今。踏青又叫春游，古时叫探春，起源于唐代。荡秋千习俗盛行于唐代。

清明节厦门一带吃春饼，扫墓祭祖。福州一带则要做清明粿。祭墓时除供奉外，还要在坟地锄草培土。扫墓归来必须折带松枝。

（八）端午节

各位游客，大家好！今天我给大家介绍的是端午节。

端午节又名端阳节、中天节、女儿节、五月节等，流行于全国大多数地区。除汉族外，蒙古、回、藏、彝、布依等族也过此节。每年农历五月初五举行。

关于端午节的起源，各地说法不一。大部分地区认为是纪念爱国诗人屈原的。相传屈原于农历五月初五投汨罗江而死。

节日期间主要有赛龙舟、吃粽子、挂钟馗像、挂香袋、饮雄黄酒、插菖蒲、采药等活动。赛龙舟是端午节一项重要活动，主要流行于我国南方水乡。端午节吃粽子的风俗，魏晋时已很盛行，到唐宋成为端午节的名食。钟馗原是岁暮时张挂的门神，清代成为端午之神。

福州的龙舟竞渡最早来源于"钓白龙"。传说闽越王弟余善率众反汉，事前在福州城南临江筑台，用木头雕成白龙浮在江面，让各部落驾船争夺，谁取得谁胜利，以此争取百姓支持，后发展为一年一度的龙舟竞渡。"钓白龙"的夺标形式也为"夺鸭"取代，即比赛终点处停一艘标船，以鸭子作锦标。参赛龙舟将达终点时，标船放鸭入水，划舟健儿则跃入水中捕捉，哪条龙舟捉的鸭子多，即为胜者。每年在台江、马江、乌龙江及螺洲、西湖等处都有这项活动，其中台江最为热闹。

厦门端午节的抓鸭子活动别具一格，从岸边腾空伸出一根10多米长的圆木柱，上面涂满油，末端安一个有活门的小木箱，里面装满鸭子。竞技者要小心走到圆柱末端，拉开活门，让鸭子落进水里，自己也跃入水中抓鸭子。这种充满地方特色和热烈气氛的活动，每年都吸引着众多观众。

（九）护鱼

各位游客，大家好！今天我给大家介绍的是护鱼。

闽东周宁县浦源村的鲤鱼溪是护鱼的典型，这里的村民决不食鱼，人鱼共乐，鱼死还有鱼冢。

在周宁县城北 30 千米的禾溪村也有一条长 300 多米的鲤鱼溪，村人从明代开始就将鲤鱼奉若神明，生不捕食，死必埋葬。现溪中有 6000 多尾鲤鱼，只要有人敲击竹板或桥板，鲤鱼就会迅速集结，板声越急，集结越快，人称"听音鱼"。

在福安白云山西麓古口村的鲤鱼溪，最宽处有 12 米。溪中有 500 多条色彩斑斓的大鲤鱼，重量多在 10 千克以上，最重的有 20 多千克。每有村姑在溪边漂洗，群鲤便聚拢来，甚至拖拔衣物，毫无惧意。游人常以线系食物，悬于水面戏鱼。

（十）崇蛇

各位游客，大家好！今天我给大家介绍的是崇蛇。

闽人崇蛇，习俗早已有之，《说文解字》称：闽是"东南越蛇种"。如南平一带有蛇王庙；漳州南门外有南台庙俗称蛇至庙；福州有九使，由居于水上的人加以奉祀，平和人将蛇称为"侍者公"，蛇因此成为吉祥之物。

称蛇为"侍者公"，也确有其独特之处，期间发生的一些趣事，也确实耐人寻味，并引人深思。刚开始之时，乃至后来相当长的一段历史时期，有些外地来的香客，以前因没有见过这种蛇，如今猛然发现有蛇爬到床上与人共眠，或挂在床幔支架上，低垂着头并吐出舌信，吓得直喊救命，后来始知是遇到了侍者公，于是，满心欢喜，认为是个好兆头，据民间流传，只有有福气的人才能见到侍者公。这里的人们禁忌打蛇，妇女们更是见蛇心喜。

随着崇蛇习俗源远流长传承下去，"侍者公"早已被村民们神化和人性化与人格化了，不再单纯是一种迷信和朝拜仪式。当然，其中并不能完全排除迷信的成分，但这或许已不是最重要的了，或许，最重要的应该也不只是朝拜仪式本身，而是这种奉祀形式延伸出来的积极意义和价值。

（十一）博饼

各位游客，大家好！今天我给大家介绍的是博饼。

中秋佳节，厦门一带除全国共有的赏月吃月饼外，还一直流传着一种"中秋会饼搏状元"的活动。这项活动始创于300多年前的郑成功军中。中秋会饼每会63个饼，其中状元1个，对堂2个，三红4个，四进8个，二举16个，一秀32个，分别代表文武状元、榜眼、探花、进士、举人、秀才。"搏状元"只需6个骰子和1只碗，每人轮流投骰子，根据投到碗里的骰子点数多寡决胜负。如果6个骰子相同，可囊括以上全部的月饼。后来这成为当地一种有趣的习俗，流传至今。

四、工艺

（一）福建龙眼木雕

各位游客，大家好！今天我给大家介绍的是福建龙眼木雕。

龙眼木雕是福建木雕中最具代表性的工艺品，也是中国木雕艺术中独具风格的汉民族传统工艺品。因其使用的雕刻材料是福建盛产的龙眼木而得名。

福建龙眼木雕盛产于福州、浦田、泉州和惠安等地，其木质坚实，木纹细密，色红。老龙眼木树干，特别是根部，奇形怪状，为雕刻之良材，木雕艺人常利用它的根部及曲折疤节，因势度形雕成各类人物、鸟兽，造型生动稳重，结构优美，既符合解剖原理，又动人夸张，刀法上或斧劈刀凿，或细腻刻画。

龙眼木雕比之其他木雕不同之处在于雕刻完成之后搓磨至浑圆光亮，再经绿矾水浸泡成棕褐色，干后薄上生漆，装上牙眼（即在人物、动物上装配骨制牙和玻璃眼珠），再多次擦蜡，即成光亮精美的木雕工艺品。作品一般以圆雕为主，还有浮雕、镂透雕，题材大多为古代的人物，又以老翁、仕女、仙佛、武士等见长。这些雕刻人物，或坐或立，或跪或卧，动作丰富，神态迥异。尤其是挺着滚圆肚子且双手打呵欠的"探手弥勒"和头隆突圆、额广耳大、长眉厚唇笑眼眯眯的"寿星"成为传统型产品的代表作。

（二）仙游漆木碗

各位游客，大家好，今天我给大家介绍的是仙游漆木碗。

漆木碗，中国民间传统漆器用具，是陈设、食具的佳品。漆木碗不但造型雅致，质地优良，色彩明丽，淳朴美观，而且具有无味、无毒、坚固耐用、不脱漆等特点。盛沸水不烫，装酸碱不蚀，是驰名中外的上乘食具。

仙游漆木碗高不盈三寸，薄不过三分，旅途携带十分轻便。同时，若陈列于厅室，正看如一轮满月，侧视似半颗珍珠，是可供欣赏的工艺美术品。仙游漆木碗用料考究，制作精细，在大漆炼制上创造出一套先进技艺，首创无味大漆，荣获福建省二轻厅1980年科技成果一等奖。利用无毒无味的大漆髹饰木碗，使漆木碗既保留了酸枣木天然的木纹，又透露出淳朴的乡土情趣。这种漆木碗质优色雅，具有耐热、耐酸、耐碱、不脱漆、无味无毒、轻巧耐用等特点。木纹清晰，美于天然。漆木碗的品种已有"青石朱里碗""透明暗花鸳鸯碗""金珠盖碗"等20余种。

莆田市选用优质木材和采取精湛工艺制作的碗、碟、盘、杯、钵、盂、花盆套等150多个花色品种的传统木质漆器，造型雅致玲珑，色泽光滑明丽，既为日用品，又是工艺品。漆木碗用料考究，制作精细。在漆艺上，有传统的"红退光""黑退光"，色亮如镜，聚光照影；有"退光贴花""漆内描图"，摸之无痕，视之有景；有"生漆擦""透明擦"，木纹清晰，美于天然。

（三）永春纸织画

各位游客，大家好！今天我给大家介绍的是永春纸织画。

纸织画起源于福建省永春县，属于汉族传统手工艺品，也是通过在宣纸上绘画、裁剪、编织、填色、装裱而成的朦胧艺术品。

闽南山区的永春县，有品种繁多的竹林，是古人制作各种器具的主要资源。受民间竹编的启示，经过宫廷艺人与织布女合作，终于在唐朝出现了纸织画的雏形。各种辞典、永春志书谱籍、古诗等的记述，充分印证了纸织画源于福建永春。2011年6月14日，永春纸织画经国务院批准列入第三批国家级非物质文化遗产名录。

"纸织画"是用特制的裁刀将宣纸上绘好的图画裁成2毫米宽的细纸条，头尾不断，作为经纸条；又将白色宣纸切成相等的细纸条，作为纬纸条；然后，用特制的织机，经纬交穿，织成纸痕纵横的纸织画；最后，根据画面需要，填补颜色，以达到最佳艺术效果。纸织画的内容有山水、人物、花鸟及书法，设色淡雅，风格清新大方，多悬挂在厅堂、书房供欣赏。北京故宫博物院收藏有清乾隆年间永春纸织画十二扇屏风"清高宗御制诗"，系编织清高宗御笔行书诗十二首，每扇一首，字为白色，底呈黑色，风格典雅。著名匠师黄永源的纸织画，题材广泛，非常漂亮。其中有"福禄寿星""麻姑采药"等，设色鲜明，织工精巧。

（四）漳州棉花画

各位游客，大家好！今天我给大家介绍的是漳州棉花画。

漳州棉花画原名棉堆画，始创于1964年。福建漳州棉花画是中国汉族民间工艺美术品中的一个新品，它是用脱脂棉花、无光纺、金丝绒、桃胶等原料，综合运用彩扎、浮雕、国画艺术技法精心塑制而成的，具有构图新颖、技艺精湛、造型生动、立体感强等特点。

棉花画，其萌芽于福建漳州汉族民俗文化。在很早以前，漳州一带的弹棉师傅为了满足百姓需求，就常用彩色棉花，在棉被胎面上揉线、铺花、缀字，镶嵌上或繁或简的吉祥彩色图样或纪念文字，如"双凤牡丹""鸳鸯戏水""双喜临门"等。20世纪60年代初，漳州棉花生产合作社的游秋源、黄家声等弹棉师傅，把原本附着在棉被上的平面吉祥图画，分离出来，首先制作了《猫》《鹰》《金鱼》《花卉》四块棉画，布置橱窗。后来，师傅们经过不断改造，用彩塑、彩扎的手法，配以山水画淡远清雅的背景，镶在玻璃框里，初步定名为"棉堆画"，漳州棉花画从此诞生。

20世纪80年代初，棉花画的从业人员不断增加，研发生产，兴旺昌隆。黄家声1983年在全国工艺美术展评会上荣获创新奖和全国第五届工艺美术创新二等奖，被授予"福建省工艺美术家"的称号。

（五）福建脱胎瓷器

各位游客，大家好！今天我给大家介绍的是福建脱胎瓷器。

福建脱胎瓷器源于明代的雕漆。清乾隆年间，由制漆艺人沈绍安始创，是脱胎技艺与髹漆艺术相结合的产物。其质地轻巧坚牢，造型古朴典雅，色彩鲜艳明亮，纹理清晰秀丽，自成一格，与北京景泰蓝、江西景德镇瓷器，合誉中国传统工艺的"三宝"，另外也与福州纸伞、角梳合誉为传统"福州三宝"。清宣统二年（1910年）以来，参加美国、意大利、德国、英国、日本，以及菲律宾、比利时、巴拿马等地举行的国际博览会，多次荣获特等金牌奖、头等金牌奖和最优奖等多种荣誉，曾被誉为"珍贵黑宝石"和"东方珍品"。

制作方法分为脱胎和木胎两种。脱胎是以泥土、石膏、木模等为胚胎，用夏布或绸布和生漆逐层裱褙在胚胎上，待阴干后，敲碎或脱下原胎，留下漆布器形，上灰地、打磨、髹漆研磨，施以各种装饰纹样。木胎主要是用楠木、樟木、榉木等坚硬木材为坯，直接髹漆，工序与脱胎布坯相同。

脱胎漆器产品大致分为实用和欣赏两大类，包括大花瓶、大屏风、各种磨漆画以及茶具、咖啡具、文具、餐具等300多个规格的3000多个品种。除轻巧、美观、耐用外，还有耐热、耐酸、耐碱、绝缘的优点。产品远销50多个国家和地区。

（六）平潭贝雕

各位游客，大家好！今天我给大家介绍的是平潭贝雕。

平潭贝雕是福建福州地区特产，是具有独特艺术的汉族传统手工艺品。利用贝壳的天然色泽、纹理、形状，经过艺术构思、磨雕、粘贴而成的工艺美术品，具有贝壳的自然美、雕塑的技法美和国画的格调美。

平潭贝雕系平潭县利用得天独厚的贝壳资源，于1955年创制，是福州十邑工艺美术领域独树一帜的艺术奇宝。平潭贝雕以立体、小巧、实用为主要特色。产品分为五大类：浮雕贝画、立体圆雕、嵌贝漆器、嵌贝盒子和贝雕花插，200多个品种。平潭贝雕讲究艺术欣赏和生活实用相结合，如嵌贝屏风、橱柜、案几、烟具、台瓶等，既有人物、花鸟、山水等画面，又有古今不同时代色彩。平潭贝雕的主要技法有拼贴、浮雕、坯膜、镶嵌、镂空、透雕等。制作工序复杂，从选取材料、加酸泡洗，到锯、车、磨、抖、雕刻，直至粘贴、上彩、罩光都要精工细作，才能成为一件玲珑镂空的立体贝雕工艺品，充分表现了汉族劳动人民巧夺天工的艺术才能。

（七）泉州木偶头

各位游客，大家好！今天我给大家介绍的是泉州木偶头。

泉州木偶头雕刻是一种古老的汉族民俗工艺品。木偶，古称傀儡，起源于远古用作殉葬的"俑"。据文献资料考证，傀儡系唐末传入泉州，宋代在闽南地区广泛流行，俗称"嘉礼戏"。同时，泉州古称"佛国"，历代各种宗教长期和睦共处，各式宫观寺庙中的民间木偶神像雕刻应运而兴，且不管是泥塑的或木雕的诸神造像，都较完美地继承了唐宋以来汉族民间的彩绘风格，因而傀儡头造型的主要特点也比较完美地保留了雍容丰腴、神韵含蓄的艺术风格，佛像造型与雕刻技艺高超，出现了不少无名氏雕刻能手。

江加走出生于木偶头雕刻世家，师承于其父。江加走少年时代，对"周冕号"艺人黄良司、黄才司所创作的木偶头像的造型和手艺是很欣赏和佩服的，他经常到作坊去看他们的操作手法，向老师傅学习，取他们的作品来细细观摩，同时刻苦练习，以自己的作品对照其兄的遗作，技术上越加提高。江加走继承了泉州民间木雕神像和木偶头雕刻造型及彩绘的艺术传统，潜心创作、创新，终于发扬了泉州木偶头雕刻艺术，取得高超的艺术成就。

（八）厦门漆线雕

各位游客，大家好！今天我给大家介绍的是厦门漆线雕。

漆线雕是中国漆艺文化宝库中的艺术瑰宝之一，源于泉州，是闽南地区的汉族传统工艺。自唐代彩塑兴盛以来，漆线雕便被应用于佛像装饰。漆线雕做工精细雅致，形象逼真生动，风格古朴庄重，画面栩栩如生，堪称艺苑奇葩，中国一绝。漆线雕是福建泉州历史悠久、独具特色的汉族民间手工艺精品，目前可考的有1400多年的历史。

漆线雕是以精细的漆线经特殊的制作方法缠绕出各种金碧辉煌的人物及动物形象，尤以民间传统题材，如龙凤、麒麟、云水、缠枝莲等为多。过去，漆线雕大都只限于木本、漆篮和戏剧道具上。它具备了本土、民族的最基本内涵。民国时期的收藏家曾著书言明：漆器之中尤以雕漆为最高贵，也以雕漆为最有艺术意趣。

近年来，漆线雕已发展到装饰在盘、瓶、炉等瓷器和玻璃器皿上，琳琅满目。目前，厦门工艺美术厂把漆线雕与陶瓷结合起来，创作、生产了线条陶瓷作品。如线条瓷塑《郑成功》，参加了全国工艺美术展览，并被选送到日本展出，获得好评。

（九）厦门珠绣

各位游客，大家好！今天我给大家介绍的是厦门珠绣。

珠绣起源于唐朝，鼎盛于明清时期，解放后工艺逐渐失传。其设计精美，色彩对比强烈，经过专业绣工将多种色彩的珠粒经手工缝制而成，具有独特的装饰手法和艺术风格，其珠光宝气，晶莹华丽，经光线折射又有浮雕效果。

珠绣采用彩色玻璃珠、电光片为原料，运用多种针法与手法，是使产品具有珠光灿烂、绚丽多彩的一类刺绣。珠绣分半珠绣和全珠绣两种。

厦门珠绣工艺的历史有近百年，早在20世纪20年代初期，一些华侨从海外带回一些玻璃珠点缀的绣花拖鞋，厦门民间制鞋艺人看了爱不释手，从中受到启发，设法从日本、南洋一带捎回一些玻璃珠子，开始尝试在鞋面上绣出各种花鸟图案。于是，厦门珠拖便开始流行开了。

珠拖绣工极为考究，有的鞋面纯以玻璃珠子绣成，有的则在丝绒面上用彩珠绣成珍禽花卉等各色图案，绚丽多彩，尤其是夜间穿用，在灯光照射下，熠熠闪烁，贵气逼人。彩端当年是漳州巷口珠绣工艺厂的厂长，每年都要设计出100多种图案参加广交会，十几年下来，她的脑袋里装了上千种图案，甚至不必画底稿，拿起针就能绣出新图。她把拖鞋摆上各宾馆的楼梯口，许多老外拿起拖鞋爱不释手。

（十）福州纸伞

各位游客，大家好，今天我给大家介绍的是福州三宝之一的福州纸伞。

这种纸伞做工十分精细。工人们采用油画、彩画喷花和绢印等方法，在纸伞上绘制了花鸟、山水、人物等图案，十分雅致美观。一把优质的纸伞可在撑开、收回一万多次后仍不变形，在水里浸泡24小时不变质，在近50℃的高温下不变质。

福州的制伞传统工艺分有制伞骨、制伞、伞头、伞柄、绘花五部艺，五部艺各自独立，分工合作，互相依存，一个人若能完成其中之一即为"全艺"，可见工艺十分专业。"制伞"虽属主流，但也只是完成"伞胚""上油""装配"等后部分工序，所以它必须由别处买进伞骨、伞柄、伞头等，另外还得聘请绘花师傅。制伞骨质量最好的是"后洲帮"，代有名师，20世纪50年代"后洲帮"张开绿所制绸伞骨握在手中，如同一节麻竹筒，看不见缝隙，注水不漏，堪称一绝。制"伞柄"店最有名的数洋中亭王依犬家。

福州的纸伞品种繁多，主要有花伞、明油伞、丝绵纸伞、蓝绿硼伞、双层花伞、绢印彩画花伞、绢印套色童伞等，既有实用价值，又有装饰观赏效果，琳琅满目，美不胜收。

如今，福州纸伞由于工艺复杂已悄悄离开繁忙现实的都市生活，但它却作为一种精美的工艺品仍深受人们喜爱而被欣赏和收藏。

五、表演艺术

(一) 舞龙

各位游客,大家好,今天我给大家介绍的是舞龙习俗。

在中国各地都有舞龙的习俗,而在我们福建最有特色的就是三明尤溪梅仙镇元宵夜的板凳龙了。他们的板凳龙是纯手工制作的。它是在一节节长约2米,宽约20厘米的木板上,用竹篾搭起骨架,糊上白纸,制成灶头状的龙身,绘上七彩的云纹,在里头点上蜡烛。无论龙首、龙身、龙尾,他们都要标明是哪一姓,哪一房,接龙时不致错位。

龙头的制作是每一年轮到一房制作,家家都有轮到的时候;而龙的制作是每家都必须承担的,它的长短则视各房子孙的锅灶有多少而定,人丁兴旺的支脉,板凳龙连接起来以后可达三五百米长,气势宏伟,非常壮观。

板凳龙最大的特征是它的"龙身",在每节长约2米的龙身板上,有2个元宝式的灶头,每个灶头里燃着1根蜡烛。按照各房有多少人家,多少口灶,就有多少节龙身板,一板接一板。

迎龙开始前,德高望重的各长房老者会先带着龙头去祖庙祠堂祈问天时,祷告晚上天气安好;在祈祷之后,龙头会在飞虎旗指引下,挨家挨户到访,让各家把自己的一节板凳龙组接在各房的龙头后面。其所经之地,镇民们放鞭炮、点香烛,礼拜不已。

最后四条龙会聚集在大桥下的广场,相互盘旋缠绕在一起,蔚为壮观,盛况会持续到凌晨两三点。

(二) 品茶习俗

各位游客,大家好,今天我给大家介绍的是福建人的饮茶文化习俗。

福建既是茶之王国,福建人对茶自然情有独钟。闽南民间有"宁可百日无肉,不可一日无茶"的俗语;闽北山民也有"宁可三日无粮,不可一日无茶"的俗语。在许多地方,人们均有早晚饮茶的习惯,对茶的依恋几乎到了迷醉的地步。

福建人饮茶对于"水、火、茶"三个要素是相当讲究的,而茶具更是有多种形状,福建人认为茶具越用越珍贵,长时间用来泡茶的茶具里所结的"茶垢"让你的茶具就算不放茶叶也散发出茶香,这也形成了一种别样的攀比：谁家的茶壶结的"茶垢"最多，谁家最有礼！因此若小孩子不小心摔破了"茶垢"厚的茶壶，老人很是痛心的。

说到水，福建人认为最适合用来泡茶的水是泉水，用到的火则是炭炎为主，烧水也有一番工夫，要把水煮三沸才用来冲泡。

在福建闽北及闽西北山区有一种十分热闹的擂茶，他们称为"客茶"，原名叫"三生汤"，擂茶的主要做法是把茶叶、芝麻、生姜、爆米、猪油和盐等混在一起，放到"擂钵"内，反复擂成糊状成"擂茶脚子"，把脚子放到茶碗里，再加上沸水，就成了具有苦甜香辣的福建特色茶——擂茶。

值得一提的是，福建闽南人喜欢用小杯品味"功夫茶"，而闽北人则喜欢使用大碗来饮用擂茶，十分有趣。

六、饮食

（一）闽菜

各位游客，大家好，今天我给大家介绍的是闽菜。

闽菜是中国八大菜系之一，历经中原汉族文化和闽越文化的混合而成。发源于福州，以福州菜为基础，后又融合闽东、闽南、闽西、闽北、莆仙五地风味菜形成的菜系。狭义闽菜指福州菜，最早起源于福建福州闽县，后来发展成福州、闽南、闽西三种流派，即广义闽菜。闽菜以口味清鲜、和醇、荤香、多汤为主，擅红糟、糖醋调味。

由于福建人民经常往来于海上，于是饮食习俗也逐渐形成带有开放特色的一种独特的菜系。闽菜以烹制山珍海味而著称，在色香味形俱佳的基础上，尤以"香""味"见长，其清鲜、和醇、荤香、不腻的风格特色，以及汤路广泛的特点，在烹坛园地中独具一格。

福州菜淡爽清鲜，讲究汤提鲜，擅长各类山珍海味；闽南菜（厦门、漳州、泉州一带）讲究作料调味，重鲜香，潮汕菜也属闽南菜系；闽西菜（长汀、宁化一带）偏重咸辣，烹制多为山珍，特显山区风味。故此闽菜形成三大特色，一长于红糟调味，二长于制汤，三长于使用糖醋。

闽菜除招牌菜"佛跳墙"外，还有福鼎肉片、鸡汤氽海蚌、八宝红鲟饭、白炒鲜竹蛏、太极芋泥、淡糟香螺片、爆炒双脆、南煎肝、荔枝肉、醉排骨、荷包鱼翅、龙身凤尾虾、翡翠珍珠鲍、鸡茸金丝笋、肉米鱼唇、鼎边糊、福州鱼丸、肉燕、漳州卤面、莆田卤面、海蛎煎、沙县拌面、扁食、厦门沙茶面、面线糊、闽南咸饭、兴化米粉、红糟鱼、五柳居、白雪鸡、长汀豆腐干等菜品和小吃，均别有风味。

（二）福州菜

各位游客，大家好，今天我给大家介绍的是福州菜

福州菜是闽菜的主流，除盛行于福州外，也在闽东、闽中、闽北一带广泛流传。其菜肴特点是清爽、鲜嫩、淡雅、偏于酸甜，汤菜居多。福州菜善于用红糟为作料。尤其讲究调汤，予人"百汤百味"和糟香扑鼻之感，如"鸡丝燕窝""鸡汤氽海蚌""淡糟鲜竹蛏"等菜肴，均具有浓厚的地方色彩。

福州菜著名菜肴有佛跳墙、红糟鸡、淡糟香螺片、鸡汤氽海蚌、豆腐蛎、荔枝肉、白炒鲜竹蛏、花芋烧猪蹄、福州"立日有"肉松等。

（三）闽南菜

各位游客，大家好，今天我给大家介绍的是闽南菜。

闽菜是中国八大菜系之一，闽南菜是它的重要组成部分，它涵盖了福建泉州、厦门、漳州"闽南金三角"地带的菜肴，和中国台湾、中国港澳以及东南亚地区的菜肴有重要的渊源关系。闽南菜清鲜香脆，注重调汤估料，口味清淡，酸甜适宜，中西合璧，变化无穷，它的烹调技法多样，有炸、炒、煮、炖、焖、煎、卤、炣、红、淋、蒸等。

闽南先民充分利用浓厚的历史文化积淀和得天独厚的山海资源，兼容中外饮食文化的精华，逐渐形成了形式朴实、口味清香、甘醇鲜美、风味独特的闽南菜流派。

闽南人的日常食俗与我国大部分地区一样，均实行一日早、午、晚三餐制，作为正餐的补充还有点心。受本地自然环境、经济条件和生产方式的制约，自古以来泉州人以"靠山吃山，靠海吃海"为摄食原则，饮食结构具有自己的特色，主食原料为大米、番薯（地瓜）、大麦，点心主要是小吃，还有独具特色的吃法，是把主、副食"二合一"的吃法，即把蔬菜、海鲜、肉类等食品直接与主食煮成咸饭、咸粥，如高丽菜饭、芥菜饭、红膏鲟饭、花生仁粥、蚝仔粥、鸭仔粥、地瓜粥，既节省做菜、做饭的时间，又好吃，这些都是闽南菜系独有的风格。

（四）闽西菜

各位游客，大家好，今天我给大家介绍的是闽西菜。

闽西菜，盛行于"客家话"地区，其菜肴特点是鲜润、浓香、醇厚，以烹制山珍野味见长，略偏咸、油，擅用生姜，在使用香辣作料方面更为突出。如"爆炒地猴""蜂窝莲子""金丝豆腐干""麒麟象肚""涮九品"，均鲜明地体现了山乡的传统食俗和浓郁的地方色彩。

而被列为闽西客家菜之首的当属"白斩河田鸡"了。据《中国菜谱》载："河田鸡起源于福建长汀县河田镇。"唐明皇喜好清明斗鸡，立鸡坊于两宫。李白曾有"……路逢斗鸡者，冠盖何辉赫。鼻息干红霓，行人皆怵惕……"之句。民间传说唐开元年间河田鸡被选送到长安，列为斗鸡之雄，每每取胜。

不过，现在河田鸡驰名海内外，并非由于善斗称雄，而是因为它外表绚丽，皮色金黄，肉质嫩滑鲜甜，营养丰富。

河田鸡特征鲜明：公鸡，三黄，三黑，三红；母鸡，体圆脚较短，全身毛色淡黄，颈部毛带有碎米般黑色斑点，翅尖和尾端毛稍大而短，鸡冠鲜红。标准的河田鸡被定为出口活鸡的名贵商品。1964年秋，在广州国际交易会名鸡评比中，经国际客商从体型、骁勇、重量、毛色、肉质5个方面评定，列为国际第二名鸡。

1986年省闽菜评比中，长汀厨师张茂生制作的"白斩河田鸡"荣获地方特殊风味菜点称号。

（五）闽北菜

各位游客，大家好，今天我给大家介绍的是闽北菜。

闽北地处山区，山珍野味居多。虽然福州菜在闽北一带比较流行，但由于山区的物产及食俗风格的差异，闽北地区也出现了一些较具特色的地方菜。其菜肴浓香，味醇厚，略偏重酱油、辣味，体现了山区人民的传统烹饪技艺。

其中比较有代表性的菜肴有爆炒麂肉片、蜂窝莲子。今天我给大家介绍的就是蜂窝莲子。

以莲子制泥，形似蜂窝，故名。其质软甜滑，细腻无渣，食之芳香绕舌，深得食客喜爱。主要原料：白莲子250克。配料：洋桃（蜜饯）25克、芥蓝菜叶50克；调料：藕粉10克、白糖300克、熟猪油500克（约耗100

克）。制作方法：将莲子洗净，下水浸泡 5 分钟捞出，盛碗，加清水 75 克，上笼屉用旺火蒸 15 分钟取出；沥水，加白糖 150 克，再上笼屉蒸 10 分钟取出，待凉后压成泥；将芥蓝菜叶洗干净，沥干后切成丝；将锅置于旺火上，下熟猪油烧至八成热，下菜丝炸酥（呈深绿色）捞起，将洋桃剪成蜜蜂状；取扣碗一只，抹匀熟猪油（3 克），装上莲子泥，填平压实，上笼屉用旺火蒸 10 分钟取出，翻扣在圆盘中，用筷子在面上戳满小孔，呈蜂窝状。小孔内外稀疏摆布洋桃小蜜蜂，菜丝置于蜂窝莲子四周；置锅中火上，下清水 150 克，加白糖 150 克烧沸煮化。用藕粉和清水 50 克调成粉浆勾芡，加入熟猪油 50 克拌匀，起锅淋蜂窝莲子即成。

（六）鼎边糊

各位游客，大家好，今天我给大家介绍的是福州风味小吃鼎边糊。

福州风味小吃丰富多样，其中鼎边糊（又称锅边糊）已成为福州著名的风味小吃，成为福州地方的一种特殊标志。凡在福州生长或长期客居福州的人无不爱吃。离乡旅居海外的福州人在异国他乡一听见"鼎边糊"三字，也会感到好像亲眼看到了家乡的"倩影"，成为恋祖爱乡的风味小吃。

鼎边糊（锅边糊）是用蚬子汁为汤，在锅里烧开取其鲜味，再把磨好的米浆沿着锅边一圈浇过去，米浆在锅边烫成干皮后用锅铲刮到汤里，加芹菜、葱、虾皮、香菇等作作料，烧开后起锅就是一盆滚烫的"鼎边糊"了。刚出锅的鼎边糊白脆薄润，汤清不糊，食之细腻爽滑，清香可口。

传统的福州人家几乎家家都会做鼎边糊，每到中国农历立夏时节，福州市民与郊区的农民都要做鼎边糊"做夏"。因为立夏已进入农忙旺季，这一天煮鼎边糊，不仅是一家人吃饱吃好然后下田劳动，还要互赠左邻右舍一起品尝。像涮鼎边糊一样，"一纹（涮）就熟"，借以联络感情。

如今，鼎边糊小吃摊在福州的街头巷尾更处处可见，为市民常用的早点，食品店里还有袋装"鼎边糊"出售，可以随时煮食。

（七）扁肉燕

各位游客，大家好，今天我给大家介绍的是福州风味小吃扁肉燕。

扁肉燕是福州传统的汉族小吃之一，它别名肉燕、扁食，是一道以肉燕皮、猪肉馅、葱花、白糖、麻油为主材的福建主食名，因形状似燕而得名，常见于福建和台湾。

这道菜还有一个典故。相传，早在明嘉靖年间，福建浦城县有位告老还乡的御史大人，家居山区，吃多了山珍便觉流于平淡。于是，他家厨师取猪腿的瘦肉，用木棒打成肉泥，掺上适量的番薯粉，擀成纸片般薄，切成三寸见方的小块，包上肉馅，做成扁食，煮熟配汤吃。御史大人吃在嘴里只觉滑嫩清脆，醇香沁人，连呼"大妙"，忙问是什么点心，那厨师因其形如飞燕而信口说"扁肉燕"。后扁肉燕与鸭蛋共煮，因福州话里鸭蛋与"压乱""压浪"谐音，寓意"太平"，而又有"太平燕"之说。

将鲜鱼的净肉、猪五花肉，一起剁成泥，加入辅料和调味品拌匀制成馅，将肉燕皮切成2寸见方片，然后一手持燕皮，一手用筷子挑适量的馅放入燕皮中，合拢捏紧使成燕尾或长春花形（又称小长春），或上笼旺火蒸5分钟，或冲入调好味道的清汤，或另下锅煮食。

一般家庭可直接购买现成的肉燕皮，将干的肉燕皮铺开，喷上少量水，使其回潮变软，再包上肉馅，下汤煮食即可食用。

（八）土笋冻

各位游客，大家好，今天，我给大家介绍的是土笋冻。

土笋冻是发源于福建泉州及闽南地区的一种色香味俱佳的汉族传统风味小吃。如今流行于整个闽南地区，是一种由特有产品加工而成的冻品。相传发明人是民族英雄郑成功。

郑成功奉命收复台湾之时，曾经有一段时间，粮草紧缺。而郑成功治军严明，坚持不接受老百姓的任何资助。

据说攻台驻军当时所在地离海滩很近，将士们到海边挖出来大量的"土笋"，而郑成功每日仅食用以土笋煮成的汤。忧国忧民的郑成功为了早日收复台湾，经常忘记用餐，而其下将士经常要再次温热土笋汤。

某日，郑成功不想让手下将士为他温热，直接食用已凝成冻的土笋汤，没想到这味道比土笋汤要好，无意中郑成功发明了土笋冻！土笋冻逐渐流传开来，经后人不断改进制作方法及作料，形成了广为人知的土笋冻！

土笋冻是用一种像蚯蚓一样的软体动物熬制成的胶状体。这种小动物生长在浅海滩涂里，呈灰白色，圆筒笋状，所以名叫"土笋"。晋江安海、东石一带都有出产，但以安海镇五里桥中亭港附近的土笋最肥最大。土笋冻的制作以西埯村最为出名。土笋冻不仅味道鲜美，而且营养丰富，是人们在大热天十分喜爱的小吃。

（九）手抓面

各位游客，大家好，今天我给大家介绍的是手抓面。

手抓面是闽南独有美食之一，以其乡土特色驰名。虽然它很少在殿堂宴席上出现，但由于口味独特、方便随意，在闽南乡间颇为风行，深受群众喜爱。

它是将黄油面条煮熟后摊成巴掌大的圆形装盘，浇上甜面酱、蒜蓉酱、杂醋酱、花生酱、沙茶酱、辣椒酱、芥末酱，最后再加上油炸豆腐干丝，卷起来用手抓着吃。甜中带酸，令人脾胃大开，这是福建菜中一道具有闽南风味的冷盘，颇负名气。

手抓面的面条很特别，不是用白碱揉的，而是用大树碱做的。所谓大树碱是将树干烧成碳浸泡在水中后浮出来的一层白色的碱，用它揉的面条特别嫩滑、筋道，口感非常好。小小地咬一口面条，仔细咀嚼，满嘴都是原始而纯净的面香。干吃也不会觉得腻，而且越嚼越有味。

手抓面除了是一种诱人的口舌享受外，还是平民的吃食，虽不登大雅之堂，但味美、营养、方便。不必借用任何餐具，抓在手上即可大嚼特嚼；不必正襟危坐，孩子们可以边玩边吃，乡下农民一边荷锄扛犁，一边咬着手抓面下田，犹如现今城里的"上班族"，为了赶时间，边啃面包喝牛奶，边急急行走的情形；更没有主食与零食的区分，肚子饿了随时可以"抓"来享用，况且荤素结合，营养丰富，物美价廉，深受平民百姓的喜爱，也可见闽南人潇洒轻松、随意自在的个性。

七、土特产品

（一）汀州豆腐干

各位游客，大家好，今天我给大家介绍的是汀州豆腐干。

闽西八干之一的长汀豆腐干，是香咸、甘甜的佳品，该产品始于唐朝，距今已有1200多年的历史，据传说，明朝大将军朱亮祖率兵驻守汀州时，吃了长汀豆腐干之后，大加赞赏。从此汀州豆腐干声名大振，后来成了皇室官衙的珍品。产品尤以独特的传统工艺、配方讲究、制作精良、风味独特而驰名中外。豆腐干系列产品，其味香、甜、辣、韧、和脾健胃，细咀慢嚼，回味奇妙，是旅游、馈赠亲友的不错选择，实已成为联谊的佳品。

它的制作方法首先是将黄豆拣净杂质，用清水浸泡 2 小时，洗净捞起，加适量清水磨成豆浆，放入锅中煮成豆腐脑。豆腐脑舀入净布，包成约 1 厘米厚、13 厘米见方的块，放入豆腐夹中，轻轻盖上木板，压上石头，沥干浆水，约 30 分钟后取出，去掉净布，即成较嫩的豆腐块。然后将甘草、八角、小茴香、肉桂、公丁、桂皮用净纱布包好，放入锅中，加少量清水用微火煮成汤，再加酱油、白糖、精盐搅匀，把豆腐干沿锅边慢慢放入锅中，煮约 10 分钟，用筷子夹起排在竹算上，放在阳光下晒干即成。色呈咖啡色，方形半透明，有韧劲，香咸甘甜，嚼后回味无穷，适宜佐酒。

（二）橄榄

各位游客，大家好！今天我给大家介绍的是橄榄。

橄榄是橄榄科橄榄属乔木植物，是著名的亚热带特产果树。栽培历史悠久，在古书《齐民要术》中就有关于橄榄的记载。汉代《三辅黄图》一书中写道汉武帝元鼎六年（公元前 111 年）……起扶荔宫，从植所得奇草异木，龙眼、荔枝、槟榔、橄榄、千岁子、柑橘皆百余本。由此说明，中国栽培橄榄在汉朝就很普遍，至今最少 2000 多年的历史。橄榄是很好的防风树种及行道树。木材可造船，作枕木，制家具、农具及建筑用材等。果可生食或渍制。核供雕刻。种仁可食，也可榨油，油用于制肥皂或作润滑油。

橄榄品种资源极为丰富，品质较好或栽培较广的有：檀香、惠圆、公本、猎腰榄、茶窖榄、青心。橄榄喜温暖，生长期需适当高温才能生长旺盛，年平均气温在 20℃以上，冬季无严霜冻害地区最适其生长，冬天可忍受短时间的 -3℃的低温，但温度下降到 -4℃以下时就会发生严重冻害。

橄榄原产中国南方，中国福建、台湾、广东、广西、云南等地区均有栽培，野生于海拔 1300 米以下的沟谷和山坡杂木林中，或栽培于庭院、村旁。分布于越南北部至中部，日本及马来半岛有栽培。

（三）建兰

各位游客，大家好！今天我给大家介绍的是建兰。

建兰是地生植物，一般生长在深山幽谷的山腰谷壁，透水和保水性良好的倾斜山坡或石隙，稀疏的山草旁，次生杂木林荫下；或有遮阴，日照时间短或只有星散漏光的地方；空气湿度大且空气能流通的地方；有时也生于山溪边峭壁之上。

兰花宜种植于空气流通的环境。性喜阴，忌阳光直射，喜湿润，忌干燥，15—30℃最宜生长，35℃以上生长不良，5℃以下的严寒会影响其生长力，这时，兰花常处于休眠状态。如气温太高加上阳光暴晒则一两天内即出现叶子灼伤或枯焦。如气温太低又没及时转移进屋里，则会出现冻伤的现象。

建兰宜在春季栽种。翻栽，也可在秋季进行。建兰原产于中国南方暖地，因此要求的光照比夏蕙略强，而耐寒力稍弱，冬季应加以遮护，以防低温时建兰遭受冻害。盆具的选择以质地粗糙、无上轴、边底多孔、有盆脚的兰盆栽兰较好。批量生产以薄塑料软盆最为经济。展销性养兰以高简小盆常见，以便应时套入高雅盆陈列。

（四）荔枝

各位游客，大家好！今天我给大家介绍的是荔枝。

荔枝无患子科，荔枝属常绿乔木，高约10米。果皮有鳞斑状突起，鲜红，紫红。成熟时至鲜红色；种子全部被肉质假种皮包裹。花期春季，果期夏季。果肉产鲜时半透明凝脂状，味香美，但不耐储藏。荔枝味甘、酸、性温。荔枝木材坚实，纹理雅致，耐腐，历来为上等名材。

荔枝主要栽培品种有三月红、圆枝、黑叶、淮枝、桂味、糯米糍、元红、兰竹、陈紫、挂绿、水晶球、妃子笑、白糖罂十三种。当中桂味、糯米糍是上佳的品种，也是鲜食之选，挂绿更是珍贵难求的品种。"萝岗桂味""毕村糯米糍""增城挂绿"有"荔枝三杰"之称。

荔枝分布于中国的西南部、南部和东南部，广东和福建南部栽培最盛。亚洲东南部也有栽培，非洲、美洲和大洋洲有引种的记录。荔枝与香蕉、菠萝、龙眼一同号称"南国四大果品"。

（五）龙眼

各位游客，大家好！今天我给大家介绍的是龙眼。

龙眼，又称桂圆，益智。常绿乔木，高通常10余米；小枝粗壮，被微柔毛，散生苍白色皮孔。叶连柄长15—30厘米或更长；小叶4—5对，薄革质，长圆状椭圆形至长圆状披针形，两侧常不对称；小叶柄长通常不超过5毫米。花序大型，多分枝；花梗短；萼片近革质，三角状卵形；花瓣乳白色，披针形，与萼片近等长，仅外面被微柔毛；花丝被短硬毛。果近球形，通常呈黄褐色或有时呈灰黄色，外面稍粗糙，或少有微凸的小瘤体；种子茶褐色，光亮，全部被肉质的假种皮包裹。花期春夏间，果期夏季。

龙眼是亚热带果树，喜高温多湿，温度是影响其生长、结实的主要因素，一般年平均温度超过20℃的地方，均能使龙眼生长发育良好。耐旱、耐酸、耐瘠、忌浸，在红壤丘陵地、旱平地生长良好，栽培容易，寿命长，产量高，经济收益大，群众喜种植。龙眼的栽培品种不如荔枝的多，目前比较受好评的有广东的石峡龙眼，福建的普明庵、乌龙岭和油潭本等，后两个品种不但品质好，而且生长力强，适于山地栽培

中国西南部至东南部栽培很广，以福建最盛，广东次之；云南及广东、广西南部也见野生或半野生于疏林中。亚洲南部和东南部也常有栽培。

（六）福鼎芋

各位游客，大家好，今天我给大家介绍的是福鼎芋。

福鼎芋又名山前芋，属于南星科魁芋类，是中国名牌出口土特产之一，也是有名的特色小吃。福鼎芋又名福鼎槟榔芋，20世纪80年代香港市民把福鼎槟榔芋称为"福鼎芋"，并沿用至今，以区别于其他槟榔芋。福鼎芋是槟榔芋中的上品，也是福鼎传统特产，以个大、松嫩、芳香著称，是名菜"太极芋泥"的上等原料。

福鼎种植槟榔芋始于清同治年间，据史料记载，福鼎芋在福鼎市栽培已有近300年的历史。其原种个体小，外观圆球形，凭着本地优越的自然环境与良好的气候条件、土壤条件，并经过100多年的培育，形成了目前具有独特风格的具有体大形美的外观的优良品种。

福鼎芋在烹调上可以炸、煮、蒸、炒，作粮作菜皆宜。用福鼎芋粉为原料烹调的"红鲤藏泥""太姥唐塔""太姥芋泥""芋虾包""菊花芋"等系列名菜，列为北京人民大会堂和钓鱼台国宾馆的国宴佳肴，受到党和国家领导人以及外宾的赞赏；鲜母芋可以雕刻成形状各异的花样，蒸熟后即为色、香、味、形俱佳的宴上名菜。

（七）福橘

各位游客，大家好，今天我给大家介绍的是福橘。

福橘这个词出自鲁迅先生的《阿长与〈山海经〉》里面的："说过之后，还得吃一点福橘。"她又拿起那橘子在我眼前摇了两摇，"那么一年到头顺顺溜溜……"

福橘是福建产的橘子，汉族民间有过年吃福橘的民俗。福橘为我国橘类中上品，呈扁圆形，鲜红美观，皮薄汁多，甜酸适口，久负盛名。福橘上市期在农历春节前后，由于色泽艳红、果香汁甜，又与"福、吉"谐音，寓纳福招吉、福寿吉祥之意，备受群众喜爱，成为春节活动的重要角色。

正月初一，为春节之始，为一年中最隆重的节日。人们要吃福橘、汤团、如意糕和喝元宝茶。大年初一起床后循俗先吃"烟火食"（以柴火烧煮之食物）后方可开口说话。如今，通常以汤团、如意糕作早餐，并吃福橘。新正，主家习以元宝茶待客，茶水中循俗置金橘、橄榄、蜜枣等，寓有团圆、如意、幸福等祝愿。

（八）福州化核加应子

各位游客，大家好，今天我给大家介绍的是福州化核加应子（又称嘉应子）。

福建蜜饯中，以李干制成的蜜饯通称加应子，去核者称化核加应子。加应子是一种闽式蜜饯，起源于福建的泉州、漳州一带。特点是味甜多香，富有回味。1958年，福州蜜饯厂根据国外"西梅"样品，以地方产的芙蓉李干和白砂糖为原料，以名贵中药作调香剂，采用真空浓缩熬煮，常压调制，多次渗糖，多道调味串香而成。成品饱含香甜浓汁，香味浓郁，色泽发亮，肉质细致，软硬适度，甜酸适宜，十分可口。福州蜜饯厂化核加应子在20世纪60年代初收入《英国皇家食谱手册》。后又根据不同配料，制成不同口味，如奶油加应子、果味加应子、陈皮梅加应子、盐津加应子、蜂蜜加应子等。

福州化核加应子，选用本省永泰、福安、闽清等地所产的芙蓉李干为原料。成品外观纹理细密，黑褐色，光泽透亮，原果味突出，富含营养物质。

（九）古田银耳

各位游客，大家好，今天我给大家介绍的是古田银耳。

古田银耳，福建省古田县特产，中国国家地理标志产品。古田县是"中国食用菌之都""银耳之乡"，银耳人工栽培历史悠久，以盛产银耳和银耳栽培技术先进而声名远播，成为全中国学习的榜样。所产的产品朵型圆整、色泽鲜艳、口感滑嫩、营养丰富而深受广大消费者的青睐。

在古田，"古田银耳"是食用菌家族中生产规模最大、产量最高、生态效益最佳、发展前景最好的品种之一，其产量产值占到了古田食用菌的43%左右。而且，古田以盛产银耳和银耳栽培技术先进而声名远播，成为全中国学习的榜样。长期以来，广大人民群众就不断探寻银耳的人工栽培技术，努力提高银耳的产量。1978年，古田县的农民戴维浩首创了银耳袋栽技术，促进了银耳的大批量生产。

银耳同其他"山珍"一样，不仅是席上的珍品，而且在医学宝库中也是久负盛名的良药。银耳中含丰富的胶质、多种维生素和17种氨基酸及肝糖。

（十）建莲

各位游客，大家好，今天我给大家介绍的是建莲。

建莲是福建省建宁县的汉族传统名产。建宁县有中国白莲之乡的美称，其种莲历史悠久，远在五代时期就有相关记载。建莲属睡莲科多年生水生草本植物，系金铙山红花莲与白花莲的天然杂交种，经建宁世代莲农人工栽培、精心选育保存下来的优良品种，历史上建莲被誉为"莲中极品"。

作为一种汉族传统特产。建宁种莲历史悠久，五代梁龙德初（921年），金铙山报国寺前已有白莲池。清代，建宁白莲已闻名遐迩。尤以产于西门外池的"西门莲"为莲之上品，自古属朝廷贡莲。

建莲用途广泛，浑身是宝，一向驰名中外，为历届广交会热门货。明代李时珍在《本草纲目》中对莲的通身药用价值有很高的评价。清代文学家、美食家曹雪芹在《红楼梦》第十回中写张太医给病入膏肓的秦可卿所开的药方中"引用建莲七粒去心"，第五十二回写贾府宴席上"建莲红枣汤"这一佳肴，指的就是建宁西门产的贡莲。

（十一）连城地瓜干

各位游客，大家好，今天我给大家介绍的是连城地瓜干。

连城地瓜干是福建连城传统的汉族小吃，属于闽西八大干之一。这种地瓜干保留着自然的色泽和品质，颜色黄中透红，味道清香甜美，质地松软耐嚼，而且还有很高的葡萄糖和维生素A、B。一般是将整块地瓜蒸熟去皮，然后压制、烘烤。制成之后可保存几年不坏，既可当零食，也可切成小块，拌上面料、鸡蛋、香料，经油炸再粘上冰糖粉作为酒席名菜。这是早期的制作方法，主要产地是连城隔田。将整块地瓜去皮，然后制片或切条、蒸熟、速冻、油炸。

福建连城，山川秀丽，气候独特，境内有国家自然保护区梅花山，被称作"北回归荒漠带上的翡翠""动植物基因库"。连城县当地特有的自然环境生产出来的红心地瓜干，是著名的"闽西八大干"之首，已有二三百年历史，这些乡村土质松软，酸碱适中，气候适宜，很适合这种红心地瓜生长。清朝时，作为贡品进贡皇宫，是宫廷宴席上的珍贵小点，美名"金薯片"，连城也成为中外闻名的"红心地瓜干之乡"。

（十二）龙岩沉缸酒

各位游客，大家好，今天我给大家介绍的是龙岩沉缸酒。

沉缸酒产于福建省龙岩县，因在酿造过程中，酒醅经"三浮三沉"，最后酒渣沉落缸底，故取名"沉缸酒"。此酒糖度虽高，却无一般甜型黄酒的黏稠感，使人觉得糖的清甜，酒的醇香，酸的鲜美，曲的苦味，五味俱全。

龙岩沉缸酒，历史悠久。在清代的一些笔记文学中，多有记载。该酒在1963年、1979年、1983年三次荣获国家名酒称号。沉缸酒自1963年以来先后获国际、国家级金质奖23次，并在全国第二、三、四届评酒会上蝉联全国名酒称号，为中国十八大名酒之一，现在为福建省龙岩酒厂所产。

沉缸酒的酿法集我国黄酒酿造的各项传统精湛技术于一体，四糙精粹，三沉三浮的祖传工艺更是福建的非物质文化遗产。有当地祖传的药曲更是加入了多达30多味中药材而成为中国一绝。有散曲，这是我国最为传统的散曲，作为糖化用曲。此外还有白曲，这是南方所特有的米曲。红曲更是龙岩酒酿造必加之曲。酿造时，先加入药曲、散曲和白曲，先酿成甜酒酿，再分别投入著名的古田红曲及特制的米白酒。长期陈酿，龙岩酒有不加糖而甜、不着色而艳红、不调香而芬芳三大特点。酒质呈琥珀光泽，甘甜醇厚，风格独特。

（十三）闽西闽北笋干

各位游客，大家好，今天我给大家介绍的是闽西闽北笋干。

笋干是以笋为原料，通过去壳、蒸煮、压片、烘干、整形等工艺制取。清流县加工的"闽笋干"，色泽金黄，呈半透明状，片宽节短，肉厚脆嫩，香气郁郁，称为"玉兰片"，是"八闽山珍"之一，在国内外名菜作料中久负盛名。

永安特产笋干又称"闽笋干""贡笋干""白笋干"，是闽西八大干之一，在海内外享有盛誉。因其具有肉厚节密、色泽金黄、笋富美味、口感脆嫩的特点，实为笋干产品中之珍品，在海内外享有盛誉。早在解放前，永安的笋干就已饮誉江浙及上海等地，被当地人士作为馈赠亲朋好友的佳品，为节日喜庆的重头菜，对其喜爱有加。清流笋干是用刚出土的春笋干制成，称为"闽笋尖"，色泽金黄，呈半透明状，以嫩甜清脆著名，明清时代列为上京贡品。许多名菜如"烩三丝""御炉肉"，都不可缺少闽笋干。

（十四）闽西闽北香菇

各位游客，大家好，今天我给大家介绍的是闽西闽北香菇。

福建西部和北部雨量充足，万木葱茏，是福建香菇的主要产地。这里出产的香菇呈茶色或咖啡色，半球状，伞面花纹明显，肉质丰厚，香味浓郁，入菜脆嫩爽口，是闽西山珍之一。闽西香菇历史悠久，相传在明代就被列为贡品。福建省西部是香菇的主产区，闽西有丰富的品种资源，其中汀菇已享有盛名，肉肥厚，质细嫩，香味浓，菌柄短小。

（十五）枇杷

各位游客，大家好，今天我给大家介绍的是枇杷。

枇杷，别名芦橘、金丸、芦枝，蔷薇科枇杷属植物，枇杷原产中国东南部，是莆田四大名果之一，因叶子形状似琵琶乐器而名，其花可入药。枇杷与大部分果树不同，在秋天或初冬开花，果子在春天至初夏成熟，比其他水果都早，因此被称是"果木中独备四时之气者"。枇杷果肉软而多汁，主要可分为白色及橙色两种；称"白沙"（白枇杷）及"红沙"。当中白沙甜，果型较小；红沙较酸或颇酸，相对较大。

我国是枇杷生产大国。在对枇杷的长期栽培和选育中，形成了众多的品种，现有枇杷品种300多个。浙江杭州市余杭区的塘栖软条白沙、苏州东山（照种白沙枇杷）和福建莆田的宝坑解放钟，为中国三大枇杷产地。

吃枇杷时要剥皮。除了鲜吃外，也有以枇杷肉制成糖水罐头，或以枇杷酿酒。枇杷不论是叶、果和核都含有扁桃苷。

苏轼的诗中也曾提及这种水果："罗浮山下四时春，卢橘杨梅次第新。日啖荔枝三百颗，不辞长作岭南人。"

（十六）泉州源和堂蜜饯

各位游客，大家好，今天我给大家介绍的是泉州源和堂蜜饯。

源和堂是侨属庄杰赶、庄杰茂两兄弟于1916年独资创办的，距今已有近百年的历史，是"中华老字号"企业。源和堂原厂址设于晋江青阳，又名"五店市"，并在漳州的石码办分厂，在厦门设分销处，经过一番发展至1949年解放，已成为泉州侨区创办较早、资产超10万元（折新币）的独资企业大户。其产品蜜饯系选用当地盛产的水果为原料，配以食盐和糖，加上中药配方等研制加工而成，是民间宴客、休闲品茶之佳配，访亲旅游、酬宾馈赠之珍品，为消费者所喜爱，素有"牌子老，制作巧，馈赠品尝样样好"的赞誉。

该厂生产的各式蜜饯，选用优质的鲜水果，以传统加工工艺和先进科学技术相结合精制而成，既保留各种鲜水果原有的风味，为宴客、品茗、旅游、馈赠的理想食品。在300余种各具特色的产品中，获部优产品称号的有：金枣夹心应子、蜜李片、陈皮夹心应子、陈皮李、良友榄、玫瑰杨梅、单晶冰糖、多晶冰糖。产品遍销祖国各地，大量出口东南亚和欧美各国，有"美名驰五洲、香甜满人间"之誉。

（十七）厦门翔安文昌鱼

各位游客，大家好，今天我给大家介绍的是厦门翔安文昌鱼。

马巷文昌鱼是福建省厦门市翔安区马巷镇的特产，它是一种世界上罕见的动物文昌鱼，它主要出产在翔安区的刘五店和厦门岛黄厝海域，生活在沙质的海滩里。它没有脊柱，只在身体中部有一根脊索。它的发现对动物进化的研究具有重要意义。

马巷镇琼头村的鳄鱼屿一带海域盛产文昌鱼，据史料记载自唐元和十四年（819年），潮州刺史韩愈杀鳄鱼就发现文昌鱼，并且已有人在捕捞，只是数量不多而已，大规模生产是1945—1956年，年产量一二千担。文昌鱼体长3—5厘米，形侧扁且两端尖细，故叫它"枪担物"。它没有头，没有眼睛，没有耳朵，没有鼻子，也没有鳍鳞和脊椎，故本地有句歇后语曰："文昌鱼无鼻无目——不识时务"。

它的营养极高，含有70%蛋白质，多种无机盐，尤其是碘的含量高，是宴桌上的佳肴美味，可下菜，作鱼酥，味鲜可口，它的干制品更是珍贵的海味，侨胞喜爱文昌鱼，素有"尝鱼思乡"之说。是馈赠客人的名贵礼物，是世界稀有奇珍的动物，是研究动物进化和胚胎发育的活化石。马巷也以盛产文昌鱼而闻名世界。

（十八）天宝香蕉

各位游客，大家好，今天我给大家介绍的是福建特产——天宝香蕉。

天宝香蕉是福建省漳州市芗城区的传统名果，也是中国绿色食品和福建省名牌农产品，因原产于该区天宝镇而得名。具有果个适中，皮薄；肉质软滑细腻，果肉无心、浓甜爽口、香气浓郁等特点，驰名中外，备受海内外广大消费者的喜爱。产品不仅远销祖国的大江南北，而且还出口日本、韩国等地。"天宝香蕉"已成为国内外认定漳州香蕉的无形品牌，受到党和国家领导人的关注和支持。

芗城区是福建省香蕉的主产区，栽培历史悠久。685年，漳州郡别驾丁儒在《归闲诗十二韵》中有"芭蕉金剖润，龙眼玉生津"之句。元末明初《耕农记》也有云："蕉最佳靖地产者。"另《漳州府志》果之属称："香蕉俗名牙蕉，浦产者为青牙最佳，靖产者为黄牙，香稍逊。"天宝镇是盛产香蕉的地方，"天宝香蕉"因此命名，有"十里蕉香"的美称。福建漳州六大名果"五圆一弯"之中的"一弯"就指的是香蕉。

福建漳州拥有得天独厚的自然条件，形成了天宝香蕉挂果期长、营养积累丰富、风味特佳的内在品质。

（十九）乌龙茶

各位游客，大家好，今天我给大家介绍的是乌龙茶。

乌龙茶，也称青茶、半发酵茶及全发酵茶，品种较多，是中国几大茶类中，独具鲜明汉族特色的茶叶品类。乌龙茶是经过采摘、萎凋、摇青、炒青、揉捻、烘焙等工序后制出的品质优异的茶类。乌龙茶由宋代贡茶龙团、凤饼演变而来，创制于1725年前后。品尝后齿颊留香，回味甘鲜。乌龙茶为中国特有的茶类，主要产于福建的闽北、闽南及广东、台湾。代表是安溪铁观音和武夷岩茶。

安溪铁观音产自福建安溪县，中国十大名茶之一，铁观音是乌龙茶的极品，冲泡后汤色金黄浓艳似琥珀，有天然馥郁的兰花香，滋味醇厚甘鲜，回甘悠久，俗称"音韵"。铁观音茶香高而持久，可谓"七泡有余香"。

武夷岩茶是中国传统名茶，是具有岩韵（岩骨花香）品质特征的乌龙茶。产于福建闽北"秀甲东南"的武夷山一带，茶树生长在岩缝之中。武夷岩茶具有绿茶之清香，红茶之甘醇，是中国乌龙茶中之极品。武夷岩茶属半发酵的青茶，制作方法介于绿茶与红茶之间。

（二十）长泰芦柑

各位游客，大家好，今天我给大家介绍的是长泰芦柑。

长泰芦柑又名椪柑，为闽南一带传统产品，以产自中国芦柑之乡——福建漳州市长泰县而得名。长泰芦柑果形硕大、色泽橙黄、肉质晶莹、果汁丰富、香味浓郁、酸甜适度，为果中上品。以果大汁多，色、香、味三绝闻名遐迩，荣获全国优质水果，"三连冠"岩溪镇为长泰芦柑主产区，民间尚流传着一则优美的传说。

相传长泰石铭里罗山寨有一户姓罗的人家，出了皇帝罗隐。只因罗隐的母亲行为歹毒，叫玉帝知道了，把罗隐的"天子骨"换成"乞丐骨"。罗隐在被换骨头时，疼痛难忍，他咬紧牙关，嘴巴没有被换走。于是，罗隐变成"乞丐身，皇帝嘴"。

罗隐下了罗山寨，沿村换户地"乞食"。他走过的地方，凡是分给他吃的，他就讲好话，办事都成功，谁恶声恶气待他，叫他骂了，那便糟透的。有一次，罗隐走到高濑村时，肚中饥渴，他看到满园都是黄澄澄的柑仔，饥得要死，口水直淌下三尺。

他要求果园主人赏给他一个柑仔，主人正在采摘，便拣了两个大的柑仔分给他。罗隐得到柑园主人慷慨赐予，感动极了。他边剥柑皮，边吃边说：这柑仔又大又甜，太好吃了。要是我当上皇帝，这就是上等的贡品。

主人早已听到罗隐要当皇帝的传说，他加紧培育芦柑，几年后，满园硕果累累。因罗隐说高濑的柑仔最甜最好吃，邻近的柑农都跑到高濑来买柑苗。人们为了纪念罗隐，就将柑仔称为芦柑（芦与罗谐音）。罗隐虽然没有当皇帝，然而岩溪芦柑却成为闻名国内外的优质水果。